城市轨道交通专业培训系列教材

城市轨道交通桥隧技术

（第二版）

上海申通地铁集团有限公司
轨道交通培训中心　编著

中国铁道出版社有限公司

2025年·北京

内容简介

本书为城市轨道交通专业培训系列教材之一，主要内容包括轨道交通桥隧基础知识、桥梁结构维护、桥隧结构变形监测、上海地铁安全保护区管理、桥隧维护安全知识、桥隧智能运维技术、桥隧结构维护常用装备。

本书可作为城市轨道交通职工培训教材，也可以作为职业院校相关专业教学参考用书。

图书在版编目(CIP)数据

城市轨道交通桥隧技术 / 上海申通地铁集团有限公司轨道交通培训中心编著. -- 2版. -- 北京 : 中国铁道出版社有限公司, 2025. 3. --(城市轨道交通专业培训系列教材). -- ISBN 978-7-113-31989-2

Ⅰ. U448.13;U459.1

中国国家版本馆CIP数据核字第20259861RK号

书　　名:城市轨道交通桥隧技术
作　　者:上海申通地铁集团有限公司轨道交通培训中心

责任编辑:赵昱萌　　**编辑部电话**:(010)51873626
封面设计:崔丽芳
责任校对:刘　畅
责任印制:樊启鹏

出版发行:中国铁道出版社有限公司(100054,北京市西城区右安门西街8号)
网　　址:https://www.tdpress.com
印　　刷:河北宝昌佳彩印刷有限公司
版　　次:2012年10月第1版　2025年3月第2版　2025年3月第1次印刷
开　　本:710 mm×1 000 mm 1/16　**印张**:12.5　**字数**:229千
书　　号:ISBN 978-7-113-31989-2
定　　价:80.00元

城市轨道交通专业培训系列教材

编写委员会

主　　任：申伟强

副 主 任：刘加华　叶华平

委　　员：（按姓氏笔画排序）

马伟杰　王大庆　王子强　王生华　王晓保
艾文伟　印祯民　吕　玮　朱　翔　伍　敏
刘金叶　牟振英　李　垚　吴　强　吴晓红
邹　松　沈世昉　宋　键　张　郁　张春明
张凌翔　陈　匡　陈立康　周　亮　殷　峻
郭德龙　盛雄伟　崔　勇　管国良

编 写 组

主　　任：叶华平

副 主 任：林　宏　沈　涛　时伶媛

委　　员：（按姓氏笔画排序）

王晓刚　包于顺　孙沪澄　李　缨　陈一鸣
林　晨　姚　军　姚晓荣　徐　凯　黄浩强
曹求实　彭　博

《城市轨道交通桥隧技术》
编审人员

主　　编：衷兆程

主　　审：邵　华

编　　著：第1章　朱　毅

第2章　朱　毅

第3章　王晓鹏

第4章　闫静雅

第5章　顾　平　苏医音

第6章　陈　君　范子豪

第7章　李　仑

序

随着城市化进程的加快，城市“出行难”的问题越来越突出，在“以人为本、公交优先”的方针指引下，城市轨道交通因运能大、速度快、安全准点、节约资源、保护环境等优点，日益成为广大市民出行的首选，深受市民欢迎。当前我国的城市轨道交通正处在大发展、大建设时期，尤其是北京、上海、广州、深圳等先期发展的大城市未来即将步入超大规模网络发展阶段，工作重心也由以建设为主、建管并重到现在的运营经营高质量发展。便捷的城市轨道交通运营网络在为市民带来出行便利的同时，也为轨道交通运营部门带来了新的管理课题。

城市轨道交通的自身特点决定了：一旦开通运营，就必须持续保持高度的安全性、可靠性和服务的人性化。网络化运营带来的客流迅猛增长，对客运组织和客运服务提出了高要求。城市轨道交通的发展需要有一大批专业人才，急需一套能满足城市轨道交通网络化运营要求的人才培训教材。

“城市轨道交通专业培训系列教材”是以上海城市轨道交通三十余年运营实践为基础并结合全国轨道交通发展状况，推出的面向国内、面向未来的教材。城市轨道交通多专业“联动”的要求决定了专业技术人才的“一专多能”要求，因此本“系列教材”既是城市轨道交通各专业人员的入门和提升培训教材，也能满足非本专业人员对其他专业的业务进修。

多位具有运营实践的专业技术人员提炼总结多年积累的地铁各专业运营管理与维护方面的经验及解决实际问题的思路和方法，汇编成此套丛书，期望能给轨道交通运营管理与维护人员以启迪和帮助。

“源于实践、高于实践”“符合国情”是本套丛书的两大特点，不但可以满足当前运营管理培训的需要，也为今后的城市轨道交通网络化发展的管理提出了新的思考和知识点。随着城市轨道交通不断引进新技术，运营管理的要求越来越高，虽然书中阐述的技术和管理的基本原理是相同的，但是“城市轨道交通专业培训系列教材”必然还要在实践中不断补充实例、不断完善，希望本系列教材能真正成为技术和管理人员的“良师益友”。

编写委员会

2024 年 12 月

前　　言

城市轨道交通是集线路、车辆、供电、通信、信号、自动售检票、运营管理等专业工种于一体的综合系统，其各个专业的新工艺、新技术运用非常广泛。对城市轨道交通从业职工的岗前培训、岗位培训以及技能考核，是城市轨道交通职业教育的重要任务。

《城市轨道交通桥隧技术》由工作在第一线的专业培训师及相关专业技术人员撰写，结合上海地铁三十余年来运营维护工作的经验，对城市轨道交通桥隧基础知识、桥梁结构维护、桥隧结构变形监测、上海地铁安全保护区管理、桥隧维护安全知识、桥隧智能运维技术、桥隧结构维护常用装备等进行了阐述和概括。作为一本面向城市轨道交通一线职工的教材，理论联系实际是本教材的特色。

本书结合当前城市轨道交通最新的发展形势，在第一版基础上更新了相关数据、补充了最新技术。本书在编写过程中得到了上海申通地铁集团有限公司技术中心、运营管理中心、各运营公司、维保公司、各专业公司领导和技术人员的指导和帮助，也得到了相关企业的大力支持，在此由衷地表示感谢！

由于编者水平有限，书中难免有遗漏和不妥之处，诚请读者批评指正。

编　者

2024年12月

目　　录

第 1 章　轨道交通桥隧基础知识 …… 1
1.1　限界 …… 5
1.2　桥梁一般知识 …… 9
1.3　隧道一般知识 …… 28
第 2 章　桥梁结构维护 …… 50
2.1　桥梁常见病害分析 …… 50
2.2　桥梁检查与检测 …… 65
2.3　桥梁主体结构维护 …… 69
2.4　桥梁附属设施作业 …… 98
2.5　桥梁维护质量评定 …… 107
第 3 章　桥隧结构变形监测 …… 119
3.1　长期沉降监测 …… 119
3.2　长期收敛监测 …… 124
3.3　安全保护区巡查 …… 129
第 4 章　上海地铁安全保护区管理 …… 132
4.1　安全保护区的法律法规 …… 132
4.2　安全保护区的管理模式和制度体系 …… 135
4.3　安全保护区的必要性 …… 136
4.4　安全保护区技术管理 …… 139
4.5　安全保护区巡查管理 …… 150
4.6　安全保护区现场监护管理 …… 154
4.7　变形超标结构的治理 …… 155
4.8　安全保护区数字化赋能 …… 161
第 5 章　桥隧维护安全知识 …… 163
5.1　职业健康安全知识 …… 163
5.2　环境安全知识 …… 163
5.3　桥隧工常规操作安全知识 …… 164

5.4 高处作业操作安全知识 …… 165
5.5 动火作业操作安全知识 …… 166
第 6 章 桥隧智能运维技术 …… 167
6.1 桥梁智能运维技术 …… 167
6.2 隧道智能运维技术 …… 171
第 7 章 桥隧结构维护常用装备 …… 177
7.1 桥梁维护常用装备 …… 177
7.2 隧道维护常用装备 …… 179
7.3 监护监测常用装备 …… 181

第 1 章　轨道交通桥隧基础知识

1. 城市轨道交通的定义

根据国家标准《城市轨道交通分类》(GB/T 44413—2024)中的定义,城市轨道交通为采用专用轨道导向运行以服务通勤为主要目标的城市公共客运交通系统。

城市轨道交通是改善城市交通状况最主要的一种交通方式,它能从根本上解决城市交通的瓶颈问题。轨道交通发达与否标志着一个城市的功能水平和经济、科技的实力。轨道交通给人民的日常生活和出行带来了便利,其快捷、经济、舒适的优越性,越来越受到人们的欢迎和推崇。

改革开放以前,我国仅首都北京拥有运营的轨道交通——地铁。20 世纪 90 年代,上海才开始轨道交通的建设,第一条轨道交通于 1993 年开通运营。随后,上海的轨道交通进入了大规模高速度的发展时期。到 2010 年,上海地铁建成投运了 11 条线路,完成运营里程总长 420 km、275 座车站数的整体目标,形成"四纵三横一环"的轨道交通网络,同时在国内最先实现最高级别 GoA4 全自动无人驾驶;2013 年末,上海地铁运营里程达到 567 km(含磁浮线 29 km),跃居世界第一;2019 年,最高日客流达 1 329.35 万人次,日均客流达 1 063.08 万人次,全网络全年累计运送 38.80 亿人次;2021 年末,运营里程达到 831 km,成为全球首个迈上 800 km 的城市,进入了超大规模地铁网络的新阶段。

城市轨道交通工程设计必须符合一个城市的总体规划、轨道交通线网规划和轨道交通专业规划。同时,其建设规模、设备容量以及车辆段和停车场等的用地面积,应按预测远期(即建成通车后第 25 年)客流量和线路通过能力确定。对于可分期建设的工程和配置的装备,应分期扩建和增设。一般来说,一条线的分期实施,首期工程完成并投入运营的线路长度不宜小于 12 km。另外,线路和车站的设计,应采取降低噪声、减少振动和减少对生态环境影响的措施,并应符合国家和地方现行的城市环境保护的有关规定。各系统排放的废气、废液、废渣应符合国家和地方现行的有关排放标准。

广义的城市轨道交通泛指以各种形式的导轨为导向的城市公共客运系统,包括地下铁道(metro)、轻轨交通(light rail transit)、独轨交通(monorail)、有轨电车(tram)、自动导向交通(automated guided transit)、微型地铁(mini-metro)、胶轮地铁(rubber-tyred metro)、索道(aerial tramway)等类型。狭义的城市轨道交通系指在城市中修建的快速、大、中运量用电力牵引采用钢轮钢轨的轨道交通，线路可在地下、地面或高架上敷设，是地铁与轻轨的通俗总称。

2. 城市轨道交通的运营

地铁设计应根据城市轨道交通规划和预测客流量，制定系统的运营概念，包括运营规模、运营模式和管理方式，明确在各种运营状态下，各子系统之间以及系统与人员组织之间的相互关系。地铁运营模式，应明确列车运行、调度指挥、运营辅助系统、维修保障系统和人员组织等内容，使系统功能和运营需求紧密结合。地铁的基本运营状态包含正常运营状态、非正常运营状态和紧急运营状态。系统的运营必须在保证能够所有使用该系统的人员和乘客及系统设施安全的情况下实施。

地铁的设计运输能力应满足预测的远期单向高峰小时最大断面客流量的需要。地铁车辆的数量，应按照初期运营需要进行配置，近、远期再根据客运量增长的需要增配。

在实际工作中，通常把速度分为 3 个不同的概念，即运行速度、技术速度和旅行速度。运行速度由列车运行时间中扣除加减速附加时间和在站停车时间后计算所得；技术速度由在列车运行时间中扣除在站停车时间后计算所得；旅行速度即指列车运送速度，它是列车在区段或线路内运行的平均速度。地铁列车的旅行速度一般不低于 35 km/h，地铁列车的最高运行速度一般不超过 80 km/h。

地铁各设计年限的列车运行间隔，应根据各设计年限预测客流量、列车编组及列车定员、系统服务水平、系统运输效率等因素综合确定。为保证地铁的服务水平，宜采用高密度、短编组组织运行，高峰时段初期列车运行间隔不宜大于 6 min。

地铁线路必须为全封闭形式，同时列车必须在安全防护系统的监护下运行。一般情况下，列车宜配一名司机驾驶或监控列车运行。

地铁应设运营控制中心，根据城市轨道交通线网的情况，每个中心可控制一条或数条线路。控制中心应有对列车运行、供电等系统运行进行集中监控的能力。地铁车站应设车站控制室，对列车运行和车站设备进行监视控制。

3. 城市轨道交通的线路和轨道

城市轨道交通的线路按其在运营中的作用，可分为正线、辅助线和车场线。正线指载客列车运行的贯通线路；辅助线指为保证正常运行和实现列车合理调度而设置的线路，包括折返线、渡线、联络线、停车线、出入线、安全线等；车场线指场区作业的线路。另外还有试车线，是对车辆进行动态性能试验的线路，其线路标准通常应与正线一致。

地铁线路应为右侧行车的双线线路，并应采用 1 435 mm 标准轨距。轨距是指轨面以下规定距离处，左右两股钢轨轨头内侧之间的最短距离。采用 1 435 mm

标准轨距，可以方便与铁路相互配合，更好地利用我国铁路的技术、设备。

在线路的末端一般要设置车挡，分为固定式和滑动式两种，以防止列车停车滑行时滑出轨道。

路基面或结构面以上的线路部分称为轨道结构。它由钢轨、扣件、轨枕和道床等组成。其中道床一般分为两类：一类是整体道床，指用混凝土等材料灌注的道床；另一类是碎石道床，指用一定规格的碎石铺设的道床。

列车高强度的反复作用使轨道结构经常出现各类病害，因此，轨道结构是工务养护的重点对象之一。

4. 城市轨道交通的主体结构

城市轨道交通的主体结构工程包括地下车站、隧道区间、高架车站、高架区间和道床路基等。根据国家规定，其设计使用年限要求达到 100 年，即在一般维护条件下保证工程正常使用的最低时段为 100 年。

区间隧道按施工方法可分为盾构法隧道、矿山法隧道、明挖法、暗挖法及沉管法等，按形状可分为矩形、圆形、双圆形等隧道形式。地铁中的圆形隧道多采用盾构法施工，矩形隧道多采用浅埋暗挖或明挖施工。矩形隧道内轮廓与区间隧道建筑限界接近，内部净空可以得到充分利用；圆形和双圆隧道具有结构受力合理、线路纵向坡度，平面曲线半径变化不会改变断面形状、对内净空利用的影响少等特点。

高架桥梁可分为梁式桥、拱桥、刚构桥、缆索体系桥及组合体系桥等。梁式桥中梁作为承重结构，主要是以它的抗弯能力来承受荷载的；拱桥是指在竖直平面内以拱作为上部结构主要承重构件的桥梁；刚构桥介于梁式桥和拱桥之间，以它的抗弯和抗压能力来承受荷载；缆索体系桥主要包括斜拉桥和悬索桥，这两种桥型是大跨度桥梁优先考虑的桥型；将各种桥型进行混合，就是组合体系桥，在上海城轨交通中，目前有连续刚构桥和系杆拱桥两类。

地铁车站可分为岛式站台和侧式站台两类。岛式站台是指两条轨道线分别铺设于乘客乘降平台两侧的车站站台形式，侧式站台是指供一条轨道线乘客乘降平台的车站站台形式，两类站台都具有进出站的功能。另外，也有混合式站台。

5. 城市轨道交通的供电

在地铁列车运行过程中，电能从牵引变电所经馈电线送到接触网，再从接触网通过地铁列车的受电弓送到电动列车，再经过走行轨道、回流线回到牵引变电所。由接触网、馈电线、轨道和回流线组成的供电网总称为牵引网，接触网是牵引网中最主要的组成部分，其作用是沿地铁路线上方架设，通过与电力机车受电弓接触，将电能传送给电力机车。

接触网的悬挂类型是接触网系统的核心。目前主要有柔性悬挂系统和刚性悬挂系统。柔性悬挂系统根据不同的使用场合和性能要求有不同的形式，一般在地面、高架和车辆段采用腕臂与软横跨相结合的悬挂形式，隧道部分采用弹性支架悬挂形式。刚性悬挂系统是指特定的导电体(接触网)受流过程中在受电弓的作用下基本不变形，一般用于隧道段，主要采用具有相应刚度的汇流排与接触线组成。

牵引变电所通过接触网向电动列车供电。每个牵引变电所仅对其两侧的区间供电，地铁牵引变电所向接触网供电主要方式为双边供电。

地铁接触网在每个牵引变电所附近断开，分为两个供电分区，每个供电分区也成为一个供电臂，如电动列车只从所在供电臂同时从相邻两个牵引变电所获得电源，则称为双边供电。单边供电时，若有故障，其范围小，牵引变电所内的保护也较简单，但电动列车所需牵引电流全部由一边流过牵引网，牵引网电压降和电能损耗相对就小，但有故障时，范围也较大，保护较复杂。

每个接触网分区均有相邻两个牵引变电所并联供电，即采用双边供电，以减少牵引网电压降和电能损耗。在正常双边供电时，在牵引站馈线开关内设置双边联跳保护装置，一旦接触网发生短路故障，靠近短路故障点的牵引站触发保护动作，馈线开关迅速跳闸，与此同时联动跳开另一侧牵引站的相应馈线开关，及时切除故障。当某一牵引站故障时，该故障站退出运行，此时该段接触网就改为单边供电；或可通过闭合故障牵引站处接触网的联络隔离闸刀，实施越区供电。在越区供电方式下运行，供电区域扩大，牵引变电站的负荷增大，线路损耗增大，因此视情况要适当减少同时处在该供电区段的电动列车数。另外，一旦接触网发生短路故障，其保护动作灵敏度降低。因此，越区供电只是在牵引变电站故障情况下运行的一种特殊运行方式。

6. 城市轨道交通的信号

信号系统应满足轨道交通行车组织和运营管理的需要，保证列车运行安全、提高行车效率、改善运营人员的工作条件，其工程设计应满足大运量、高密度行车和不同列车编组的运营要求。

信号系统应具有高可靠性和高可用性，所采用的主要设备与器材应符合国家现行有关标准的规定或已通过省部级鉴定；从国外引进的设备必须符合得到中方认可的国际标准。信号系统中凡涉及行车安全的设备、电路或系统必须工作可靠，并符合“故障导向安全”原则。信号系统必须满足在最大牵引负回流工作环境下的抗干扰能力，并应具有良好的电磁兼容性。

信号系统应由联锁设备以及列车自动控制(ATC)系统组成。ATC包含三个子系统：列车自动监控(ATS)子系统、列车自动保护(ATP)子系统和列车自动运行(ATO)子系统。

7. 城市轨道交通的人民防空设计

城市轨道交通兼顾人民防空应贯彻平时交通为主兼顾人民防空需要的原则，必须统一规划、同步设计。轨道交通工程应纳入人民防空防护工程体系。

城市轨道交通兼顾人民防空设计，应达到防护标准及技术要求。应在不影响平时使用和增加较少投资的条件下，充分利用平时已有的结构强度，对出入口、通风口等关键部位，参照现行人防工程有关设计规范和标准，增加防护设施和防护措施，包括采用防护功能平战转换技术措施。

城市轨道交通战时应起到保障人员转移和物资运输的安全功能；车站是城市人民防空工程网络的节点，应能作为人员紧急掩蔽部或临时物资库。

兼顾人民防空设计范围应包括地下车站、地下区间、地下车辆存放库、地下主变电所等相关地下设施。城市轨道交通的防核武器抗力等级不应低于6级。地下车站、地下区间防化等级不应低于丁级，地下车辆存放库、地下主变电所无防化要求。各地下车站和区间宜按同一级别设防。个别车站覆土较厚，在平时荷载作用下，经战时荷载作用验算，已达到更高的抗力等级，结构抗力等级可相应提高一级。

1.1 限　　界

1. 限界定义与分类

限界是指限定车辆运行及轨道区周围构筑物超越的轮廓线，分车辆限界、设备限界和建筑限界。

车辆限界是指车辆在平直线上正常运行状态下所形成的最大动态包络线，用以控制车辆制造，以及制定站台和站台门的定位尺寸。车辆限界可按隧道内外区域，分为隧道内车辆限界和隧道外车辆限界；可按列车运行区域，分为区间车辆限界、站台计算长度内车辆限界和车辆基地内车辆限界；也可按所处地段，分为直线车辆限界和曲线车辆限界。

设备限界是指车辆在故障运行状态下所形成的最大动态包络线，用以限制行车区的设备安装。

建筑限界是指在设备限界基础上，满足设备和管线安装尺寸后的最小有效断面。建筑限界应分为隧道建筑限界、高架建筑限界、地面建筑限界。隧道建筑限界可按工程结构形式分为矩形隧道建筑限界、马蹄形隧道建筑限界和圆形隧道建筑限界。

建筑限界坐标系，应为正交于轨道中心线的平面直角坐标，通过两钢轨轨顶中心连线的中点引出的水平坐标轴，用Y表示；通过该中点垂直于水平轴的坐标轴用

Z表示。以下是隧道内直线地段车辆限界和设备限界的图示和坐标值表(图 1-1、表 1-1～表 1-3),另有车辆轮廓线图示和坐标值,以供参考。

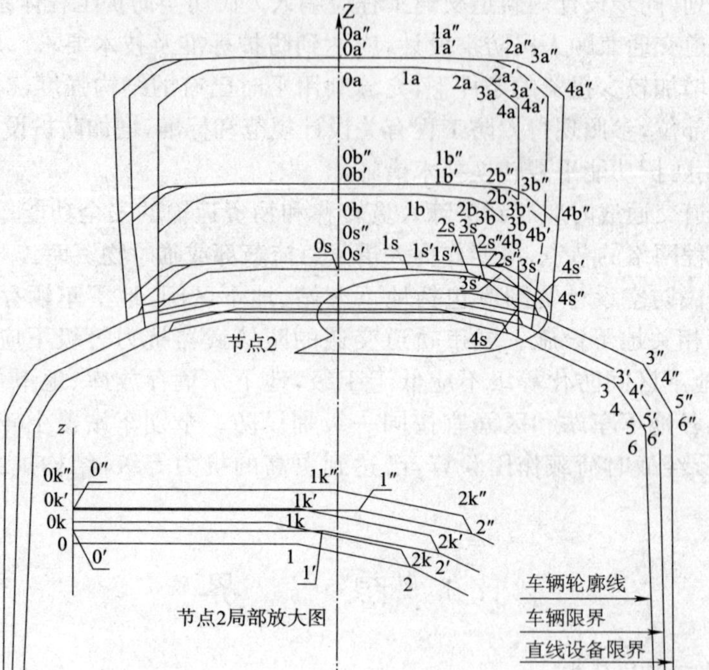

图 1-1 区间或过站直线地段车辆轮廓线、车辆限界和设备限界

表 1-1　车辆轮廓线坐标值(mm)

点号	0	1	2	3	4	5	6	7	8	9
Y	0	525	798	1 300	1 365	1 444	1 450	1 500	1 500	1 500
Z	3 800	3 800	3 745	3 504	3 416	3 277	3 231	1 800	1 130	520
点号	10	11	12	13	14	15	16	17	18	19
Y	1 294	811.5	811.5	708.5	708.5	676.5	676.5	626	626	450
Z	170	170	0	0	−28	−28	160	160	95	95
点号	20	21	0k	1k	2k	0s	ls	2s	3s	4s
Y	450	0	0	467	777	0	325	615	687	850
Z	160	160	3 850	3 850	3 787	4 040	4 040	4 022	3 992	3 856
点号	0a	la	2a	3a	4a	0b	1b	2b	3b	4b
Y	0	325	615	687	850	0	325	615	687	850
Z	5 000	5 000	4 982	4 952	4 816	4 400	4 400	4 382	4 352	4 216

注：表中第 0～9 点是车体上的控制点；第 10、11 点是转向架上的控制点；第 12～15 点是车轮上的控制点；18、19 两点为联结在车轴上的齿轮箱点；16、17、20 点为联结在转向架构架上的信号接收设备的最低点；第 0s、1s、2s、3s、4s 点为隧道内受电弓控制点；第 0a、la、2a、3a、4a 点为隧道外受电弓（高度 5 000 mm）控制点；第 0b、1b、2b、3b、4b 点为隧道外受电弓（高度 4 400 mm）控制点。

表 1-2　车辆限界坐标值(隧道内区间直线地段)(mm)

点号	0′	1′	2′	3′	4′	5′	6′	7′	8′	9′
Y	0	593	866	1 366	1 430	1 508	1 514	1 555	1 552	1 549
Z	3 832	3 833	3 778	3 538	3 450	3 311	3 265	1 722	1 050	440
点号	10′	11′	12′	13′	14′	15′	18′	19′	20′	21′
Y	1 321	835	835	732	732	654	654	425	425	0
Z	80	80	−15	−15	−47	−47	45	45	110	110
点号	0k′	1k′	2k′				—	—	—	—
Y	0	536	845				—	—	—	—
Z	3 882	3 883	3 820				—	—	—	—
点号	0s′	1s′	2s′	3s′	4s′	—	—	—	—	—
Y	0	403	693	765	927	—	—	—	—	—
Z	4 071	4 071	4 053	4 023	3 887	—	—	—	—	—

表 1-3　设备限界坐标值(隧道内区间直线地段)(mm)

点号	0″	1″	2″	3″	4″	5″	6″	7″	8″	9″
Y	0	672	943	1 438	1 500	1 575	1 579	1 586	1 566	1 548

续上表

点号	0″	1″	2″	3″	4″	5″	6″	7″	8″	9″
Z	3 878	3 879	3 824	3 584	3 496	3 357	3 311	1 668	996	386
点号	10″	11″	12″	13″	14″	15″	18″	19″	20″	21″
Y	1 329	835	835	732	732	654	654	425	425	0
Z	53	53	−15	−15	−47	−47	45	45	110	110
点号	0k″	1k″	2k″	—	—	—	—	—	—	—
Y	0	616	924	—	—	—	—	—	—	—
Z	3 928	3 929	3 866	—	—	—	—	—	—	—
点号	0s″	1s″	2s″	3s″	4s″	—	—	—	—	—
Y	0	486	775	846	1 005	—	—	—	—	—
Z	4 071	4 071	4 053	4 023	3 887	—	—	—	—	—

2. 建筑限界

矩形隧道直线地段建筑限界，应在直线设备限界基础上，考虑左、右侧的设备、支架或疏散平台等最大安装宽度和安全间隙等要素。矩形隧道曲线地段建筑限界，应在曲线地段设备限界基础上，考虑轨道超高，左、右侧的设备、支架或疏散平台等最大安装宽度和安全间隙等要素。全线矩形隧道建筑限界高度，宜统一采用曲线地段最大高度。

单线圆形隧道的建筑限界，应按全线盾构施工地段的平面曲线最小半径和最大轨道超高确定。单线马蹄形隧道的建筑限界，宜按全线采用矿山法施工地段的平面曲线最小半径确定。圆形或马蹄形隧道在曲线超高地段，应采用隧道中心向线路基准线内侧偏移的方法解决轨道超高造成的内外侧不均匀位移量。

隧道外的区间建筑限界，应按隧道外设备限界及设备安装尺寸计算确定。无疏散平台时，建筑限界宽度的计算方法应按矩形隧道建筑限界制定方法确定；有疏散平台时，疏散平台和设备限界之间应设置足够的安全间隙。设置接触网支柱、防护栏或声屏障支柱时，应保证与设备限界之间有足够的设备安装空间；无设备时，设备限界与建(构)筑物之间应设置足够的安全间隙；当采用接触轨授电时，还应满足受流器与轨旁设备之间电气安全距离的要求。建筑限界高度根据车型采用相应方法确认：A 型车和 B_2 型车应按受电弓工作高度和接触网系统高度加轨道结构高度；B_1 型车应按设备限界高度和轨道结构高度另加足够的安全间隙。

道岔区的建筑限界，应在直线地段建筑限界的基础上，根据不同类型的道岔和车辆技术参数，分别按欠超高和曲线轨道参数计算合成后进行加宽。采用接触轨受电的道岔区，当电缆从隧道顶部过轨时，应核查顶部高度，必要时应采取局部加高措施。

车站直线地段的建筑限界可按是否位于站台计算长度内分别确定。站台计算长度内的站台边缘至轨道中心线的距离，应按不侵入车站车辆限界确定。站台边缘与车辆轮廓线之间应留有规定的间隙。车站设置站台门时，站台门的滑动门体至车辆轮廓线（未开门）之间应留有规定的间隙。站台计算长度外的站台边缘至轨道中心线距离，宜按设备限界另加规定的安全间隙确定。站台面不应高于车厢地板面。

车辆基地库外限界应按区间限界规定执行。车辆基地库内检修平台的高平台及安全栅栏与车辆轮廓线之间，应留有规定的安全间隙，低平台应采用车站站台建筑限界。受电弓车辆升弓进库时，车库大门应按受电弓限界设计。

3. 轨道区设备和管线布置原则

轨道区内安装的设备和管线（含支架）与设备限界应保持足够的安全间隙（架空接触网和接触轨除外）。

强、弱电设备应分别布置在线路两侧，行车方向右侧宜布置弱电设备和管线，行车方向左侧宜布置强电设备和管线；必须布置在同侧时，其间隔距离应符合强、弱电干扰距离的规定。

当区间隧道设有疏散平台时，平台宜设在行车方向左侧，消防设备、排水管宜布置在行车方向右侧；不设置疏散平台时，消防设备、排水管以及维修插座箱，宜布置在行车方向左侧。

轨道区隔断门建筑限界宽度，其门框内边缘至设备限界应有足够的安全间隙；隔断门建筑限界高度宜与区间矩形隧道高度相同。

单渡线区域的道岔转辙机，宜布置在两线之间；交叉渡线区域的道岔转辙机，其中一组宜布置在两线之间，另一组宜布置在线路外侧。

岛式车站的广告灯箱、信号机和弱电电缆宜布置在站台对侧，强电电缆宜布置在站台板下的结构墙上；侧式车站的广告灯箱宜布置在两线之间，信号机宜布置在站台侧，弱电电缆宜布置在站台内电缆通道中，强电电缆宜布置在站台板下的结构墙体外侧。

1.2　桥梁一般知识

1.2.1　桥梁的组成和分类

1. 桥梁的组成

桥梁由上部结构（桥跨结构）、下部结构、防护设备和调节河流建筑物组成。上部结构包括桥面、梁和支座，下部结构包括桥墩、桥台和基础，防护设备包括护锥、护岸、护基和护底，调节河流建筑物包括导流堤、丁坝和梨形堤。

2. 桥梁的分类

(1)按桥梁长度分类

①特大桥：桥长 500 m 以上。

②大桥：桥长 100 m 以上至 500 m。

③中桥：桥长 20 m 以上至 100 m。

④小桥：桥长 20 m 及以下。

(2)按桥跨材质分类

①钢桥：梁拱材料为钢。

②圬工桥：梁拱材料为石、砖、混凝土、钢筋混凝土。

③混合桥：一座桥上有两种以上不同的材质，一般指同时使用钢材与钢筋混凝土。

④木桥：梁拱材料为木。

(3)按桥面位置分类

①上承式桥：桥面位于桥跨的顶部。

②下承式桥：桥面位于两主梁(桁梁或板梁)或两拱肋之间。

下承式又分为穿式桥和半穿式桥。桥面上方有横向联结系者称为穿式桥，桥面上方无横向联结系者称为半穿式桥。

③中承式桥：桥面系设置在桥跨主要承重结构(桁架、拱肋、主梁等)中部的桥梁，称为中承式桥。

(4)按桥梁结构的体系分类

①梁式桥：桥跨结构和墩台间设有支座。支座仅能传递垂直反力和水平反力。

梁式桥又可分为简支梁桥、连续梁桥、悬臂梁桥。

②拱桥：桥跨结构为拱。

拱桥又可按结构分为无铰拱、双铰拱和三铰拱，按有无外推力分为有推力拱和无推力拱。

③刚架桥：墩台(支柱)与桥跨连成刚性整体(不设支座)。

④悬索桥：桥跨结构主要承载部分由柔性的主缆来承担。

⑤斜拉桥：斜拉索在垂直荷载下承受拉力并传至主塔上。

⑥组合体系：桥跨同时具有几个体系的特征，譬如 T 形刚构、连续刚构、系杆拱等。

(5)按跨越能否活动分类

①固定桥：不能开合。

②开合桥：可以开合。

(6)按跨越的障碍分类

①跨河桥：跨越河流、湖泊。

②跨线桥：跨越铁路、公路。

③高架桥：跨越深谷、低地。

1.2.2　桥梁的结构类型

1. 梁式桥

梁式桥中梁作为承重结构，主要是以它的抗弯能力来承受荷载的。梁式桥在竖向荷载作用下，支承处仅产生竖向反力。

梁式桥又可分为简支梁桥和连续梁桥等。

一段梁体只在两端有支撑物，并且一端作为固定端，另一端作为活动端，称为简支梁(如图 1-2 所示，其中三角形代表固定端，圆形代表活动端)。简支梁属静定结构。

图 1-2　简支梁示意

一段梁体连续跨越三个或三个以上的支撑物，称为连续梁。一般，连续梁在中墩处布置一个固定支座，其他墩上布置活动支座，如图 1-3 所示。我们把每一个桥洞称为"一跨"或"一孔"，而把从一端梁缝到另一端梁缝之间的若干跨称为"一联"。连续梁属超静定静定结构。

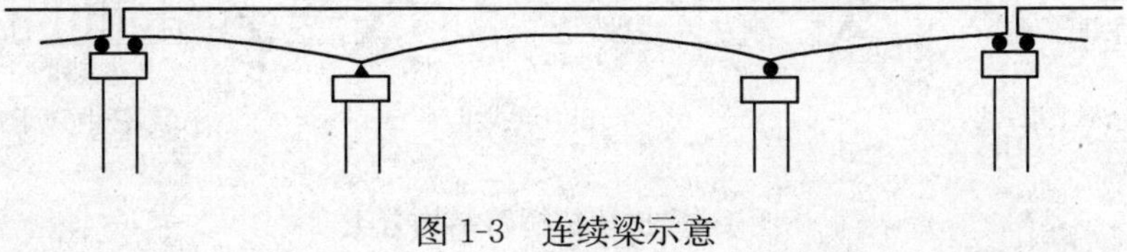

图 1-3　连续梁示意

相较于简支梁，连续梁具有伸缩缝少、噪声小、行车平稳、挠度小的特点，同时对地基不均匀沉降也较为敏感。

2. 拱桥

拱桥是我国广泛使用而又历史悠久的一种桥梁形式。拱桥在竖向荷载作用下，两端支撑处除有竖向反力外，还产生水平推力，正是这个水平推力，使拱内产生轴向压力，并大大减小了跨中弯矩，使它的主拱截面材料强度得到充分发挥，跨越能力增大。也正是这个推力，使修建拱桥时要有较庞大的墩、台和良好的地基。根据理论推算，混凝土拱桥的极限跨度可达 500 m 左右，钢拱桥的极限跨度可达 1 200 m 左右。

由于拱主要是承受压力的结构，因而，可以充分利用抗拉性能差而抗压性能好的圬工材料（石料、混凝土、砖等）建造拱桥，这种由圬工材料建造的拱桥，也称为圬工拱桥。这种拱桥具有就地取材、节省钢材和水泥，结构简单、有利于普及、承载潜力大、养护费用少等优点，因此在我国修建得比较多。

为了减小拱的截面尺寸，减小拱的质量，在混凝土拱中，配置有受力钢筋的，称为钢筋混凝土拱桥。在钢筋混凝土拱桥中，截面的拉应力主要由受拉钢筋承受。因此，桥跨结构的工程数量可相应减少，有效地提高了拱桥的经济性能，扩大了拱桥的使用范围。同时，钢筋混凝土拱桥在建筑艺术上也容易处理，它可以通过选择合理的拱式体系及突出结构上的线条来达到美观的效果。

拱桥的主要缺点：由于它是一种推力结构，支承拱的墩台和地基必须承受拱端的强大推力，因而修建拱桥要求有良好的地基；对于多孔连续拱桥，为防止其中一孔破坏而影响全桥，还要采取特殊的措施，或设置单向推力墩以承受不平衡的推力；在平原区修建拱桥，由于建筑高度较大，使桥两端的接线工程量增大，也使桥面纵坡加大，对行车不利；混凝土拱桥施工需要劳动力较多，建桥时间较长，等等。

1）拱桥的基本组成

根据行车道的位置，拱桥的桥跨结构可以做成上承式、下承式和中承式三种类型，如图 1-4 所示。

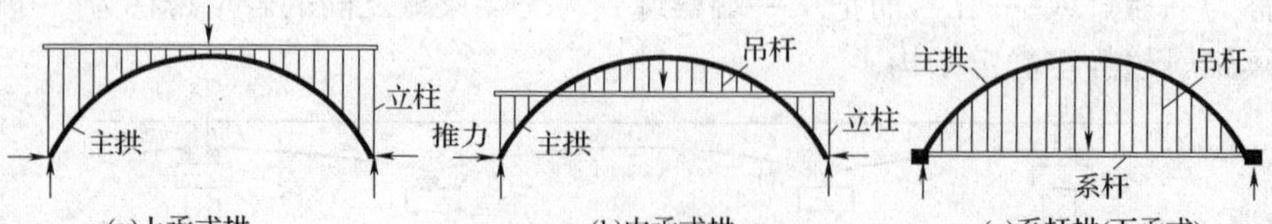

图 1-4 拱桥按桥跨结构分类

一般的上承式拱桥，桥跨结构是由主拱圈（肋、箱）（简称主拱）及拱上建筑（又称拱上结构）所构成。主拱圈（肋、箱）是主要承载构件，承受桥上的全部荷载，并通过它把荷载传递给墩台及基础。由于主拱圈是曲线形，一般情况下车辆无法直接在弧面上行驶，所以在行车道系与主拱圈之间需要有传递荷载的构件和填充物，这些主拱圈以上的行车道系和传载构件或填充物统称为拱上建筑。拱上建筑可做成实腹式或空腹式，相应称为实腹式拱桥或空腹式拱桥。图 1-5 为拱桥的主要组成部分、主要尺寸和名称。

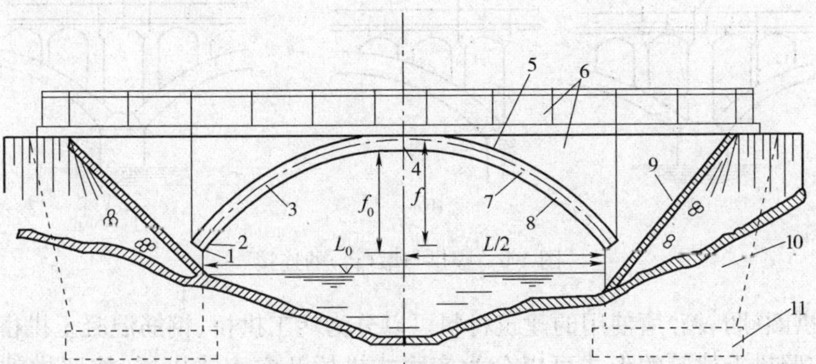

1—起拱线；2—拱脚；3—主拱圈；4—拱顶；5—拱背；6—拱上建筑；7—拱轴线；8—拱腹；9—锥体护坡；10—桥台；11—基础；L_0—净跨径；L—计算跨径；f_0—净矢高；f—计算矢高；f/L—矢跨比。

图 1-5　上承式实腹拱桥的基本组成

对于普通型上承式拱桥，主拱圈是主要承重结构，拱上建筑主要起传递荷载的作用，但在外荷载作用下，也存在不同程度的主拱与拱上建筑的联合作用。在设计计算时，其计算图式必须与实际受力情况相符，否则将出现拱上建筑开裂，影响桥梁安全使用。要保证受力计算与实际情况相符，就必须采用可行的构造措施，在拱上建筑上设置伸缩缝与变形缝正是缘于此。

在荷载作用、材料收缩机温度变化等影响下，主拱圈将产生上升或下降，拱上建筑也将随之变形。除简支腹孔可适应主拱变形外，其余形式拱上结构都将因主拱变形而产生局部变形，当其与墩、台整体相连时，则拱上建筑受墩、台约束而不能自由变形，从而因产生过大的拉应力而开裂。为避免开裂，需将拱上建筑与墩、台分开，即设置伸缩缝或变形缝(图 1-6)。伸缩缝宽 2～3 cm，其缝内需填防水填料；变形缝不留缝宽，其缝可干砌或用油毛毡隔开。通常，对小跨径实腹拱，伸缩缝设在两拱脚的上方，并在横桥向贯通。对空腹孔，通常将紧靠墩(台)的第一个腹拱做成三铰拱，并在紧靠墩(台)的拱铰上方设置伸缩缝，且应贯通全桥宽，其余两拱铰上方设置变形缝。

拱桥的下部结构包括桥墩、桥台和基础，用以支承桥跨结构，将桥跨结构的全部荷载传至地基。桥台还起与两岸路堤相连接的作用，使路桥形成一个协调的整体。

2)拱桥的分类

拱桥的型式多种多样，构造各有差异，可以按照不同的方式进行分类。例如：

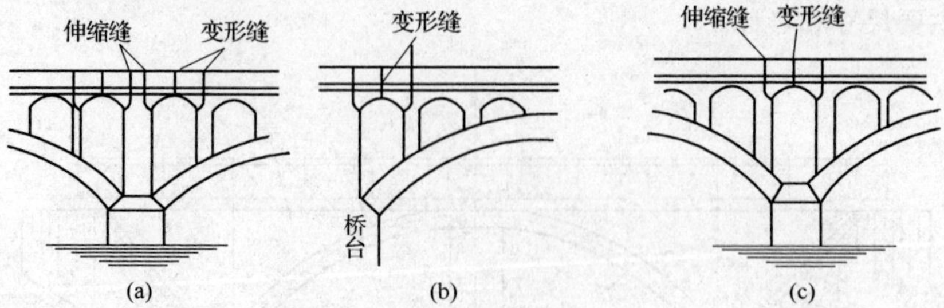

图 1-6　腹拱与墩(台)的连接

按照主拱圈(肋、箱)所使用的建筑材料可以分为圬工拱桥、钢筋混凝土拱桥及钢拱桥等;按照拱上建筑的形式可以分为实腹式拱桥及空腹式拱桥;按照拱轴线的形式,可将拱桥分为圆弧拱桥、抛物线拱桥、悬链线拱桥等;按照桥面的位置可分为上承式拱桥、下承式拱桥和中承式拱桥;按照有无水平推力,可分为有推力拱桥和无推力拱桥等。

3)拱桥的体系

(1)简单体系的拱桥

简单体系的拱桥,可以做成上承式的、下承式的(无系杆拱)或中承式的,均为有推力拱。

在简单体系的拱桥中,上承式拱桥的拱上建筑或中、下承式拱桥的拱下悬吊结构(统称为行车道系结构),不与主拱一起承受荷载。桥上的全部荷载由主拱单独承受,它们是桥跨结构的主要承重构件。拱的水平推力直接由墩台或基础承受。

按照主拱的静力特点,简单体系的拱桥又可以分成如下的三种,如图 1-7 所示。

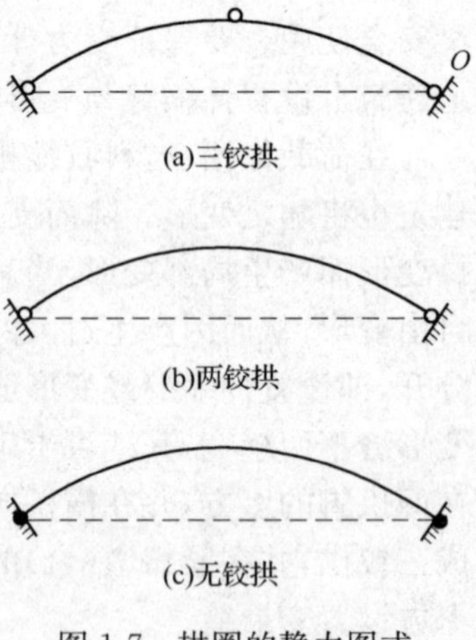

图 1-7　拱圈的静力图式

①三铰拱

属外部静定结构。由于温度变化、支座沉陷等原因引起的变形不会在拱内产生附加内力,计算时无需考虑体系弹性变形对内力的影响。当地基条件不良,又需要采用拱式桥梁时,可以采用三铰拱。但由于铰的存在,使其结构复杂,施工较困难,维护费用增高。而且,减小了结构的整体刚度,降低了抗震能力。又由于拱的挠度曲线在顶铰处有转折,对行车不利。因此,三铰拱一般较少采用。

②两铰拱

属外部一次超静定结构。由于取消了拱顶铰，使结构整体刚度较三铰拱大。在墩台基础可能发生位移的情况下或坦拱中采用，较之无铰拱可以减小基础位移、温度变化、混凝土收缩和徐变等引起的附加内力。

③无铰拱

属外部三次超静定结构。在自重及外荷载作用下，拱内的弯矩分布比两铰拱均匀，材料用量省。由于无铰，结构的整体刚度大，构造简单，施工方便，维护费用少，因此在实际中使用最广泛。但由于无铰拱的超静定次数高，温度变化、材料收缩、结构变形特别是墩台位移会在拱内产生较大的附加内力，所以无铰拱一般希望修建在地基良好的条件下，这使它的使用范围受到一定限制。不过，随着跨径的增大，附加内力的影响要相对地减小，因而无铰拱仍是国内外拱桥上采用最多的一种构造形式。

(2)组合体系的拱桥

在拱式桥跨结构中，行车系的行车道梁与拱组合，共同受力，称为组合体系的拱桥。

由于行车系与主拱的组合方式不同，其静力图式也不同。组合拱可分为无推力的和有推力的两类。同样，组合拱可以做成上承式的或下承式的。常用的有以下几种形式。

①无推力的组合体系拱

拱的推力由系杆承受，墩台不承受水平推力。根据拱肋和系杆的刚度大小及吊杆的布置形式可以分为：

a. 具有竖直吊杆的柔性系杆刚性拱，称系杆拱，如图 1-8(a)所示；

b. 具有竖直吊杆的刚性系杆柔性拱，称蓝格尔拱，如图 1-8(b)所示；

c. 具有竖直吊杆的刚性系杆刚性拱，称洛泽拱，如图 1-8(c)所示；

以上三种拱，当用斜吊杆来代替竖直吊杆时，称为尼尔森拱，如图 1-8(d)～图 1-8(f)所示。

②有推力拱的组合体系拱

此种组合体系拱没有系杆，由单独的梁和拱共同受力，拱的推力仍由墩台承受。图 1-9(a)是刚性梁柔性拱(倒蓝格尔拱)，图 1-9(b)是刚性梁刚性拱(倒洛泽拱)。

4)拱轴线的选择与确定

拱轴线是指主拱圈截面形心的连线，它与外荷载无关。压力线是指在荷载作用下，各截面合力的作用点的连线。

拱轴线的形状直接影响主拱截面内力分布与大小，选择拱轴线的原则，也就是

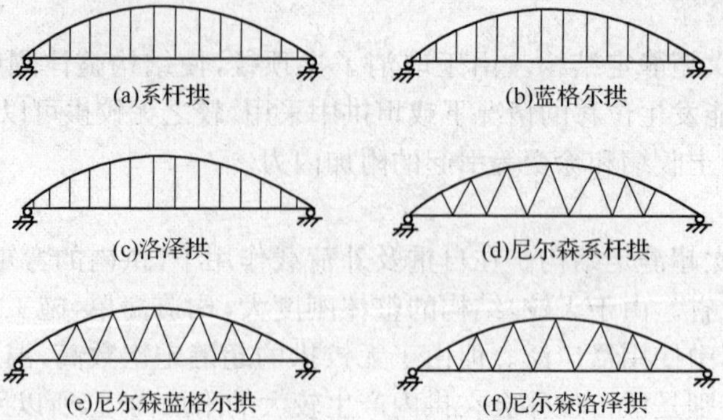

图 1-8　无推力的组合体系拱

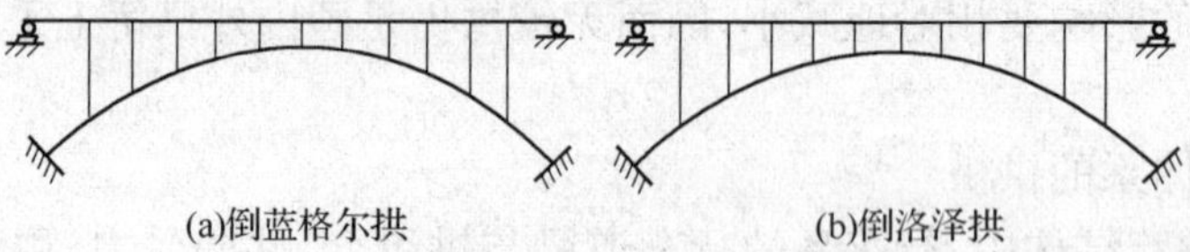

图 1-9　有推力的组合体系拱

尽可能降低由于荷载产生的弯矩值。最理想的拱轴线是与拱上各种荷载的压力线相吻合，这时主拱截面上只有轴向压力，而无弯矩及剪力作用，应力均匀，能充分利用材料强度和圬工材料的良好抗压性能，我们把这样的拱轴线称为合理拱轴线。但实际上不可能获得这样的拱轴线，因为主拱受到恒载、活载、温度变化和材料收缩等作用，当恒载压力线与拱轴线吻合时，在活载作用下其压力线与拱轴线就不再吻合了，又因为相应于活载的各种不同布置，压力线也是各不相同。根据混凝土拱恒载比重大的特点，实际上一般采用恒载压力线作为拱轴线（设计拱轴线）。恒载比例越大，这种选择就越合理。

选择拱轴线时，除了考虑主拱受力有利以外，还应该考虑外形美观、施工简便等因素。

3. 刚构桥

刚构桥介于梁式桥和拱桥之间，以它的抗弯和抗压能力来承受荷载。刚构桥相较于梁式桥最大的区别，在于它的梁体和桥墩是直接刚接（图 1-10），而不是像梁式桥那样通过支座来连接。

4. 缆索体系桥

（1）斜拉桥

斜拉桥又称斜张桥，属组合体系桥梁，它的上部结构由主梁、拉索和索塔三种构件组成。它是一种桥面体系以主梁受轴向力（密索体系）或受弯（稀索体系）为主、支承体系以拉索受拉和索塔受压为主的桥梁。根据国内外著名桥梁专家的研

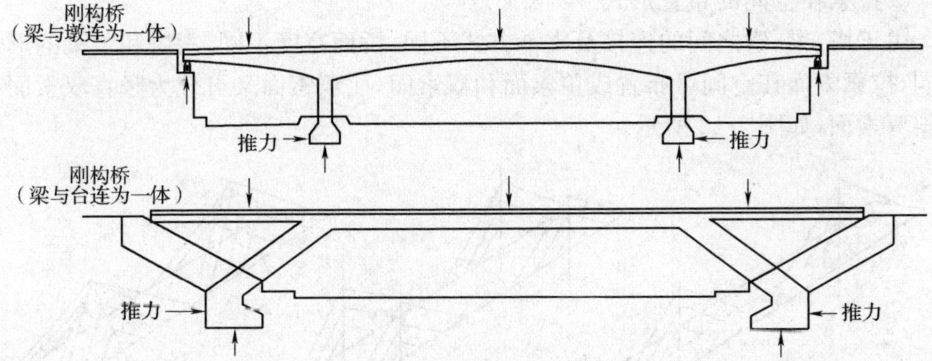

图 1-10　刚构桥的图示

究分析，混凝土斜拉桥的最大跨径可达 700 m，钢斜拉桥最大跨径可达 1 300 m，结合梁斜拉桥（主梁为钢-混凝土结合梁）最大跨径可达 1 000 m。混凝土斜拉桥经济合理的跨径在 200～500 m。

①跨径布置

与索塔布置相配合，现代斜拉桥最典型的跨径布置有两种，即双塔三跨式和独塔双跨式，在特殊情况下也可布置成独塔单跨式、双塔单跨式及多塔多跨式等，如图 1-11 所示。

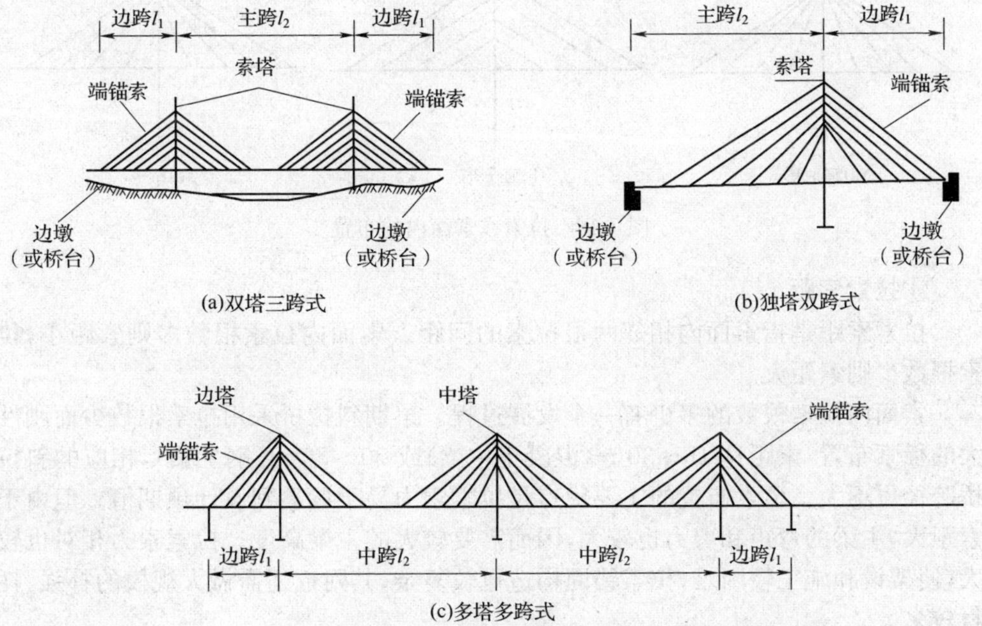

图 1-11　斜拉桥的跨径布置

②拉索在空间的布置形式

由于塔、梁、索之间的连接及支承方式不同，桥面宽度不同，索塔和主梁的形式不同，拉索索面在空间可布置成单索面和双索面，而双索面又可分为竖直双索面和倾斜双索面，如图 1-12 所示。

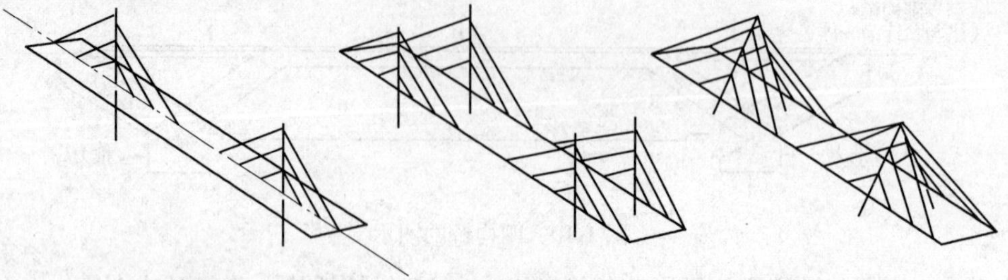

(a)单索面　(b)竖直双索面　(c)倾斜双索面

图 1-12　拉索在空间的布置

③拉索在索面内的布置形式

拉索在索面内的布置应根据设计总体构思、受力情况及美学要求等因素确定，常选用以下三种基本形式：辐射形、竖琴形及扇形，如图 1-13 所示。

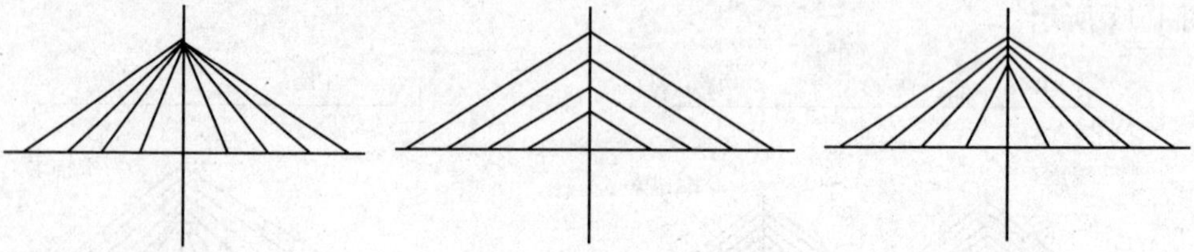

(a)辐射形　(b)竖琴形　(c)扇形

图 1-13　拉索在索面内的布置

④拉索索距

拉索索距是指索面内相邻两根拉索的间距。索面内拉索根数多则索距小，拉索根数少则索距大。

索面内拉索根数的多少有一个发展过程。早期斜拉桥采用拉索根数少而刚性大的稀索布置，索距达 15～30 m(混凝土主梁)或 30～50 m(钢主梁)，相应的斜拉桥跨径也不大。稀索布置的主要优点是拉索索力易于调整到设计预期值。但由于索距大，主梁的弯矩和剪力也较大，因而需要较大的主梁高度。拉索索力相对也较大，使架设和施工较困难，拉索锚固构造也较复杂，其附近还需做大规模的补强，耗材较多。

随着斜拉桥的发展，为方便施工，减少风振危险，适应施工吊装能力及张拉条件，目前斜拉桥都趋向于索面内多根拉索布置，即拉索由早期的稀索型发展到现在的密索型布置。索面内拉索根数多，使主梁由受弯为主向受轴向力为主转变，主梁弯矩的减少使梁高降低，这样不仅取得了较好的经济效益，也大大改善了结构的动力性能，提高了结构的抗风、抗震能力，并使斜拉桥的造型更加柔细轻巧。

⑤索塔的结构形式

索塔在顺桥向的形式有单柱形、A 形及倒 Y 形等几种，如图 1-14 所示。

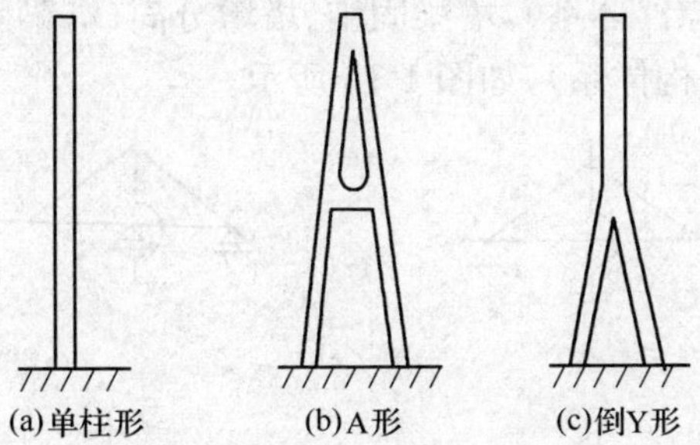

图 1-14　索塔顺桥向的结构形式

索塔在横桥向的形式有单柱形、双柱形、门形、H 形、梯形、A 形、倒 V 形、倒 Y 形、菱形(包括宝石花形)等，如图 1-15 所示。

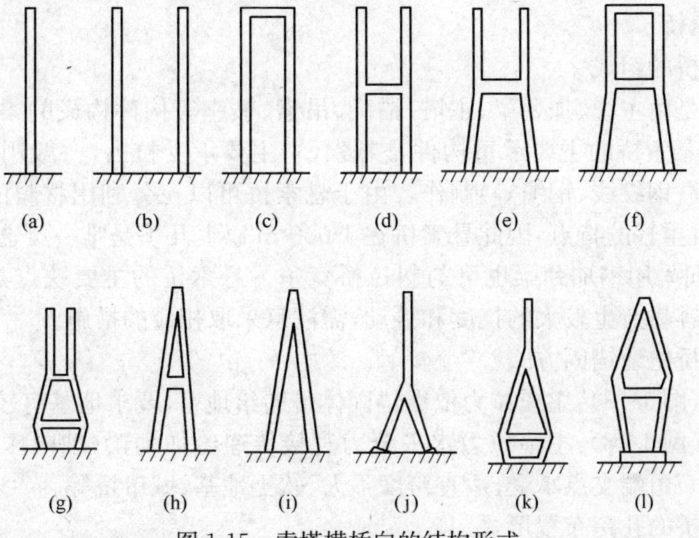

图 1-15　索塔横桥向的结构形式

柱式塔柱构造简单，但承受横向水平荷载的能力较差。其中单柱型都用于单索面，双柱型则用于双索面。门形索塔在两塔柱之间设有横梁，抵抗横向水平荷载的能力较强，一般用于桥面宽度不大的双索面斜拉桥。A 形、倒 Y 形、菱形索塔横向刚度大，但构造复杂，施工难度较大，既适用于单索面，也适用于双索面，多用于大跨径斜拉桥中。

⑥斜拉桥的结构体系

斜拉桥是由上部结构的主梁、拉索、索塔及下部结构的桥墩、桥台 4 种基本构件组成的组合体系桥梁。斜拉桥的结构体系可以根据主梁、拉索、索塔和桥墩的不同结合方式形成四种不同的结构体系，分别是塔墩固结、塔梁分离（漂浮体系），塔墩固结、塔梁分离（半漂浮体系），塔梁固结、塔墩分离（塔梁固结体系），主梁、索塔、桥墩三者互为固结（刚构体系），如图 1-16 所示。

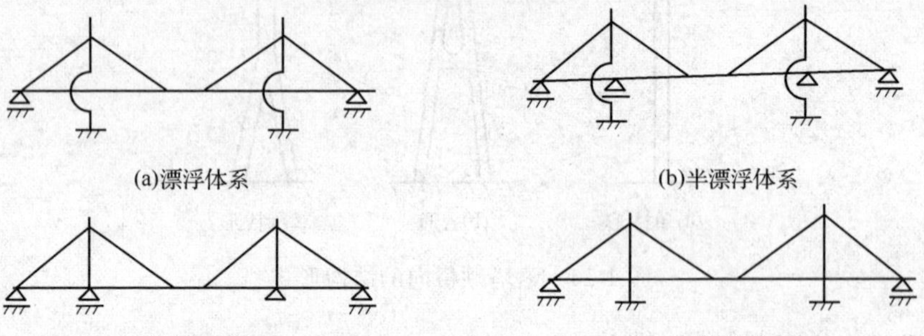

(a)漂浮体系　(b)半漂浮体系

(c)塔梁固结体系　(d)刚构体系

图 1-16　斜拉桥的结构体系

(2)悬索桥

①悬索桥的组成

悬索桥是由主缆、加劲梁、主塔、锚碇、吊索、鞍座等构件构成的柔性悬吊体系（图 1-17）。悬索桥的主要承重构件是悬索，它主要承受拉力，一般用抗拉强度高的钢材（钢丝、钢绞线、钢缆等）制作。由于悬索桥可以充分利用材料的强度，并具有用料省、自重轻的特点，因此悬索桥在 1 000 m 以上几乎是唯一可选桥型；300～1 000 m 之间采用钢加劲梁也可与斜拉桥竞争。悬索桥的主要缺点是刚度小，在荷载作用下容易产生较大的挠度和振动，需注意采取相应的措施。

②悬索桥主缆锚固方式

地锚式（图 1-18）：主缆拉力依靠锚固体传递给地基，要求地基有较大承载力。

自锚式（图 1-18）：主缆拉力水平分力直接传递给加劲梁（轴向压力）承受，竖直分力（较小）由端支点承受，适宜跨度不大、软土地基、城市桥等。

③悬索桥的孔跨布置形式

单跨［图 1-19(a)］：适于边跨建筑高度小、曲线边跨。由于边跨主缆的垂度较小对荷载变形有利，架设主缆时索鞍预偏量较大，如长度 1 385 m 的江阴长江公路大桥主桥。

三跨［图 1-19(b)］：最常见，结构特性比较合理。

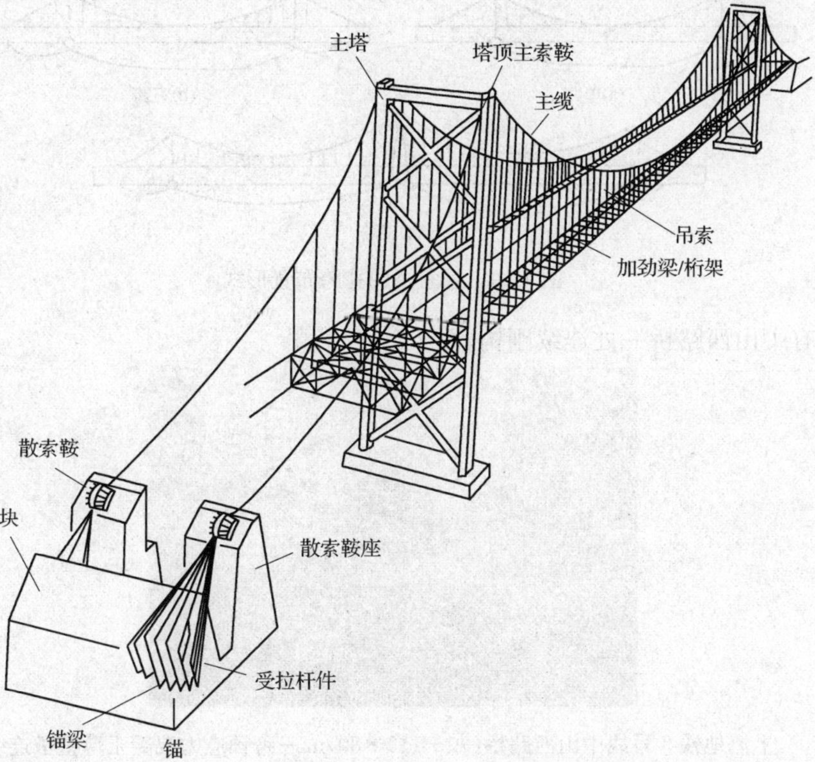

图 1-17　悬索桥的组成

图 1-18　悬索桥主缆锚固方式

两跨：(单边跨)一岸建筑高度小或为曲线边跨时，如长度 1 377 m 的青马大桥主桥。

多跨[图 1-19(c)]：因中间桥塔和两边桥塔的塔高不同导致主缆垂度偏大，悬索桥整体刚度降低，非均布活载下塔顶变位及加劲梁挠曲变形和弯矩较大；固有振动频率降低。故中塔必须加大刚度(4 柱立体桥塔)或者减小主缆垂跨比。

5. 组合体系桥

将以上各种桥型进行混合，就是组合体系桥。在上海城轨交通中，目前有连续刚构和系杆拱桥两类。

连续刚构，即连续梁的梁体与桥墩之间直接刚接，不设支座。目前上海城轨

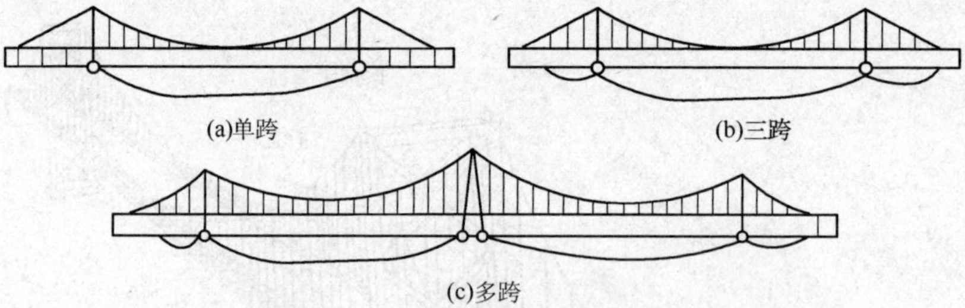

图 1-19 悬索桥的孔跨布置形式

中，仅有中山西路桥一处连续刚构(图 1-20)。

图 1-20 上海地铁 3 号线中山西路桥(80＋112＋80)m 三跨预应力混凝土薄壁墩连续刚构桥

在拱的两端设置拉索或者梁(称为系杆或系梁)等，使水平力互相平衡，这样的拱称为无推力拱，也称为系杆拱，适用于地基较差的桥位。目前上海城轨交通共有 3 座拱桥，分别是 3 号线苏州河桥(小彩虹桥)(图 1-21)、3 号线漕溪路桥(大彩虹桥)和 11 号线蕴藻浜桥。

图 1-21 上海地铁 3 号线苏州河桥(小彩虹桥)跨度(25＋64＋25)m 中承式系杆拱桥

1.2.3　桥梁的截面类型

桥梁梁体主要采用的截面主要有T形截面、箱形截面和U形截面。

1. T形截面

T梁是我国采用最广泛的梁式。无论是公路桥还是铁路桥，以前绝大部分的梁都采用T梁，当然大部分是简支梁。T梁材料几何分布与结构受力配合得最好，混凝土面积集中在受压区，受拉区仅仅是为设置预应力束的马蹄块，跨中剪力小、腹板很薄，到支座附近随着剪力增加而加厚。施工一般工厂预制，用架桥机（国内施工单位一般都有）吊装就位，非常简洁方便。

它的缺点是横向刚度和抗扭刚度比较差，横向整体性也差，必须加强横隔板以及梁间现浇湿接头以期改善；对平面线形的适应性差，在曲线上一般采用折线平分中矢布置，景观较差。T梁由于材料相对比较集中，所以刚度稍微小一点。

为增强梁的跨越能力，常常采用施加预应力的方法。若要在T梁上设计施加预应力，则需加出下马蹄，以提供足够的预应力筋布置空间。为使结构的承载能力更强，预应力筋常常曲线布置；同时，为了保证施工质量，预应力梁一般都先在工厂预制，再运往施工现场吊装。

2. 箱形截面

箱梁是目前国内轨道交通高架采用最多的梁式之一。它的特点是建筑高度适中，力学性能好（竖向刚度、横向刚度和抗扭刚度都好），整体性好，特别适用于曲线梁桥。它既可用于标准区段，也可用于变宽、道岔区段，平面上适应性比较强；既适宜做简支梁，也可做连续梁。箱梁外观线形比较流畅、美观，设计和施工经验比较成熟。它的缺点是建筑高度较大，断面空间利用不佳。

在箱形截面中，我们把由顶板、底板和边腹板围成的每一个闭环，称作一个“箱”，每一个“箱”内再由中腹板分成若干“室”，如图1-22所示。

3. U形截面

U梁是种新颖的非常有特点的梁，优点非常突出。与前两种上承式结构相比，U梁可以大大降低自桥面至梁底的高度，比普通箱梁可以低1.2 m左右，其断面空间可以充分利用。当桥下净空受限制时，特别是在立交枢纽中，能有效降低线路及车站的高度，从而减少占地面积，节省大量土石方数量，取得较好经济效益。所以U梁是在立交桥的方案比选中具有一定优势的桥梁形式，特别是在铁路干线上更为突出。

与下承式钢梁相比，有节省钢材、减少噪声、养护方便等优点。随着环保要求的提高、人性化设计的提倡，U梁的主梁翼缘下可以安装管线；轨道交通车辆行驶于U梁两腹板中间，轮轨走行系统的噪声受到两侧主梁上翼缘及腹板阻隔，在一

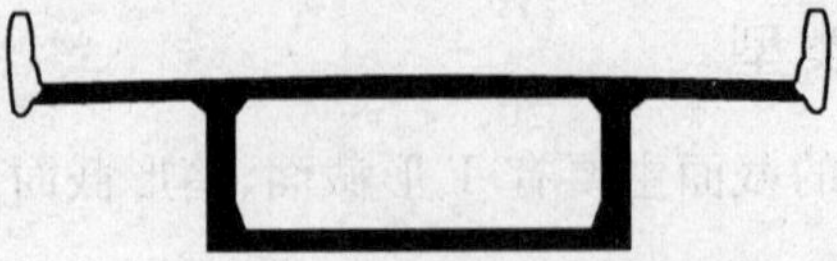

(a)单箱单室

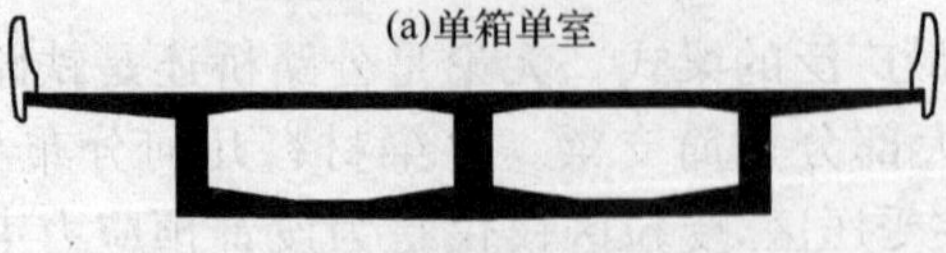

(b)单箱双室

(c)单箱三室

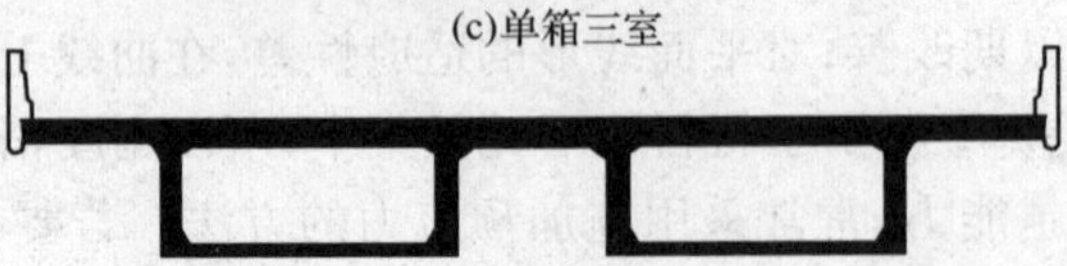

(d)双箱单室

(e)双箱双室

(f)三箱单室

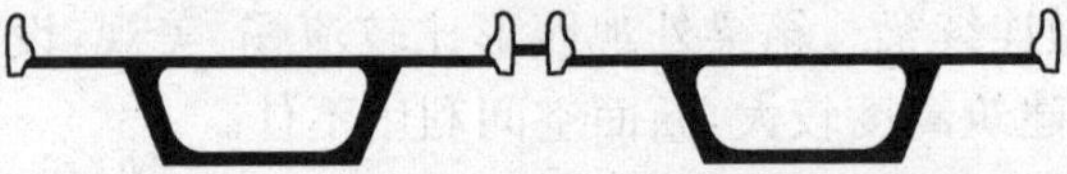

(g)分离式箱形截面（由两个单箱单室组成的截面）

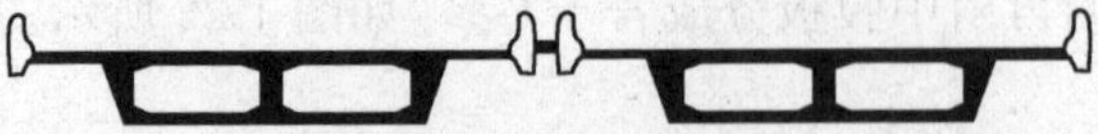

(h)分离式箱形截面（由两个单箱双室组成的截面）

(i)组合箱梁截面

图 1-22　箱梁的箱与室

定程度上减少了车辆噪声对周围环境的影响；两侧主梁能防止出轨列车倾覆下落，给行车安全提供了可靠的保证；顶板还可以作为紧急逃生通道，使乘客的生命安全更有保障。这些优点日益受到重视，因此U梁在现代城市轨道交通中逐渐得到新的应用。

U梁的传力体系为：车辆荷载作用在桥面板上，荷载通过桥面板传给横梁，再由横梁传给主梁。主梁实际承受下端受拉荷载，对混凝土结构而言，这是不利的受力状态。荷载除引起主梁的弯曲外，还会引起主梁的扭转，存在弯扭效应，这种开口截面抗扭刚度小，受力复杂。设计一般需布置三向预应力，与上承式梁相比存在构造复杂、自重大、施工烦琐等缺点。不过，随着近些年来的研究与实践，这些缺点已基本被克服。

1.2.4　桥梁的支座类型

1. 桥梁支座分类

桥梁支座是连接桥梁上部结构和下部结构的重要构件，其主要功能是将上部结构承受的各种荷载传递给墩台，并能适应上部结构由于荷载、温度变化、混凝土收缩等产生的变形（水平位移及转角），使上部结构的实际受力情况符合设计要求。

支座可分别按变形的可能性、所用的材料或结构形式三种方法分类：按支座变形可能性分为固定支座、单向活动支座和多向活动支座；按支座用材料分为钢支座、聚四氟乙烯支座、橡胶支座、混凝土支座和铅支座；按支座的结构形式分为弧形支座、摇轴支座、辊轴支座、板式橡胶支座、四氟板式橡胶支座、盆式橡胶支座、球形支座等，其中使用最普遍的应该是板式橡胶支座和盆式橡胶支座。

2. 板式橡胶支座的构造

板式橡胶支座通常由多层橡胶与薄钢板镶嵌、粘合、硫化而成。支座在竖直荷载作用下，嵌入橡胶片之间的钢板将约束橡胶的侧向膨胀，使垂直变形相应减小，从而提高了支座的竖向刚度，而支座的水平位移仅与支座橡胶的净厚度有关。为防止薄钢板的锈蚀，在板式橡胶支座的上、下面及四周均有橡胶保护层。板式橡胶支座具有构造简单、安全方便、节省钢材、价格低廉、养护简便、易于更换等特点。板式橡胶支座有足够的竖向刚度以承受垂直荷载，且能将上部结构的压力可靠地传递给墩台；有良好的弹性以适应梁端的转动；有较大的剪切变形以满足上部构造的水平位移；有良好的防震作用，可减少动载对桥跨结构与墩台的冲击作用。板式橡胶支座按其形状可分为矩形板式橡胶支座或圆形板式橡胶支座。

为减小板式橡胶支座摩擦力，在板式橡胶支座顶面粘结一层聚四氟乙烯板，构成聚四氟乙烯滑板式橡胶支座。聚四氟乙烯滑板式橡胶支座简称四氟滑板式支座，是在普通板式橡胶支座上按照支座尺寸大小粘覆一层厚2～4 mm的聚四氟乙烯板而成，除具有普通板式橡胶支座的竖向刚度与弹性变形，且能承受垂直荷载及适应梁端转动外，利用聚四氟乙烯板与梁底不锈钢板间的低摩擦系数（$\mu_f \leqslant 0.08$）

可使桥梁上部构造水平位移不受限制。可在跨度大于 30 m 的大跨度桥梁、简支梁连续板桥和多跨连续梁桥作活动支座使用。

3. 盆式橡胶支座的构造

盆式橡胶支座是钢构件与橡胶、聚四氟乙烯板等材料组合而成的新型桥梁支座。它具有承载能力大、水平位移量大、转动灵活等特点，广泛应用在大型公路、铁路桥梁建设上。盆式橡胶支座分为双向（多向）活动支座、单向活动支座和固定支座等。双向（多向）活动支座具有竖向承载，竖向转动和多向滑动性能，代号为 SX；单向活动支座具有竖向承载，竖向转动和单一方向滑动性能，代号 DX；固定支座具有竖向承载和竖向转动性能，代号 GD。

双向（多向）活动支座和单向活动支座由上座板（包括顶板和不锈钢滑板）、聚四氟乙烯滑板、中间钢板、密封圈、底盆、地脚螺栓和防尘罩等组成。单向活动支座沿活动方向还设有导向挡块，固定支座由上座板、密封圈、橡胶板、底盆、地脚螺栓和防尘罩组成。

1.2.5 桥梁的荷载与挠度

1. 桥梁荷载

桥梁荷载是指桥梁结构设计所应考虑的各种可能出现的荷载的统称。按照《城市轨道交通桥梁设计规范》(GB/T 51234—2017)的规定：桥梁荷载可以分为主力、附加力和特殊荷载。

主力是正常的、经常发生的或时常重复出现的，又可分为恒载、活载和无缝线路纵向水平力。恒载一般指结构自重、土压力、静水压力及浮力、预加力等，其大小和作用点一般是固定不变的，故称恒载。活载一般指列车竖向静活载、列车竖向动力作用、列车离心力、人群荷载等。无缝线路纵向水平力包括伸缩力和挠曲力。

附加力是偶然作用的荷载，其最大值并不经常出现，而各种附加力同时出现最大值的机会就更少。

特殊荷载是在特殊情况下作用的荷载，往往是暂时的或灾害性的，如船只或汽车的撞击力等。

在进行桥梁设计时，应根据结构的特性，按照表 1-4 所列的荷载，就其可能的最不利情况进行验算。

表 1-4 桥梁荷载

荷载分类		荷载名称
主力	恒载	结构自重
		附属设备和附属建筑自重

续上表

<table>
<tr><th colspan="2">荷载分类</th><th>荷载名称</th></tr>
<tr><td rowspan="18">主力</td><td rowspan="5">恒载</td><td>预加力</td></tr>
<tr><td>混凝土收缩及徐变影响</td></tr>
<tr><td>基础变位的影响</td></tr>
<tr><td>土压力</td></tr>
<tr><td>静水压力及浮力</td></tr>
<tr><td rowspan="9">活载</td><td>列车竖向静活载</td></tr>
<tr><td>列车竖向动力作用</td></tr>
<tr><td>列车竖向静活载</td></tr>
<tr><td>列车竖向动力作用</td></tr>
<tr><td>列车离心力</td></tr>
<tr><td>列车横向摇摆力</td></tr>
<tr><td>列车竖向静活载产生的土压力</td></tr>
<tr><td>公路或城市桥梁活载</td></tr>
<tr><td>人群荷载</td></tr>
<tr><td rowspan="2">无缝线路
纵向水平力</td><td>伸缩力</td></tr>
<tr><td>挠曲力</td></tr>
<tr><td colspan="2" rowspan="6">附加力</td><td>制动力或牵引力</td></tr>
<tr><td>风力</td></tr>
<tr><td>温度影响力</td></tr>
<tr><td>流水压力</td></tr>
<tr><td>救援检修列车荷载</td></tr>
<tr><td>顶梁荷载</td></tr>
<tr><td colspan="2" rowspan="6">特殊荷载</td><td>无缝线路断轨力</td></tr>
<tr><td>船只或汽车的撞击力</td></tr>
<tr><td>地震力</td></tr>
<tr><td>施工临时荷载</td></tr>
<tr><td>列车脱轨荷载</td></tr>
<tr><td>列车脱轨水平撞击力</td></tr>
</table>

注：如杆件的主要用途为承受某种附加力，则在计算此杆件时，该附加力应按主力计。

2. 桥梁挠度

挠度是指梁跨结构在竖向荷载作用下产生的竖直向下的线位移。一般所说的挠度系指梁跨的弹性挠度，即当活载离去后可以自动恢复的竖向变形，故不包括梁跨由于自身重量而产生的恒载挠度。

挠度是检验桥跨结构综合技术状态的一个重要指标，日常维护中应切实掌握和了解桥梁梁跨挠度的现状及变化。

《城市轨道交通设施运营监测技术规范　第 2 部分：桥梁》(GB/T 39559.2—2020)提出了列车作用下梁体最大竖向变形限值和梁体最大横向变形限值，见表 1-5、表 1-6。

表 1-5　列车作用下梁体最大竖向变形限值

桥　梁		预警值	安全值
梁桥	L=30 m	L/1 100	L/850
	L=60 m	L/1 050	L/800
	L>120 m	L/1 000	L/750
拱桥		L/1 000	L/800
斜拉桥		L/750	L/550
悬索桥		L/600	L/450

注：1. L 表示跨度，单位为米(m)。
2. 其他跨度的梁桥可用插值法确定对应跨度下的预警值和安全值。

表 1-6　列车作用下梁体最大横向变形限值

桥　梁		预警值	安全值
梁桥	L<120 m	—	—
	L>120 m	L/2 000	L/1 500
拱桥		L/2 000	L/1 500
斜拉桥		L/1 600	L/1 200
悬索桥		L/1 300	L/1 000

注：L 表示跨度，单位为米(m)。

1.3　隧道一般知识

上海地铁自 1993 年 5 月开通 1 号线试运营南段(徐家汇站—锦江东园站)以来，建设速度不断加快，建设规模也日益加大。截至 2023 年 12 月，上海轨道交通全网络运营里程 831 km，线路增至 20 条，运营车站增至 508 座；上海市域线是未来城市交通发展的重点项目，计划2035年将达到1 000 km，目前上海已成为中国乃至世界城市轨道交通运营规模最大的城市之一。这一速度远远高于西方发达国家。随着上海市新一轮轨道交通建设规划的出台，未来十年内包括地铁隧道在内的轨道交通工程建设规模还将进一步扩大。在现有线路中，地下线维修里程923 km，约占整个路网长度的66%以上。地下线路区间隧道多以圆形盾构法隧道形式为主，在既有运营和在建线路中，通过市区的线路大都属于地下线路，基本上采用盾构法施工。由此，排摸盾构法隧道病害种类，分析其产生的原因，通过大量试验总结病害治理方法并形成规范性技术文件，对确保隧道结构和运营安全具有非常重要的意义。

1.3.1　盾构法隧道基础知识

1. 简述

盾构法是暗挖法施工中的一种全机械化施工方法。它是将盾构机械在地中推进，通过盾构外壳和管片支承四周围岩防止发生往隧道内的坍塌，同时在开挖面前方用切削装置进行土体开挖，通过出土机械运出洞外，靠千斤顶在后部加压顶进，并拼装预制混凝土管片，形成隧道结构的一种机械化施工方法。

盾构机于19世纪中叶发明，它是一种带有护罩的专用设备。利用尾部已装好的衬砌块作为支点向前推进，用刀盘切割土体，同时排土和拼装后面的预制混凝土衬砌块。盾构机掘进的出渣方式有机械式和水力式，以水力式居多。水力盾构在工作面处有一个注满膨润土液的密封室。膨润土液既用于平衡土压力和地下水压力，又用作输送排出土体的介质。

盾构机既是一种施工机具，也是一种强有力的临时支撑结构。盾构机外形上看是一个大的钢管机，较隧道部分略大，它是设计用来抵挡外向水压和地层压力的，包括三部分：前部的切口环、中部的支撑环以及后部的盾尾。大多数盾构的形状为圆形，也有椭圆形、半圆形、马蹄形及箱形等其他形式。

2. 特点

盾构法施工得到广泛使用，因其具有明显的优越性：①在盾构的掩护下进行开挖和衬砌作业，有足够的施工安全性；②地下施工不影响地面交通，在河底施工不影响河道通航；③施工操作不受气候条件的影响；④产生的振动、噪声等环境危害较小；⑤对地面建筑物及地下管线的影响较小。

3. 适用条件

在松软含水地层，或地下线路等设施埋深达到10 m或更深时，可以采用盾构法，适用条件如下：

(1)线位上允许建造用于盾构进出洞和出渣进料的工作井；

(2)隧道要有足够的埋深，覆土深度宜不小于6 m且不小于盾构直径；

(3)相对均质的地质条件；

(4)如果是单洞则要有足够的线间距，洞与洞及洞与其他建(构)筑物之间所夹土(岩)体加固处理的最小厚度为水平方向1.0 m、竖直方向1.5 m；

(5)从经济角度讲，连续的施工长度不小于300 m。

4. 优缺点

(1)优点

①安全开挖和衬砌，掘进速度快；

②盾构的推进、出土、拼装衬砌等全过程可实现自动化作业，施工劳动强度低；

③不影响地面交通与设施，同时不影响地下管线等设施；

④穿越河道时不影响航运，施工中不受季节、风雨等气候条件影响，施工中噪声和扰动较小；

⑤在松软含水地层中修建埋深较大的长隧道往往具有技术和经济方面的优越性。

(2)缺点

①对断面尺寸多变的区段适应能力弱；

②新型盾构购置费昂贵，施工区段短的工程不太经济；

③工人的工作环境较差。

5. 盾构法隧道结构类型介绍

上海地铁盾构隧道有单圆和双圆隧道之分，单圆隧道内径有5.5 m和5.9 m两种，管片厚度均为350 mm；大直径单圆区间隧道内径为10.4 m，管片厚度为480 mm；双圆区间隧道内径为5.7 m，管片厚度300 mm。双圆盾构的使用在有效利用地下空间、降低施工费用、缩短施工周期等方面取得了优势。

盾构法修建的圆形断面隧道衬砌结构，可分为单层和双层衬砌。单层衬砌，是在盾尾内一次拼装组成的，施工中起到支撑围岩和承受盾构推力的作用，成环后成为永久性结构；双层衬砌，包括一次衬砌和二次衬砌，一次衬砌的结构与单层衬砌相同，二次衬砌通常是用来提高结构的刚度、加强管片防水和防锈的能力，起到内部装修的作用。

现有的上海地铁盾构隧道全部为单层管片衬砌。单层衬砌，一般采用施工迅速、安装容易的预制装配式管片结构。

管片按材料可分为钢筋混凝土、钢、铸铁以及由几种材料组合而成的复合管片。在区间隧道的特殊地段，如集水井、需要开口的衬砌环或预计将承受特殊荷载的地段，一般采用钢或铸铁管片。管片类型及对比见表1-7。

表 1-7　管片类型及对比

管片名称	特　点	存在问题
钢筋混凝土管片	1. 成本低、使用最多； 2. 耐久性好	1. 厚度大，致使掘削面大； 2. 重量大，运输、组装需要手工操作、易损伤
球墨混凝土管片	1. 强度高、耐久性好，制作精度高； 2. 与混凝土管片相比重量轻、掘削面小； 3. 承受特殊荷载的地点可选用特殊构造	1. 成本高； 2. 焊接困难
钢管片	1. 重量轻，容易组装运输； 2. 可任意安装加固材，加固容易； 3. 中小盾构隧道中使用多	1. 容易变形； 2. 耐腐蚀性差
复合管片	管片系混凝土和钢板复合构造，与钢筋混凝土管片相比厚度小	1. 钢板的抗腐蚀性差； 2. 接头构造复杂

管片按拼装方式可分为通缝拼装和错缝拼装，如图 1-23 所示。就一般单圆隧道而言其管片厚度 350 mm，内径为 5.5 m、5.9 m 和 10.4 m 三种类型，管片为 C55 高强混凝土，抗渗等级大于或等于 S10，一般隧道衬砌环由 6 块管片拼装而成，即由一块小封顶块 F、两块邻接块 L、两块标准块 B 和一块大拱底块组成[图 1-23(a)]。大拱底块布置两条对称的三角肋，在靠近隧道外弧面设弹性密封垫槽，内弧面设嵌缝槽。在衬砌接缝构造设计中，考虑到软土地层的特性，便于在环间传递一定的剪力，控制环间踏步，同时方便管片拼装时定位，在环缝和纵缝上均设计成凹凸榫槽；也有在管片纵缝上设置塑料定位棒的。目前，隧道常用的螺栓连接有以下三种形式：弯螺栓、直螺栓和斜螺栓。通常环向管片间以 2 根 M30 mm 的环向螺栓压密相连，纵向环间以 17 根纵向螺栓相连。

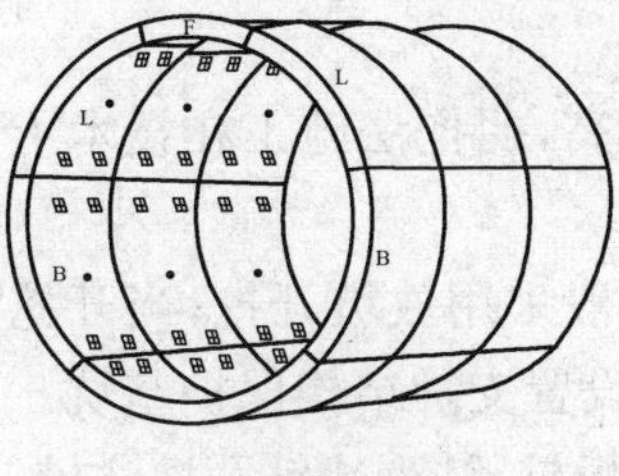

(a)通缝拼装

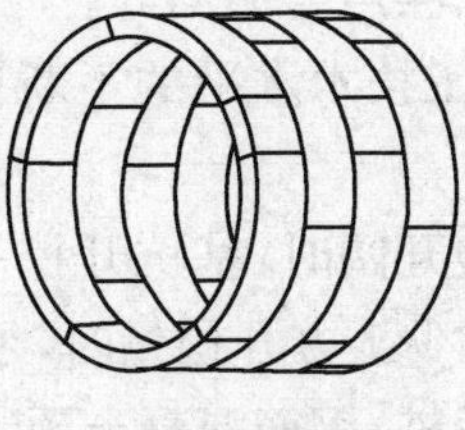
(b)错缝拼装

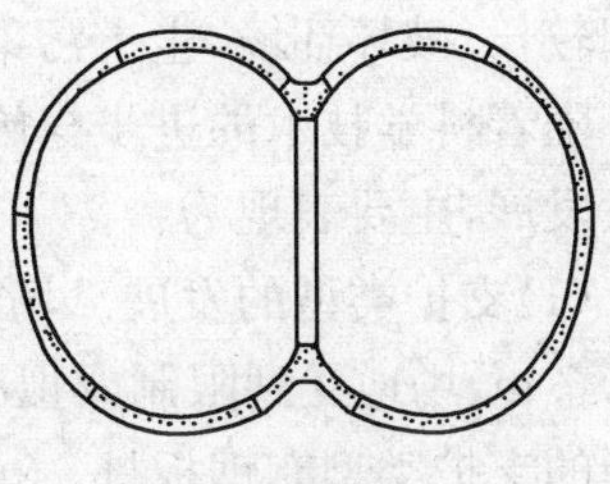
(c)双圆隧道

图 1-23　通缝拼装和错缝拼装隧道

错缝拼装与通缝拼装略有不同，其拼装方式是隔环相同，拱底块不设三角肋，在道床底部有一条纵缝，6 块管片所对应圆心角分别为 20°、2×68.75°、3×67.5°，[图 1-23(b)]。错缝隧道的纵向刚度通常要比通缝隧道的刚度大。

双圆隧道结构错缝拼装，管片为C50高强混凝土，由8块A型管片、1块B型管片、1块C型管片、1块D型管片组成一环。外径为6.3 m，内径为5.7 m，管片厚度为300 mm，接缝形式为预埋螺栓型接头[图1-23(c)]。

盾构法隧道主要依靠管片自身混凝土防水。在接缝处设置两道防水，在距离管片外侧30 mm处设置第一道防水弹性密封垫，在管片凹凸榫内侧设置第二道防水遇水膨胀橡胶或聚氨酯密封膏嵌缝(此处拱底块采用氯丁乳胶水泥嵌缝)。

无论以上哪种类型的隧道结构，都有一个共同的特点，就是拼缝多、螺栓孔及注浆孔多，这些薄弱环节在隧道沉降和变形导致管片弹性密封垫和嵌缝材料失效后，最后都成为渗漏水等病害的多发部位。

1.3.2 明挖法隧道基础知识

1. 简述

明挖法的施工步骤：先从地表向下开挖基坑或堑壕直至设计标高，自基底由下向上顺序施工，完成地下工程主体结构后进行土方回填，最终完成地下工程施工。明挖法施工具有历史悠久、应用广泛的特点。明挖法施工简单、方便，地层表面附近(浅埋)的地下工程多采用明挖法进行修建，如房屋基础、地下商场、地下街、地下停车场、地铁车站、人防工程及地下工业建筑等。据统计，采用明挖法建造的地下工程约占软土工程总数的三分之二以上。

明挖法的优点是施工技术简单、快速、工作面大、经济及主体结构受力条件较好等，便于机械和大量劳动力投入，在没有地面交通和环境等条件限制时，如市郊开阔场地、软岩等环境场地等，应是首选方法。但其缺点也是明显的，如阻断交通时间较长、破坏环境，尘土污染、噪声与振动等。

随着科学技术的进步与施工技术水平的不断提高，明挖法施工在技术上已有较大发展，主要表现为：

(1)支护类型的发展。场地开阔时，基坑开挖一般采用放坡开挖；当开挖深度大于7 m、场地受到限制或拟减少土方开挖量时，须设置支护结构保护基坑。可供选择的支护类型有钢板桩、木板桩、钢筋混凝土预制板桩、柱列式钻孔灌注桩、挖孔桩、水泥土搅拌桩、土锚、土钉和地下连续墙等支护结构类型。

(2)支撑类型的发展。开挖深度小于4.0 m时，通常可不加横撑，仅用悬臂式围护结构保护基坑；基坑深度大于4.0 m，需加设一道或数道横撑。支撑结构分内支撑和外拉锚两类，内支撑有型钢撑、钢管撑、钢筋混凝土撑、围檩、立柱撑等，外拉锚有拉锚、土锚两种结构形式。

(3)地下水控制技术的发展。在地下水位较高的地区进行明挖法施工时，排水方法有明排法、盲沟法和现已广泛应用的人工井点降水法。

(4)盖挖法技术。为了克服明挖法对地面影响大的局限性,宜采用盖挖法。盖挖法是由地面向下开挖至一定深度后,将顶部封闭,其余的下部工程在封闭的顶盖下进行施工,主体结构可以顺作,也可逆作。

明挖法通常分为无支护放坡开挖和基坑支护开挖两种形式。放坡开挖的优点是不必设置支护结构,而且主体结构施工时场地较大,便于施工布置;缺点是开挖工程量相对较大,而且占用场地大,适合在旷野采用明挖法修建的地下工程。在场地条件受限的情况下,如城市地下工程施工,常采用基坑支护开挖方法。通常,为保证基坑侧壁稳定及邻近建筑物的安全,需采取基坑侧壁的支护加固措施,即设置基坑支护结构,包括支护桩墙、支撑系统、围檩、防渗帷幕、土钉及锚杆等。基坑支护结构安全与否,不仅直接关系所建工程的成败,而且关系邻近已建工程的安危。

施工时,采用无支护放坡开挖还是基坑支护开挖,应根据工程地质条件、开挖工程规模、地面环境条件、交通状况等因素综合确定。

2. 适用条件

明挖法的应用与许多因素相关,如建筑周边的环境条件,工程地质、水文地质条件,结构物的埋深及技术经济指标等。因此,选用明挖法修建各种地下工程时,应全面、综合考虑各种因素。

(1)浅埋地下工程施工。常见的浅埋地下工程主要有地铁车站、地铁行车通道、城市地下人行通道、地下综合管网工程等。这些浅埋工程的覆土厚度(埋入土中的深度)多为5～10 m,一般都采用明挖法施工。在某些情况下,有的埋深达10多米甚至20多米的地下工程,也可采用明挖法施工。但是,明挖法施工明显受结构埋深的制约。当埋深较大时,由于施工技术难度大,同时往往因开挖和回填工程量很大,工程费用有可能比暗挖法高,此时从技术经济角度考虑,选用明挖法就不适宜了。

(2)平面尺寸较大的地下工程。某些地下工程埋深不大,但平面尺寸很大,如一些城市的地下广场、大规模地铁车站、地下商场等,其内部结构也多采用一般的梁板结构,这类工程适宜采用明挖法施工。对于这类大平面尺寸的地下工程,明挖法施工时通常采用分部开挖法或沟槽开挖法,先在周边开挖至设计标高,建造好外围结构,然后开挖中间部分,再进行内部结构施工及顶板施工和覆土回填。

(3)基坑工程。基坑工程是许多工程建设的辅助工程,并且基坑工程也只能采用明挖法施工。

(4)其他工程。与高层建筑深基坑工程类似,有些工程在施工中也需要深基坑作为施工辅助工程,如桥梁工程中的锚锭基坑工程,需要将锚锭板埋置于很深的地层中,这就需要开挖深基坑。此外,盾构法和顶管法施工的施工井也采用自地面垂直向下开挖的明挖法进行修建。

3. 分类

按照对边坡维护方式的不同，明挖法可分为放坡明挖法、悬臂支护明挖法和围护结构加支撑明挖法。应当注意的是，当采用悬臂支护明挖法或围护结构加支撑明挖法时，工程的重点和难点就转化为深基坑的维护问题。

(1)放坡明挖法

放坡明挖法是根据隧道侧向土体边坡的稳定能力，由上向下分层放坡开挖隧道所在位置及其上方土体至设计隧道基底高程后，再由下向上顺隧道衬砌结构和防水层，最后施作结构外填土并恢复地表状态的施工方法。

放坡明挖法主要适用于埋置特浅、边坡土体稳定性较好，且地表没有过多的限制条件的隧道工程中。虽然开挖方量较大且易受地表和地下水的影响，但放坡明挖法可以使用大型土方机械，施工速度快，质量也易得到保证，作业场所环境条件好，施工安全度高。边坡局部稳定性较差时，可采用喷射混凝土进行坡面防护或采用锚杆加固边坡土体。

(2)悬臂支护明挖法

悬臂支护明挖法是将基坑围护结构插入基底高程以下一定深度，然后在围护结构的保护下开挖基坑内的土体至设计隧道基底高程后，再由下向上顺作隧道主体结构和防水层，最后施作结构并回填土以恢复地表状态的施工方法。

悬臂支护明挖法常用的围护结构有打入木桩、钢桩、钢筋混凝土预制桩、就地挖孔或钻孔灌注钢筋混凝土桩、钻孔灌注钢筋混凝土连续墙等，以上各种措施也可联合采用。悬臂支护明挖法主要适用于埋置较浅、边坡土体稳定性较差，且地表有一定的限制性要求的隧道工程。

(3)围护结构加支撑明挖法

围护结构加支撑明挖法是当基坑深度较大、围护结构的悬臂较长时，在不增加围护结构的刚度和插入深度的条件下，在围护结构的悬臂范围内架设水平支撑以加强围护结构，共同抵抗较大的外侧土压力；在主体结构由下向上顺作的过程中，按要求的时序逐层分段拆除水平支撑，完成结构体系转换，最后施作结构外回填土并恢复地表状态的施工方法。

围护结构加支撑明挖法主要适用于埋置不太浅、边坡土体稳定性较差、外侧土压力较大且地表有一定限制性要求的隧道工程中。

水平支撑的强度、刚度、间距、层数及层位等技术参数，应根据对水平支撑与围护结构的共同工作状态、结构体系转化过程工艺的要求进行力学分析计算确定。施工中必须经常检查支撑状态，必要时应对其应力进行监控和量测。采用水平支撑的优点是：墙体水平位移小，可靠安全，开挖深度不受限制。

水平支撑常用的形式有横撑、角撑和环梁支撑。平面矩形围护结构的基坑拐角或断面变化处用角撑，短边方向一般用横撑，平面环形围护结构也采用环形支撑。开挖基坑宽度较大、水平支撑刚度不足时，还可考虑加设中间支柱来保持其稳定性。水平支撑结构以钢管、型钢及型钢组合构件为好，因其拆装方便，所占空间较小，回收率较高，故在实际工程中应用较多。

明挖法隧道常用围护结构的形式按制作方式如图1-24所示。

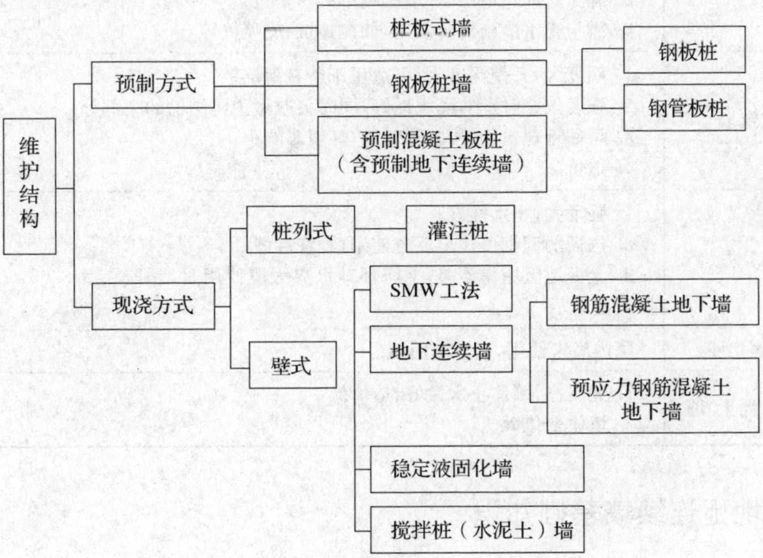

图1-24　明挖法隧道常用围护结构的形式

上述各类围护结构的特点见表1-8。

表1-8　各类围护结构的特点

类　型	特　点
桩板式墙	1. H钢的间距在1.2～1.5 m； 2. 造价低，施工简单，有障碍物时可改变间距； 3. 止水性差，地下水位高的地方不适用，坑壁不稳的地方不适用； 4. 开挖深度上海达到6 m左右，无支撑，而日本用于开挖深度10 m以内的基坑（有支撑）
钢板桩墙	1. 成品制作，可反复使用； 2. 施工简便，但施工有噪声； 3. 刚度小，变形大，与多道支撑结合，在软弱土层中也可采用； 4. 新施工时治水性尚好，如有漏水现象，需增加防水措施

续上表

类　型	特　点
预制混凝土板桩	1. 施工简便，但施工有噪声； 2. 需辅以止水措施； 3. 自重大，受起吊设备限制，不适合大深度基坑。国内用在 10 m 以内的基坑，法国用到 15 m 深基坑
灌注桩	1. 刚度大，可用在深大基坑； 2. 施工对周边地层、环境影响小； 3. 需与止水措施配合使用，如搅拌桩、旋喷桩等
地下连续墙	1. 刚度大，开挖深度大，可适用于所有地层； 2. 强度大，变位小，隔水性好，同时可兼做主体结构的一部分； 3. 可邻近建筑物、构筑物使用，环境影响小； 4. 造价高
SMW 工法	1. 强度大，止水性好； 2. 内插的型钢可拔出反复使用，经济性好； 3. 上海地区用得不多，上海环球世界大厦使用时，开挖深度 8.65 m。具有较好发展前景
稳定液固化墙	国内尚未使用，日本应用较广
搅拌桩(水泥土)墙	1. 无支撑，墙体止水性好，造价低 2. 墙体变位大

1.3.3　地下连续墙基础知识

地下连续墙，又称地下连续壁或连续地中壁，它是在地面上用特殊的挖槽设备，沿着深开挖工程的周边(例如地下结构物的边墙)，在泥浆护壁的情况下，开挖一条狭长的深槽，在槽内放置钢筋笼并浇灌水下混凝土，筑成一段钢筋混凝土墙段，然后将若干墙段连接成整体，形成一条连续的地下墙体。地下连续墙适用于地下工程的主体结构、支护结构以及复合式衬砌的初期支护，可供截水防渗或挡土承重之用。

地下连续墙用作地铁车站基坑的围护结构，主要有两类：一类是预制钢筋混凝土的连续墙，另一类是现浇钢筋混凝土连续墙。目前，我国大多采用现浇的钢筋混凝土连续墙。用作围护结构的地下连续墙，又可分为：仅作为基坑的临时围护结构；既是临时围护结构又作为永久结构的边墙，即所谓单层墙；作为永久结构边墙一部分的重合墙和复合墙。由于地下连续墙的作用不同，所以，它和主体结构的连接方式也就不同。

地下连续墙具有刚度大、抗渗性能好、无振动、无噪声的特点，并能紧靠建筑物边缘施工。地下连续墙作为地铁车站深基坑的挡土围护结构，施工时对周围的环境影响小，适宜在城区建筑密集群内施工。地下连续墙施工流程如图 1-25 所示。

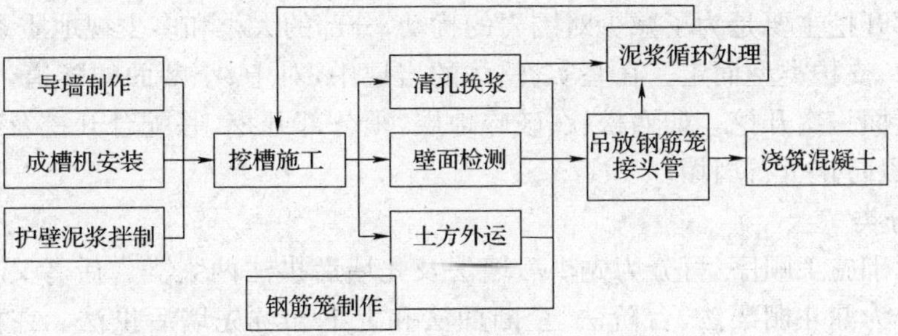

图 1-25　地下连续墙施工流程

地下连续墙技术要求主要有：

(1)地下连续墙应采用防水混凝土，胶凝材料用量：采用卵石时不得少于 380 kg/m^3，采用碎石时不得少于 400 kg/m^3，坍落度宜为 180～200 mm。

(2)地下连续墙施工时，混凝土应按每一个单元槽段留置一组抗压强度试件，每五个单元槽段留置一组抗渗试件。

(3)叠合墙结构的地下连续墙与内衬结构连接处，应凿毛并清洗干净，必要时应作特殊防水处理。

(4)单元槽段接缝不宜设在拐角处；采用复合式衬砌时，墙体与内衬接缝宜相互错开。

(5)地下连续墙如有裂缝、孔洞、露筋等缺陷，应采用聚合物水泥砂浆及时修补；地下连续墙槽段接缝如有渗漏，应采用注浆等方式进行封堵或引排。

(6)地下连续墙分项工程检验批的抽检数量，应按连续墙每 10 个槽段抽查 1 个槽段。

1.3.4　矿山法隧道的基础知识

1. 简述

矿山法是暗挖法的一种，主要用钻眼爆破方法开挖断面而修筑隧道及地下工程的施工方法。因借鉴矿山开拓巷道的方法，故名矿山法。矿山法是一种传统的施工方法。它的基本原理是，隧道开挖后受爆破影响，造成岩体破裂形成松弛状态，随时都有可能坍落。基于这种松弛荷载理论依据，其施工方法是按分部顺序采取分割式一块一块地开挖，并要求边挖边撑以求安全，所以支撑复杂，木料耗用多。随着喷锚支护的出现，使分部数目得以减少，并进而发展成新奥法。

用矿山法施工时，将整个断面分部开挖至设计轮廓，并随之修筑衬砌。当地层松软时，则可采用简便挖掘机具进行，并根据围岩稳定程度，在需要时应边开挖边支护。分部开挖时，断面上最先开挖导坑，再由导坑向断面设计轮廓进行扩大开挖。分部开挖主要是为了减少对围岩的扰动，分部的大小和多少视地质条件、隧道断面尺寸、支护类型而定。在坚实、整体的岩层中，对中、小断面的隧道，可不分部而将全断面一次开挖。如遇松软、破碎地层，须分部开挖，并配合开挖及时设置临时支撑，以防止土石坍塌。

2. 分类

按衬砌施工顺序，可分为先拱后墙法及先墙后拱法两大类。后者又可按分部情况细分为漏斗棚架法、台阶法、全断面法和上下导坑先墙后拱法。在松软地层中，或在大跨度洞室的情况下，又有一种特殊的先墙后拱施工法——侧壁导坑先墙后拱法。此外，结合先拱后墙法和漏斗棚架法的特点，还有一种居于两者之间的蘑菇形法。

(1)先拱后墙法

也称支承顶拱法。在稳定性较差的松软岩层中，为了施工安全，先开挖拱部断面并即砌筑顶拱，以支护顶部围岩，然后在顶拱保护下开挖下部断面和砌筑边墙。在开挖边墙部分的岩层之前，必须将顶拱支承好，故有上述别称。开挖两侧边墙部分的岩层(俗称挖马口)时，须左右交错分段进行，以免顶拱悬空而下沉。施工时，须开挖上下两个导坑，开挖上部断面时的大量石渣，可通过上下导坑之间的一系列漏渣孔装车后从下导坑运出，既提高出渣效率，又减少施工干扰。当隧道长度较短、岩层又干燥时，可只设上导坑。在此种场合，为避免运输和施工的干扰，可先将上半断面完全修筑完毕，然后再进行下半断面的施工。本法适用于松软岩层，但其抗压强度应能承受拱座处较高的支承应力；也适用于坚硬岩层中跨度或高度较大的洞室施工，以简化修筑顶拱时的拱架和灌筑混凝土作业。该法在外文文献中也称为比国法。

(2)漏斗棚架法

也称下导坑先墙后拱法。适用于较坚硬稳定的岩层。施工时先开挖下导坑，在导坑上方开始由下向上做反台阶式的扩大开挖，直至拱顶；随后在两侧由上向下做正台阶式的扩大开挖，直至边墙底；全断面完全开挖后，再由边墙到顶拱修筑衬砌。施工顺序如图 1-26 所示。此法在下导坑中设立的漏斗棚架，是用木料架设的临时结构。横梁上铺设轻便钢轨，在下导坑运输线路上方留出纵向缺口，其上铺横木，相隔一定间距，留出漏斗口供漏渣用。在向上扩大开挖时，棚架做工作平台用。图 1-26 中①～⑤爆出的石渣全落在棚架上，经漏斗口卸入下面的斗车运出洞外。这种装渣方式可减轻劳动强度。下导坑的宽度，一般按双线斗车运输决定。由于宽度较大，在棚架横梁下可增设中间立柱做临时加固用。设立棚架区段的长度，按装渣的各扩大开挖部分的延长加上一定余量来决定。用漏斗棚架装渣优点显著，故在中国以漏斗棚架命名。此法曾广泛应用于修建铁路隧道。

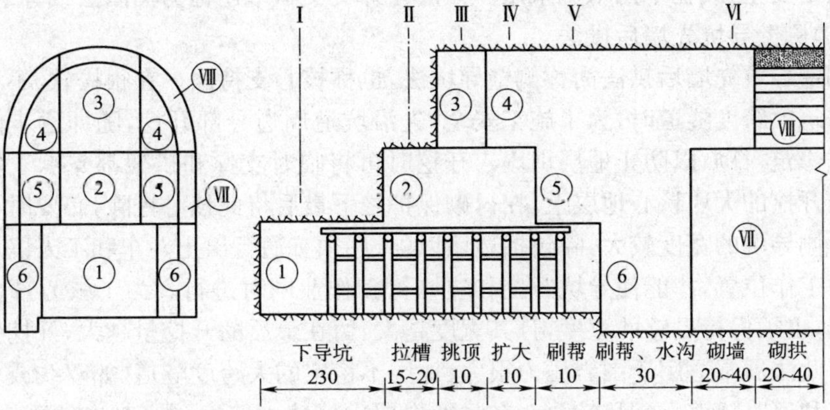

图 1-26　漏斗棚架法示意(单位:cm)

(3)台阶法

又有正台阶法和反台阶法之分。

①正台阶法系在稳定性较差的岩层中施工时，将整个坑道断面分为几层，由上向下分部进行开挖，每层开挖面的前后距离较小而形成几个正台阶。上部台阶的钻眼作业和下部台阶的出渣，可以平行进行而使工效提高。全断面完全开挖后，再由边墙到顶拱筑衬砌。在坑道顶部最先开挖的第一层为一弧形导坑，需要钻较多的炮眼，导坑超前距离很短，可使爆破时石渣直接抛落到导坑之外，以减轻扒渣工作量，从而提高掘进速度。如坑道顶部岩层松动，应即在导坑内用锚杆或钢拱架做临时支护，以防坍塌。

②反台阶法则用于稳定性较好的岩层中施工，也将整个坑道断面分为几层，在坑道底层先开挖宽大的下导坑，再由下向上分部扩大开挖。进行上层的钻眼时，须设立工作平台或采用漏斗棚架，后者可供装渣之用。

(4)全断面法

将整个断面一次挖出的施工方法。适用于较好岩层中的中、小型断面的隧道。此法能使用大型机械，如凿岩台车、大型装渣机、槽式列车或梭式矿车、模板台车和混凝土灌筑设备等进行综合机械化施工。

新奥法的出现，扩大了全断面法和台阶法的适用范围。

(5)上下导坑先墙后拱法

上下导坑先墙后拱法也称全断面分部开挖法。以前，在稳定性较差的松软岩层中，为提高衬砌的质量，曾采用过此种先分部挖出全断面，再按先墙后拱顺序修筑衬砌的施工方法。采用此法开挖时，要用大量木料支撑，还需多次顶替，施工既困难又不安全，故在中国未见采用。该法在外文文献中还称为奥国法或称老奥法。

(6)侧壁导坑先墙后拱法

侧壁导坑先墙后拱法简称侧壁导坑法，也称核心支持法。在很松软、不稳定地层中修筑大跨度隧道时，为了施工安全，先沿坑道周边分部开挖，随即逐步由边墙到顶拱修筑衬砌，以防止地层坍塌。开挖时可将临时支撑和拱架都支承于坑道中间未被开挖的大块核心地层上，在衬砌保护之下最后将此核心挖除，必要时再砌筑仰拱。侧导坑的宽度较大，除包括边墙以外，还须有通行出土斗车和工人以及砌筑边墙的工作位置，才能使导坑开挖和边墙衬砌作业同时进行。为了核心部分地层的稳定，也须保持足够的宽度，且其宽度越大，留在最后的开挖量越大，开挖费用就越小。此法通常适用于围岩压力很大、地层不稳定的大跨度隧道(如双线或多线铁路隧道和道路隧道、运河隧道)。在坚硬岩层中修建大跨度洞室时也常采用，利用其核心部分作为支承顶拱和边墙模板的基础；开挖时临时支撑可大为减少，甚至完全免除。该法在外文文献中至今还称德国法。

此外，在大断面洞室施工时，还采用先拱后墙法与核心支持法、先拱后墙法与正台阶法等的混合方案。

(7)蘑菇形法

综合先拱后墙法和漏斗棚架法的特点而形成的一种混合方案。开挖①～④部后呈现形似蘑菇状的断面，故名蘑菇形法(图 1-27)。在下导坑中设立漏斗棚架，供向上扩大开挖时装渣之用，同时当拱部地质条件较差时，为使施工安全可先筑顶拱。该法具有容易改变为其他方法的优点，遇岩层差时改为单纯的先拱后墙法，岩层好时改为漏斗棚架法。在中国首先应用于岩层基本稳定的铁路隧道施工，以后又用来修筑大断面洞室，为减少设立模架作业及其所需材料，并加快施工进度创造有利条件。

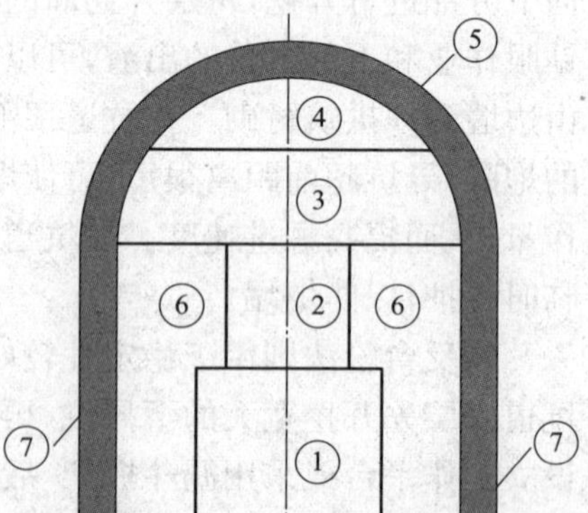

图 1-27　蘑菇形法示意

(8)爆破开挖

隧道及地下工程施工的爆破与一般石方工程的爆破要求不同。为了便于装渣和不损坏附近的临时支撑或永久性衬砌，不使岩层爆得粉碎或碎落的岩块过大，又不使爆破时的岩块抛掷很远，故一般用松动爆破。由钻眼、装药、封口、起爆、排烟、临时支护和出渣等作业组成一个爆破循环，其中钻眼和出渣占用大部分时间，应使之机械化，如采用凿岩机、装渣机、矿用牵引机车等。

为了提高爆破效果，避免超挖或欠挖，并使坑道的轮廓符合设计要求，除须根据岩层情况和坑道断面大小，选择炮眼的数目、直径、深度和装药量等参数之外，炮眼布置也是重要影响因素。

为了在爆破时开辟新的自由面（即临空面），不论在导坑开挖还是在全断面开挖时，通常在开挖面上布置位于中央的掏槽眼、其周围用以扩大爆破范围的辅助眼和控制开挖面轮廓的周边眼等三类炮眼，并按先掏槽后周边的次序先后起爆。掏槽眼的布置形式一般有直眼掏槽和斜眼掏槽。前者的炮眼轴线与开挖面垂直，可将几个掏槽眼布置成一字形、梅花形或螺旋形；斜眼的轴线则与开挖面斜交，并随地质构造的不同，布置成楔形、锥形或扇形。

爆破材料大多采用威力较低、价格较廉的硝铵炸药，有水时则用硝化甘油炸药。起爆时以往大多用火雷管做火花起爆；后来改用电雷管、毫秒雷管，用电起爆；近期又出现用导爆管的非电起爆。

爆破开挖时，为保证开挖面轮廓准确而平整，并控制对围岩的振动，近年来，在爆破技术上发展和应用了光面爆破、预裂爆破和毫秒爆破等新技术，达到了预期的爆破效果。

矿山法常用设备：芬兰挪曼尔特（Normet）公司的喷浆台车、混凝土台车、高空作业车、炸药台车、撬毛台车，山特维克（SADVIK）和阿特拉斯（ATLAS）的凿岩台车。

1.3.5　联络通道的基础知识

1. 简述

我国相关规范要求，超过1 km的双线隧道必须设置联络通道又称为旁通道，且间距不宜大于500 m。

联络通道的位置一般处于各段区间隧道的中间段，由于地铁建设常常采用“高站位、低区间”的方法，中间段通常也为线路最低处。在实际工程中，常将其与地下泵站的建设结合起来，采用合并建设的模式（图1-28）。

2. 特点

上海地铁隧道旁通道工程施工中，通常采用冻结法加固的施工方法，通过对施工工艺的归纳总结，以及参考有关施工技术资料，形成本工法。

冻结法适用于各类地层尤其适合在城市地下管线密布施工条件困难地段的施工。多年来国内外施工的实践经验证明冻结法施工有以下特点：

(1)可有效隔绝地下水，其抗渗透性能是其他任何方法不能相比的，含水量大于10%的任何含水、松散、不稳定地层均可采用冻结法施工技术；

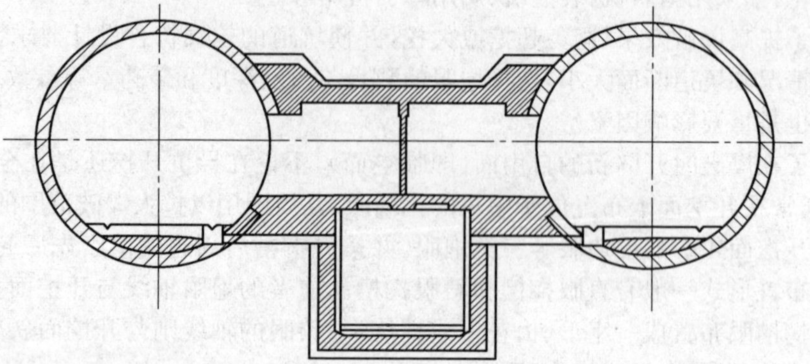

图 1-28 通道与泵站合建形式

(2)冻土帷幕的形状和强度可视施工现场条件、地质条件灵活布置和调整，冻土强度可达 5～10 MPa，能有效提高工效；

(3)冻结法是一种环保型工法，对周围环境无污染，无异物进入土壤，噪声小，冻结结束后，冻土墙融化，不影响建筑物周围地下结构；

(4)冻结施工用于桩基施工或其他工艺平行作业，能有效缩短施工工期。

3. 工艺原理

冻结法是利用人工制冷技术，使地层中的水结冰，将松散含水岩土变成冻土，增加其强度和稳定性，隔绝地下水，以便在冻结壁的保护下，进行地下工程掘砌作业。它是土层的物理加固方法，是一种临时加固技术，当工程需要时冻土可具有岩石般的强度，不需要加固强度时，又可采取强制解冻技术使其融化。

1.3.6 隧道防水设防要求

1. 地下结构防水要求

渗漏水会影响结构的耐久性，导致结构产生不均匀沉降，危及行车安全，影响设备的正常使用，所以，防水对于地下工程的功能是非常重要的。长期以来，我国地下工程的防水遵循"防、排、截、堵相结合"的综合治理原则。但是，地铁工程一般处于市中心，采用上述设计原则会对城市地下水的平衡带来极为不利的影响，所以，地铁工程的防水原则为"以防为主、多道设防、因地制宜、综合治理"。而作为养护维修单位，在日常养护工作中要遵循"逢漏必堵、逢损必固"的原则。

目前，我国地下工程的防水等级按渗漏分为一级～四级(表 1-9)。地铁隧道工程应纳入二级防水要求。

表 1-9　地下工程的防水标准

防水等级	防水标准
一级	不允许渗水，结构表面无湿渍
二级	不允许漏水，结构表面可有少量湿渍； 工业与民用建筑：总湿渍面积不应大于总防水面积（包括顶板、墙面、地面）的 1/1 000；任意 100 m^2 防水面积上的湿渍不超过 2 处，单个湿渍的最大面积不大于 0.1 m^2； 其他地下工程：总湿渍面积不应大于总防水面积的 2/1 000；任意 100 m^2 防水面积上的湿渍不超过 3 处，单个湿渍的最大面积不大于 0.2 m^2；其中，隧道工程还要求平均渗漏量不大于 0.05 L/(m^2·d)，任意 100 m^2 防水面积上的渗水量不大于 0.15 L/(m^2·d)
三级	有少量漏水点，不得有线流和漏泥砂； 任意 100 m^2 防水面积上的漏水或湿渍点数不超过 7 处，单个漏水点的最大漏水量不大于 2.5 L/d，单个湿渍的最大面积不大于 0.3 m^2
四级	有漏水点，不得有线流和漏泥砂； 整个工程平均漏水量不大于 2 L/(m^2·d)；任意 100 m^2 防水面积上的平均漏水量不大于 4 L/(m^2·d)

明挖法和暗挖法地下工程的防水设防要求，应分别按表 1-10 和表 1-11 选用。

表 1-10　明挖法地下工程防水设防要求

工程部位	主体结构							施工缝							后浇带					变形缝、诱导缝					
防水措施	防水混凝土	防水卷材	防水涂料	塑料防水板	膨润土防水材料	防水砂浆	金属防水板	遇水膨胀止水条(胶)	外贴式止水带	中埋式止水带	外抹防水砂浆	外涂防水涂料	水泥基渗透结晶型防水涂料	预埋注浆管	补偿收缩混凝土	外贴式止水带	预埋注浆管	遇水膨胀止水条(胶)	防水密封材料	中埋式止水带	外贴式止水带	可卸式止水带	防水密封材料	外贴防水卷材	外涂防水涂料
防水等级 一级	应选	应选 1～2 种						应选 2 种							应选	应选 2 种				应选	应选 1～2 种				
防水等级 二级	应选	应选 1 种						应选 1～2 种							应选	应选 1～2 种				应选	应选 1～2 种				
防水等级 三级	应选	宜选 1 种						宜选 1～2 种							应选	宜选 1～2 种				应选	宜选 1～2 种				
防水等级 四级	宜选	—						宜选 1 种							应选	宜选 1 种				应选	宜选 1 种				

表 1-11 暗挖法地下工程防水设防要求

工程部位		初砌结构						内衬砌施工缝						内衬砌变形缝(诱导缝)				
防水措施		防水混凝土	塑料防水板	防水砂浆	防水涂料	防水卷材	金属防水层	外贴式止水带	预埋注浆管	遇水膨胀止水条(胶)	防水密封材料	中埋式止水带	水泥基渗透结晶型防水涂料	中埋式止水带	外贴式止水带	可卸式止水带	防水密封材料	遇水膨胀止水条(胶)
防水等级	一级	必选	应选 1～2 种					应选 1～2 种						应选	应选 1～2 种			
	二级	应选	应选 1 种					应选 1 种						应选	应选 1 种			
	三级	宜选	宜选 1 种					宜选 1 种						应选	宜选 1 种			
	四级	宜选	宜选 1 种					宜选 1 种						应选	宜选 1 种			

不同的场所适用不同的防水等级见表 1-12。一般来说，地铁车站及设备集中的地方其防水等级均为一级。区间及其他隧道结构不得有线流和漏泥砂，当有少量漏水点时，昼夜的漏水量不得大于 0.5 L/m^2，即介于二级和三级之间。

表 1-12 不同防水等级的适用范围

防水等级	适用范围
一级	人员长期停留的场所；因有少量湿迹会使物品变质、失效的贮物场所及严重影响设备正常运转和危机工程安全运营的部位；极重要的战备工程、地铁车站
二级	人员经常活动的场所；在有少量湿迹情况下不会使物品变质、失效的贮物场所及基本不影响设备正常运转和工程安全运营的部位；重要的战备工程
三级	人员临时活动的场所；一般战备工程
四级	对渗漏水无严格要求的工程

2. 盾构隧道的防水体系

盾构隧道防水采用结构“自身防水为主，多道防线，综合处理”的原则。根据我国国家标准《地下防水工程质量验收规范》(GB 50208—2011)中的防水等级二级执行。

盾构隧道的防水体系由管片自防水、管片外防水防腐涂层和管片接缝处理组成。

(1)管片自防水

结构自防水是首选的防水措施，主要通过采用防水混凝土及严密的施工工艺来保证管片质量，以达到防水效果采用防水效果。管片混凝土强度等级 C50～

C55,抗渗标号可达 S8～S12 以上。管片防水层各部位置图如图 1-29 所示。

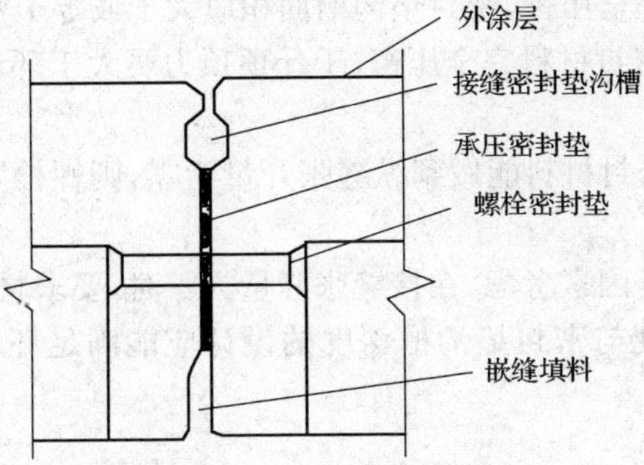

图 1-29　管片防水层各部位置图

(2)管片外防水防腐涂层

管片的外弧面均涂双组份聚氨酯涂料防水防腐。施涂工作在管片预制厂进行,技术要求如下:

①涂层在盾尾密封圈钢丝刷与钢板的挤压磨损下不损坏、不渗水。

②在管片弧面的混凝土裂缝宽度达到 0.3 mm 时,仍能抗 0.6 MPa 水压。

③涂层的耐腐蚀性、耐侵蚀性、耐久性好。

④涂层具有防迷流的功能。

⑤除管片背面外,还应涂抹于接缝环形密封圈外侧的混凝土上。

地铁 2 号线、4 号线仅过江段外涂防水层。

(3)管片接缝处理

为了使管片接缝保持永久的弹性状态和具有足够的承压能力,以适应隧道长期处于"蠕动"状态而产生接缝的张开和错动,保证管片接缝的防水效果,采取以下措施。

①在环、纵缝中设丁腈软木弹性衬垫

在管片的纵缝中各设置 1.5 mm 厚、宽度为 75 mm 的丁腈软木衬垫;环缝传力衬垫厚 3 mm(变形缝处 6 mm),宽度 130 mm。环缝密封垫衬需要有足够的承压能力和弹性复原能力,以承受均布盾构千斤顶的顶力,防止管片顶碎。纵缝密封衬垫不仅有填缝隙的作用,还能对局部应力起缓解作用。

②在环、纵缝的预留沟槽中嵌填弹性橡胶密封垫

弹性橡胶密封垫由三元乙丙橡胶与遇水膨胀橡胶条(表面需涂缓膨剂)复合而成,是接缝防水的第一道防线。遇水膨胀橡胶止水条在工厂预制成框形,在施工现场粘贴到管片环、纵缝的凹槽中。

对弹性密封垫的技术要求：

a. 为使密封垫完全压密，密封垫沟槽面积应大于或等于密封垫的断面积。

b. 为确保环面密封材料完全压密，千斤顶顶力要大于环缝张开量为零时对密封材料的压缩力。

c. 为确保纵缝密封材料能做到纵缝张开量为零，则螺栓紧固力应大于密封材料的压缩力。

d. 从材料老化等因素考虑，在接缝张开量为零时，要求材料压缩率小于35%。

e. 密封垫的高度与密封垫沟槽深度的设计应能满足环、纵缝张开3 mm，抗0.8 MPa水压。

③嵌缝防水

在管片内侧嵌缝槽内设置构成接缝防水的第二道防线。嵌缝范围：进出洞20～30环；联络通道两侧各5～10 m；在变形量大的衬砌环进行了整环嵌填，其余区段则在拱顶45°范围内及至封顶块接缝处嵌填。

④注浆孔、螺孔密封

注浆孔、螺孔防水是衬砌接缝防水的一项重要措施。设计采用橡胶密封圈（遇水膨胀橡胶类），利用其压密和膨胀双重作用来满足注浆孔、螺孔的防水要求。

⑤衬砌环和开挖土体之间的环向空隙注浆

施工时应及时向盾尾和衬砌管片间的环向空隙进行连续、适量均匀地注浆。

⑥管片螺栓热浸锌防锈处理

管片螺栓、垫片等钢材在施工安装前进行热浸锌防锈处理。

3. 联络通道的防水设计

(1)联络通道的防水设计原则及防水等级要求

联络通道的防水设计应遵循“以防为主、防排结合，因地制宜、综合治理”的原则。允许对渗漏水进行引排。

确立钢筋混凝土结构自防水体系，即以结构自防为根本，加强钢筋混凝土结构的抗裂、防渗能力，改善钢混凝土结构的工作环境，进一步提高其耐久性；同时以施工缝等接缝防水为重点，辅以附加防水层加强水。

通常将盾构隧道的联络通道视为隧道的一部分，此其防水等级与盾构隧道相同，均按防水等级二级标准行防水设计。

(2)混凝土自防水

要求采用高性能混凝土，混凝土抗渗等级应根据联络通道的具体埋深，按《地下工程防水技术规范》(GB 50108—2008)的有关规定选定。特别需要指出的是，暗挖法施工时，通道顶部通常为拱形。而拱顶部分的混凝土浇筑困难，浇筑结束后又无法振捣，因此在工程实践中，除了通过补注浆外，施工单位多采用无振捣（或自流平)混凝土。

(3)联络通道附加防水层

塑料防水板加土工布(滤除泥砂)制成的外侧缓冲层与内侧保护层,组成外包复合防水层。

注意在卷材内侧预留疏水盲管,引流由于塑料防水板局部破损造成的渗漏水,避免对内衬结构造成损害。

当外包防水层施工困难时,也可以选择在内衬结构内侧的全包防水(图 1-30)。内侧伞包防水通常使用防水砂浆进行刚性防水。刚性防水材料通常选择可在潮湿基面施工的聚合物类、水泥基结晶渗透类等防水砂浆或涂料。

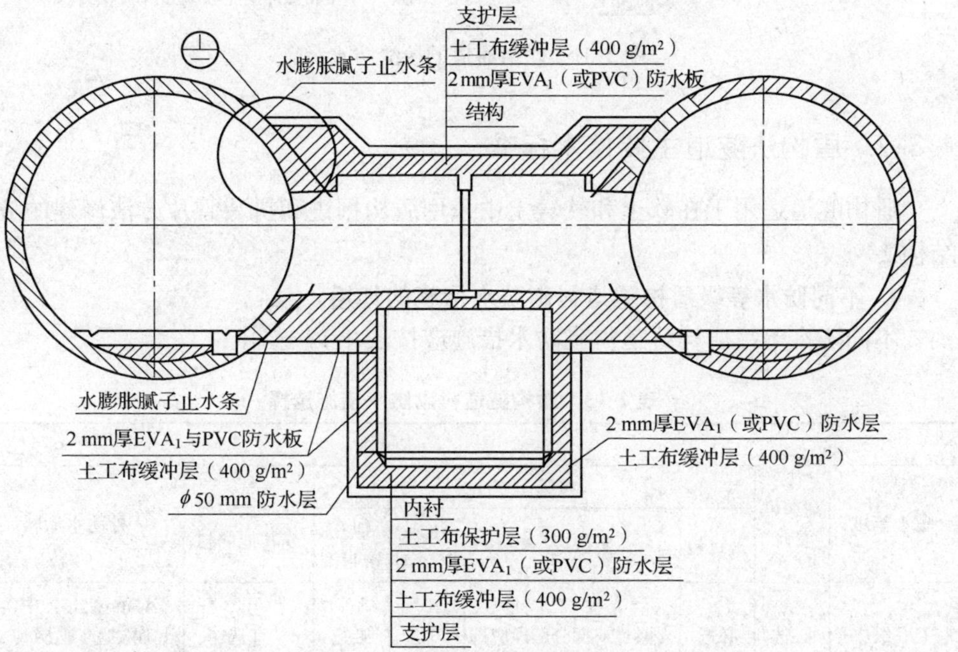

图 1-30　外侧全包防水示意

(4)联络通道的接缝防水

联络通道的接缝防水关键在通道结构与隧道钢管片之间的接缝。由于通道结构的钢筋与钢管片是焊接连接的,可以不考虑结构的变形,因此可采用预埋注浆管,待结构稳定后,灌注亲水性环氧浆液止水防漏,同时也可补强结构。值得注意的是:通道的初次衬砌钢管片的接缝也要采取措施防水,否则一旦渗漏,会给内衬结构的施工带来不良影响,而这道止水仅为施工阶段服务,因此采用遇水膨胀止水条或密封胶即可。联络通道的接缝防水示意如图 1-31 所示。

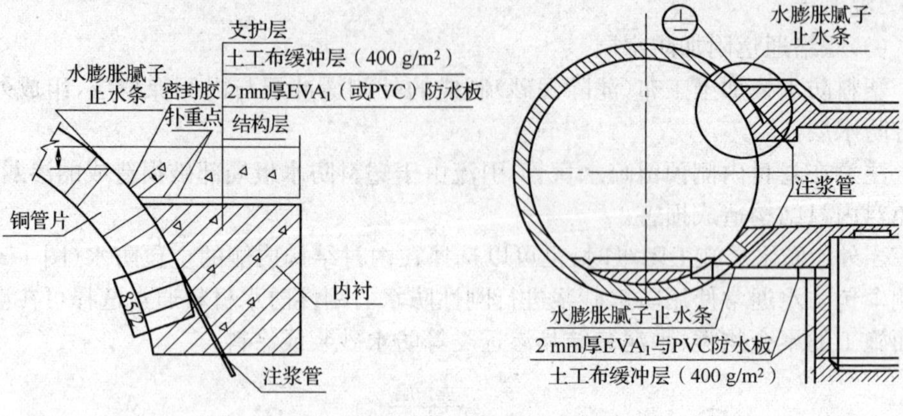

图 1-31　联络通道的接缝防水示意

1.3.7　盾构法隧道主要技术标准

盾构隧道适用于在软土和软岩土中采用盾构掘进和拼装管片方法修建的隧道结构。

1. 不同防水等级盾构隧道衬砌防水措施的选用

不同防水等级盾构隧道衬砌防水措施应按表 1-13 选用。

表 1-13　盾构隧道衬砌防水措施选择

防水等级	防水措施						
	高精度管片	接缝防水				混凝土内衬或其他内衬	外防水涂料
		密封垫	嵌缝	注入密封剂	螺孔密封圈		
一级	必选	必选	全隧道或部分区段应选	可选	必选	宜选	对混凝土有中等以上腐蚀的地层应选，在非腐蚀地层宜选
二级	必选	必选	部分区段宜选	可选	必选	局部宜选	对混凝土有中等以上腐蚀的地层宜选
三级	应选	必选	部分区段宜选	—	应选	—	对混凝土有中等以上腐蚀的地层宜选
四级	可选	宜选	可选取	—	—	—	—

2. 钢筋混凝土管片的质量应符合的规定

(1)混凝土抗压强度和抗渗压力以及混凝土氯离子扩散系数应符合设计要求。

(2)表面应平整，无缺棱、掉角、麻面和露筋。

(3)现场管片如产生 10 mm×15 mm 以上面积的混凝土剥落、碎裂,应采用与管片混凝土同等或以上抗压强度的早强、高强砂浆或特种混凝土修补。

3. 盾构隧道衬砌的钢筋混凝土管片接缝应符合的规定

(1)管片至少应设置一道密封垫沟槽,粘贴密封垫前应将槽内清理干净。

(2)密封垫应粘贴牢固,平整、粘贴位置正确,不得有起鼓、超长和缺口现象。

(3)管片拼装前应逐块对粘贴的密封垫进行检查,如密封垫有所损坏,应进行更换。如有嵌缝防水作业工序,应在隧道基本稳定后进行。

(4)管片连接螺栓与螺栓孔之间应按设计设置螺栓孔密封圈。必要时,螺栓孔与螺栓间应采取封堵措施。

4. 盾构隧道衬砌的嵌缝作业应符合的规定

(1)根据盾构施工方法和隧道的稳定性确定嵌缝作业开始的时间。

(2)嵌缝槽表面应平整、干净、干燥,如有缺损应采用与管片混凝土强度等级相同的聚合物水泥砂浆修补。

(3)嵌缝材料嵌填应密实、连续、饱满,粘结牢固。

5. 盾构隧道工程的抽检标准

盾构隧道分项工程检验批的抽检数量,管片拼装及接缝防水应按每连续 20 环抽查 3 环,隧道与竖井及连接通道的接头应全数检查。

第 2 章　桥梁结构维护

2.1　桥梁常见病害分析

2.1.1　混凝土梁体的病害及成因

1. 概述

在建造和使用过程中，由于环境因素的影响和使用条件的变化，混凝土梁式桥的不同部位会出现不同形式的损伤和病害，表现为材料退化引起的耐久性损伤和外部作用引起的结构性损伤。根据桥梁结构类型、构造形式、建造条件、使用条件、运营条件的不同，损伤产生的种类、部位和程度不同，对结构的影响程度也不相同。

混凝土梁式桥的主要病害表现为混凝土梁体裂缝和钢筋锈蚀两大主要方面。混凝土的缺陷最主要的是裂缝，同时还包括蜂窝、孔洞、露筋、剥落、白化、层析、保护层厚度不够等表层缺陷；钢筋锈蚀则主要是普通钢筋锈蚀、预应力钢筋锈蚀和预应力锚具锈蚀等。

混凝土梁式桥长期暴露在自然环境中，受各种因素的影响，病害是逐步产生和发展的。人为因素主要是超高车辆或船只撞击主梁、超载造成主梁产生裂缝，自然环境中的酸性废气、二氧化碳、较大的湿度和过多的雨水等造成混凝土的退化和钢筋的锈蚀。

导致混凝土梁式桥缺陷的原因不是一一对应的，而是由一个因素诱发，多个因素促进发展的过程。同时，各种病害相互影响、相互促进、共同伴生。为了做到对症下药，在发现混凝土桥出现缺陷后，必须及时对缺陷进行调查研究，分析缺陷产生的原因、现状、发展趋势，以及桥梁遭受破坏的程度、对运营使用的影响等，以便及时采取相应措施。

钢筋混凝土及预应力混凝土桥的各种病害表现和原因有：

(1)裂缝。

(2)钢筋及预应力筋锈蚀。

(3)混凝土剥落、剥离。

(4)混凝土层析。

(5)混凝土蜂窝。

(6)混凝土白化(钙化)。

(7)保护层厚度不足。

(8)混凝土碳化。

(9)膨胀性集料反应。

(10)构件撞损。

(11)梁体变位与变形。

在上述病害现象中，目视检测以裂缝及钢筋锈蚀为主，其中，裂缝是导致构件失效的主要特征。检测时依据裂缝类型及尺寸(结合历史记录的对比结果)，可大略了解构件退化的原因及程度。当难以用日视判断原因时，可利用非破坏性检测或其他方法进一步诊断。钢筋锈蚀将造成钢筋断面减少、强度降低并伴随混凝土体积膨胀，最终导致混凝土产生裂缝并将减少钢筋与混凝土间的握裹力。

2. 混凝土梁式桥的典型裂缝

混凝土梁式桥损伤开裂的原因复杂多样，主要观点认为：一是混凝土材料退化损伤引起的裂缝，如混凝土碳化、有害物质的侵蚀、碱集料反应、钢筋锈蚀等原因引起混凝土开裂。二是施工过程中引起的裂缝：混凝土水化热产生的温度应力，混凝土结硬过程中的收缩、干缩，支架不均匀沉降，模板变形，原材料质量及施工质量问题引起混凝土开裂。三是设计方法及构造上的不合理引起的裂缝：结构计算内力与实际内力不符，构造设计不合理，计算荷载考虑不全面，设计与施工方法综合考虑不周等原因引起混凝土的开裂。四是使用阶段引起的裂缝：由于超载运营，机车车辆撞击、桥梁维护不当等原因引起混凝土的开裂。各种因素往往共同作用于混凝土桥梁结构上，没有特别的主次原因之分。

混凝土开裂原因总结归纳如下：

(1)车辆超载而产生梁体底部弯曲开裂和剪切开裂；

(2)墩台的不均匀沉陷所引起的裂缝；

(3)支座失效引起梁的附加应力，由此产生裂缝；

(4)混凝土施工养护不善而引起的干缩开裂或层裂；

(5)水灰比和振捣不实而产生的梁体收缩裂缝；

(6)温度变化或者冻融效应产生的裂缝；

(7)大体积混凝土浇筑时，水泥水化反应导致的自体收缩裂缝；

(8)施工接缝处混凝土龄期不同产生的裂缝；

(9)强风或地震等外在环境冲击力导致裂缝；

(10)钢筋锈蚀膨胀导致裂缝；

(11)预应力锚固区或牛腿部位的局部高应力产生的裂缝；

(12)在徐变等材料本质特性的共同作用下，混凝土的拉力与剪力和钢筋握裹力抵消后的净拉力或剪切作用力大于混凝土材料的抗拉力或抗剪强度所致；

(13)梁刚度不足,产生过大挠度,引起裂缝。

裂缝类型可以分为结构裂缝与非结构裂缝两种。

结构裂缝:由静荷载及活荷载所造成。结构裂缝的类型包括弯曲裂缝及剪力裂缝。剪力裂缝一般发生于主梁支点附近的梁腹底部;弯曲裂缝发生于构件最大拉应力区,呈垂直状,往压力区发展,一般在构件跨中底部,如梁底或桥面板底或连续梁在桥墩处的梁体上部,最易发现弯曲裂缝。

非结构裂缝:虽不影响构件的安全,但如果裂缝深入构件内部,也可能损及构件。非结构裂缝类型有:

(1)温度裂缝。温度变化引起的热胀冷缩裂缝。

(2)干缩裂缝。混凝土养护期间造成的收缩,一般发生于预应力梁的梁腹。

(3)大体积裂缝。浇筑大体积混凝土后,混凝土内外部温差造成的裂缝。

(4)施工缝的裂缝。施工缝是混凝土施工无法避免的情形,施工缝处裂缝将随时间增加而使钢筋锈蚀,并扩大裂缝。因混凝土龄期不同或不等量收缩,使施工缝附近密实性较差,腐蚀因子较易侵入,扩大缝隙。施工缝裂缝一般为应力裂缝,造成钢筋锈蚀范围也较广,也可能造成构件退化,检测时应特别注意。常见施工缝裂缝之处,有预应力梁与现浇桥面板间、桥梁护栏与桥面板间、箱形梁底板与腹板间、预制预应力梁与现浇横隔梁间。

(5)钢筋锈蚀裂缝。钢筋生锈后体积膨胀,推挤混凝土,产生裂缝或扩大裂缝。

混凝土板桥常在跨中出现横向裂缝,支点附近出现斜向裂缝,板底出现纵向裂缝。产生裂缝的原因是正应力、剪应力和横向应力过大。整体式板桥横向配筋少是导致板底出现纵向裂缝的主要原因。装配式空心板桥由于横向铰缝构造薄弱,在车辆荷载反复作用下造成铰缝破坏,形成单板受力状态。由于板的跨中正应力和支点附近的剪应力过大,导致混凝土开裂。

装配式混凝土肋梁桥常在跨中梁端出现横向裂缝和支点附近斜向裂缝。而梁片间横向连接薄弱导致单梁受力是出现受力裂缝的主要原因。

混凝土箱梁桥跨中梁端附近腹板常出现竖向裂缝并沿底板横向扩展;在桥跨支点附近,腹板出现45°方向的斜裂缝并沿顶板横向扩展。在跨中梁段范围内,顶板底面出现相互平行的纵向裂缝;底板内侧靠近腹板处出现纵向裂缝并向腹板斜向扩展。引起箱梁各部位开裂的主要原因就是箱梁空间应力状态分析不准确、设计存在缺点,箱梁受载过程中局部应力过大引起混凝土开裂。

混凝土桥梁的各种裂缝形态如图2-1所示。

裂缝对钢筋混凝土梁桥的影响表现为,在潮湿的环境中,有害介质的侵蚀会加速混凝土的碳化。当碳化至钢筋位置时,钢筋开始锈蚀,钢筋锈蚀加剧了微裂缝的扩展,长期作用下,降低了梁的强度、刚度及耐久性。锈蚀膨胀的恶性循环造成梁

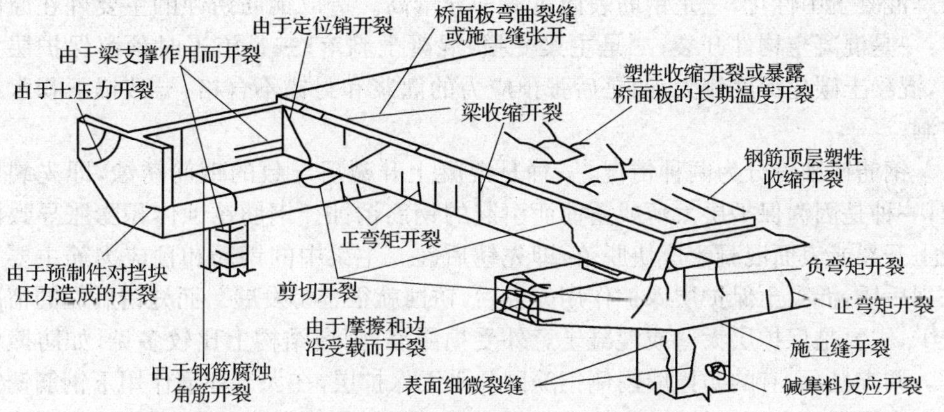

图 2-1　混凝土桥梁的各种裂缝形态

体保护层剥落，最终导致梁体的彻底破坏。

裂缝对预应力混凝土桥梁危害更大，我国相关规范规定，全预应力混凝土桥梁不允许带裂缝工作。其原因是因为预应力混凝土梁桥中的预应力钢筋处于高应力工作状态，当其暴露于大气环境中，在一定的温度、湿度及有害介质的作用下，极易在钢筋的表面发生电化学反应，在一定环境条件下可能发生应力腐蚀，在有氢离子的参与下发生氢脆现象，其结果是导致预应力钢筋在低应力状态下发生脆断，造成混凝土桥梁结构突然破坏，且破坏前无任何征兆，危害性极大。

因此，裂缝对混凝土梁式桥的影响体现在两个方面：一是对桥梁使用性能的影响。开裂使桥梁刚度降低，变形增大，跨中挠度超标，继而影响桥梁的正常使用，严重的开裂问题导致桥梁承载力下降，直至影响桥梁的安全使用。二是对桥梁的耐久性及使用寿命的影响。裂缝会加速混凝土碳化和钢筋锈蚀，钢筋锈蚀又加速了裂缝的进一步扩展，造成桥梁使用性能趋于恶化，耐久性下降，缩短桥梁的使用寿命。

3. 钢筋及预应力筋的锈蚀病害

对于预应力混凝土构件，一般要求在正常运营状态下不出现裂缝，钢筋和预应力钢筋一般不易锈蚀，但是由于施工和严重超载，锈蚀也会发生但不易发现，一旦发现锈蚀时，则该构件已呈严重损坏状态。所以在桥梁检测时，钢筋锈蚀为检测重点之一，需要进行较为详细的记录。

钢筋锈蚀使混凝土承受拉力而裂开，使钢筋暴露于大气中，加速生锈，并造成外层混凝土的剥落。受力主筋锈蚀后，钢筋横断面积减少，主梁的承载能力急剧下降，严重影响结构物的安全性。

综上所述，造成钢筋锈蚀的主要内在原因有：一是钢筋受湿气及氧气的作用，二是混凝土中性化，三是钢筋表面氯离子含量高。造成钢筋锈蚀的主要外在原因有：一是混凝土构件开裂；二是主梁受损，混凝土剥落；三是施工时预留保护层太薄，混凝土碳化深度较大；四是后张预应力的灌浆和封锚不合格，导致锚下积水或空洞。

钢筋锈蚀可分为两种情况，一种是混凝土开裂后导致的钢筋锈蚀，即先裂后锈；一种是因为保护层太薄或露筋而引起的钢筋锈蚀。钢筋锈蚀体积膨胀导致混凝土开裂或表面混凝土成块脱落，即先锈后裂。主梁中的钢筋和预应力筋主要是先裂后锈，混凝土保护层保护作用失去后，锈蚀就很容易发展。而先锈后裂的情况较少，主要是保护层太薄或混凝土意外受损露筋，附属结构上比较多见，如防撞墙等。调查显示，有的防撞墙内侧钢筋网几乎无保护层，在大气环境作用下钢筋锈蚀得相当严重。由于钢筋锈蚀，导致表面混凝土开裂甚至成块脱落，混凝土开裂或脱落又使原来处于混凝土保护层下的钢筋暴露于空气中，如此恶性循环，如不加以维修养护，此种病害对桥梁的危害也是不可忽视的。保护层太薄或露筋，在桥梁竣工后几年内问题并不是太突出，甚至一直处于被忽视的状态，直到长期的大气作用导致钢筋严重锈蚀后才引起注意，要花费大量人力物力进行维修养护。

梁体混凝土在空气中的二氧化碳、氧气，湿度、温度，有害气体，化学侵蚀，物理作用等因素的影响下，首先使混凝土发生碳化，导致保护层破坏，水汽侵入，进而造成钢筋的锈蚀，而钢筋锈蚀又会造成混凝土的劣化与开裂，使梁体结构产生病害，影响桥梁结构的耐久性和使用寿命。随着桥梁结构损伤程度的不断发展，最终导致桥梁结构的整体破坏。因而，混凝土耐久性设计概念在混凝土桥梁结构设计中越来越受到重视。

4. 其他病害

对于钢筋混凝土和预应力混凝土梁式桥上部结构中的基本构件，其他病害主要为混凝土的表面缺陷，主要有：

(1)蜂窝：混凝土局部疏松，砂浆少，石子多，石子之间出现空隙，形成蜂窝状孔洞。

(2)麻面：混凝土表面局部缺浆、粗糙，或有许多小凹坑，但无钢筋外露现象。

(3)孔洞：混凝土内部有空隙，局部没有混凝土，蜂窝特别大的现象常发生在钢筋密集处或预留孔洞和预埋件处。

(4)露筋：主要是主梁受到意外撞击造成混凝土的崩落，使得钢筋外露。

(5)剥落：混凝土表面水泥砂浆流失，造成粗集料外露的现象，严重者造成粗集料松脱，一般发生在混凝土表层品质较差的部位，一般不会很深。

(6)白化：又称为游离石灰，是由内部渗出、附在混凝土构件表面的附着物，通常为呈白色的石灰类附着物。

(7)层析:是构件受氯气或盐水侵袭,构件内的钢筋锈蚀体积膨胀,导致钢筋与外出钢筋附近的混凝土分离。

对于混凝土桥梁,由于某一缺陷日积月累的变化,加上环境的影响,有扩大的危险。例如蜂窝麻面,由于水的渗入,促使混凝土材料恶化,会引起钢筋锈蚀;钢筋锈蚀物的产生过程伴随体积膨胀,又导致混凝土表面出现锈蚀裂缝,形成恶性循环。

2.1.2 钢结构桥梁主要病害

1. 锈蚀

钢梁、钢塔架、人行道支架、吊栏、围栏等都应进行保护涂装,防止钢结构锈蚀,延长桥梁使用寿命。钢结构保护涂装在钢桥维修中占有重要地位,特大桥钢梁的保护涂装工作,一般要占全部维修工作量的50%左右。搞好钢结构保护涂装,要抓好钢表面、涂料选择和涂装工艺三个环节。

(1)钢梁容易锈蚀的部位如下。

①缝隙及角落隐蔽处所

板束缝隙及角落隐蔽处所,由于排水不良、通风不好、积尘积水、施工困难等原因,容易造成锈蚀。有害气体及电解溶液反复侵蚀处钢桁梁的上平纵联及桥门架的顶部,常受机车排出废气的侵袭,钢梁下翼缘易受河水蒸发有害气体的侵袭而发生化学腐蚀;纵横梁下翼缘、肱板及下平纵联联结板等处,最易受到列车洒下污物的侵蚀而发生电化学腐蚀。

②易积水和污物处

钢桁梁H形杆件、所有梁的上盖板及下翼缘朝天面与节点平面等处,容易积水和积污物,因而也容易腐蚀。

③已有锈蚀处

由于锈块疏松、多孔,易于吸附水分,当锈层未除尽或已有锈蚀的处所遭受介质侵蚀时,锈蚀加速并向内层和四周扩展。

④施工不良处

钢料表面漆膜厚度不足或漏涂处所。例如钢料表面凹凸不平处所(凸处漆膜较厚,凹处不易涂实)和边缘、棱角等处漏涂或漆膜过薄处所都易锈蚀。

钢铁锈蚀的主要原因是受到大气中所含的氧气、水分、盐类、二氧化碳、二氧化硫、氮的氧化物等酸性物质及具有化学活泼性物质的作用,发生化学的或电化学的作用。这些变化在钢铁表面产生的松散堆积物就是铁锈。

(2)钢结构腐蚀原因主要如下。

①化学性腐蚀

所谓化学性腐蚀,就是大气中的氧气和工业废气中所含硫酸气、碳酸气或非电解质的液体与钢铁表面作用而引起的变化，是在没有电流产生的情况下发生的腐蚀。

②电化学腐蚀

钢铁含有不同比例的其他金属杂质，不同的金属具有不同的电极电位，它们互相接触，在有水分和电解质存在时，就会产生电位差，由于电位差的不同而出现电流，这时失去正电荷的金属便被腐蚀。这种伴有电流的腐蚀过程，称为电化学腐蚀。

2. 疲劳裂缝

大量研究表明，在低应力工作状态下的钢桥事故，多数与结构中存在的缺陷或裂纹有关，往往发生在低温季节。钢桥中的裂纹主要是由于疲劳产生的，在一定条件下会导致结构脆性断裂。脆性断裂一般是在没有明显征兆和无塑性变形的情况下，贯穿全构件的开裂破坏。脆性断裂可能发生在易疲劳构件出现初始疲劳裂纹之处。

导致疲劳裂纹的基本因素有应力循环次数（与交通状况及桥梁构造形式相关）、应力幅（与活载大小相关）和构造细部的疲劳强度，而与钢材的静力强度应力无明显关系，尤其是焊接钢结构。

疲劳引起的裂纹经常出现在拉应力较集中的部位、焊接搭件或焊缝端点上。由于超载、车辆的撞击或腐蚀使截面抗力减小可能会产生或使裂纹加剧。另外，制造细节的低质量造成的应力集中和使用较差断裂韧性的材料也是因素之一。材料的韧性决定开裂发生前容许裂纹的大小。

焊接比栓接或铆接更易于开裂。将焊缝表面打磨光亮平整有助于提高其抗疲劳特性。一旦在焊接接头处出现裂纹，它会沿连续路径发展到整个构件，从而可能导致整个结构失效。

螺栓连接和铆接同样会产生疲劳裂纹，但是某一板件上的裂纹不会传到其他板件。由于撕开作用以及各连接件间的锈胀力作用，栓接和铆接接头也易于开裂或撕裂。由于灰尘、杂物的覆盖，裂纹可能很难发现，在检测之前应对可疑处的表面进行清理。

就断裂力学观点而言，钢结构的疲劳破坏是从裂纹起始、扩展到最终断裂的过程。疲劳裂纹的扩展近似沿最大主拉应力的垂直方向，其扩展速率呈指数增长，早期增长较慢，占疲劳寿命的大部分。由于这个原因，在结构中较早地对裂纹进行探测比较困难。

一般认为，疲劳失效通常起始于高应力区，如几何突变处、受拉残余应力区和尖锐的不连续处（按裂纹处理）。在循环应力作用下，疲劳裂纹始于此处并逐步扩展，最终失效发生在剩余截面不能承受荷载峰的情形时。疲劳破坏与静力强度破坏是截然不同的两个概念。它与塑性破坏、脆性破坏相比，具有以下特点：

疲劳破坏是钢构件在反复交变应力作用下的破坏形式，而塑性破坏和脆性破坏是钢结构在静载作用下的破坏形式。

疲劳破坏经历了裂缝起始和扩展的漫长过程，最终破坏有两种可能，即韧断和脆断。

疲劳破坏断口形貌一般具有明显的疲劳区和瞬断区。疲劳区反映了裂缝扩展和闭合的交替过程，颜色发暗，表面有较清晰的疲劳纹理，呈沙滩状或波纹状。瞬断区真实反映了构件截面因裂纹扩展削弱至临界尺寸时脆性断裂的特点，瞬断区晶粒粗亮。

疲劳是一个十分复杂的过程，从微观到宏观，疲劳破坏受到众多因素的影响，尤其是对材料和构件静力强度影响很小的因素对疲劳影响却非常显著，例如构件表面缺陷、应力集中等。

2.1.3　拱桥斜拉桥主要病害

1. 钢管拱的病害

钢管混凝土拱桥综合利用了钢与混凝土两种材料的优势：既利用钢结构轻便、施工便利的优势进行架设，并通过套箍压力提高混凝土强度；又发挥了混凝土抗压能力强、价格低廉的特点。由于其构造上的特点，钢管混凝土拱桥的代表性病害及其成因与其余类型的拱桥有所区别。

(1)钢管内混凝土不密实

钢管内混凝土不密实是钢管混凝土拱桥最常见也是最受诟病的问题，表现为核心混凝土的强度沿拱肋高度分段变化，与钢管间脱空并在拱顶形成空腔。当钢管内混凝土空隙达到一定程度时，钢管对混凝土的套箍作用将丧失，结构承载力将大幅降低。

混凝土不密实是由于钢管混凝土拱肋为曲线形并且跨度较大，在现有施工技术和条件下无法保证管内混凝土充分振捣、绝对密实，导致混凝土出现分层离析，集料自上而下分层，上层仅见水泥，不见集料，并在拱顶部分形成空腔，甚至存在一定程度积水。

此外，钢管与混凝土的吸热、散热速度相差很远，而拱肋又直接暴露在大气中承受阳光作用，夏天钢管表面温度高达 80 ℃，内部核心混凝土温度约为 50 ℃，受其影响，白天钢管吸热迅速膨胀时，管内的混凝土吸热慢，且需要吸收的热量大，管内混凝土不可能与钢管一起膨胀；到了夜晚，钢管遇冷收缩时，管内的混凝土因降温慢而阻止钢管的收缩，同时钢管又对混凝土产生了一个紧箍力，会加速混凝土的收缩和徐变。

(2)拱脚外包混凝土开裂

拱脚外包混凝土开裂是另一种常见于钢管混凝土拱桥的病害。这种病害由以下三种因素造成：

①拱脚混凝土厚度不足，箍筋密度不够，导致拱脚混凝土在钢拱肋的巨大压力及拱脚弯矩作用下剪切开裂。

②由于设计失误或施工误差，拱肋、系杆以及支座三者的作用线未交于一点，使拱脚产生较大弯矩，导致拱脚混凝土出现受力裂缝。

③拱脚混凝土与钢管刚度不同，拱脚混凝土收缩徐变或温度变形受到钢管限制，致使混凝土开裂。

(3)钢管拱焊缝质量问题

钢管拱结构焊缝较多，且内部填充的混凝土有弱电解性，往往存在焊缝病害，包括焊缝锈蚀与焊缝开裂两种。

(4)钢管拱锈蚀

钢管混凝土拱桥腐蚀主要为大气腐蚀。如对拱桥的防腐处理不当，在一段时间后，会随着钢构件的腐蚀威胁整桥的安全。如果施工过程中方法不当以及后期养护未能及时跟上，在钢管混凝土拱桥中就会出现涂层的各种病害。

(5)钢管拱变形、拱轴线变化

由于钢与混凝土间的黏结问题无法解决，钢管拱结构中钢拱肋与核心混凝土共同作用并不显著，实际分别单独承担着部分拱肋压力。由于这种工作方式与设计假设不符，往往导致钢管拱的实际承载力低于设计承载力，可能导致拱结构在使用过程中出现失稳和强度破坏事故。

2. 斜拉索、吊杆的病害

(1)PE 护套损坏

PE 护套损坏有多种形式，如翘皮、龟裂、开孔、纵向裂缝、横向裂缝、环状开裂等。护套开裂原因复杂，主要原因如下：

①在制造过程中索体可能因制造原因而存在初始损伤。

②在卷盘运输过程中，位于内圈的索体护套由于卷绕直径较小，始终保持较高应变状态，如果护套长期处于这种状态可能导致应力开裂。

③在施工过程中，施工方由于操作失误或重视程度不够，在成品索运输及安装过程中未采取适当的保护措施，导致护套被碰伤或刮伤。工地施工导致的开裂通常为纵向开裂。

④拉索在运营过程中，可能由于遭遇意外事故（如车辆撞击）或缆索检测车刮碰而导致护套损伤。

⑤随着 HDPE（高密度聚乙烯）长期暴晒老化，护套韧性降低，在达到使用寿

命时也必然开裂，这种开裂通常为环向开裂。

⑥采用 PE＋PU 双层护套的索体，由于两种材料的热膨胀系数不同，且两层护套间的黏结力较弱，使得在两层材料的交界面产生分离。

(2)钢丝锈蚀与断裂

斜拉索钢丝锈蚀乃至断丝是导致拉索承载能力降低的最主要原因。拉索钢丝锈蚀分布存在不均匀性，外层钢丝特别是处于护套破损位置附近的钢丝锈蚀较为严重，拉索下部由于积水往往锈蚀也较严重。在拉索截面上，钢丝锈蚀程度由外向内逐渐降低。钢丝锈蚀形式多种多样，包括孔蚀、均匀腐蚀、应力腐蚀和腐蚀疲劳等。拉索钢丝生锈往往伴随着锈水流淌、锈皮起鼓脱落等现象，钢丝锈蚀与断裂数量较多时，将会导致拉索断裂，酿成事故。

造成钢丝锈蚀与断裂的原因主要有：

①早期套筒式拉索护套(金属套筒或橡胶、塑料套筒)内注水泥浆。

②聚乙烯或橡胶护套在拉索架设中损坏，如被割破、拉裂，又未进行及时修补，雨水、大气顺裂口侵入，腐蚀钢丝。

③拉索钢丝耐腐蚀能力较差，如使用镀锌高强度钢丝则抗腐蚀能力大大高于无镀层防护的黑钢丝。

④早期拉索采用铁丝缠绕方式保持索体的截面形状，由于匝丝部分拦阻了渗入护套内的下行水分而积水，锈蚀极为严重。

⑤应力腐蚀。因为索体承受很大的拉力，在高应力、反复荷载等的作用下，钢丝更易发生应力裂纹腐蚀。

(3)下锚头渗水

下锚头渗水是拉索锚固构造的常见病害，其主要原因在于桥面积水以及由索体破口进入顺流而下的雨水，通过索体与桥面之间的各种缝隙渗入导管中，渗水最终导致锚杯及钢丝墩头锈蚀。

(4)锚头锈蚀

锚头锈蚀几乎是无法避免的，但相对于索体钢丝的使用寿命，锚杯、垫圈、锚杯螺母锈蚀对结构的危害并不大，而墩头锈蚀破裂和锚板开裂可能导致钢丝回缩卸载，降低整索的承载能力。锚头锈蚀主要是由于渗水及锚箱内潮湿空气导致的，所以锚杯盖板遗失或密封不严、防锈油脂未封闭密实等情况容易使锚头锈蚀。锚头外锚圈或盖板内螺纹、锚头上的结构固定螺栓及孔极易发生锈蚀，轻度表面浮锈，严重时锚头流淌锈水，侵入内部锚垫板及钢丝头，锚圈的严重锈蚀影响锚固螺母的拧动，可能发生“烂牙”现象。

(5)滑丝

采用夹片式锚的拉索可能在使用中发生滑丝现象，主要原因有：锚具硬度不合格,锚塞热处理的硬度不合格。施工规范规定材料41Cr的硬度为洛氏硬度HRC55～58,如果硬度不够,锚塞压卡不足,钢丝就会滑丝。如果锚塞硬度过大,在顶塞过程中将钢丝沟压得太深也会造成滑丝。楔块的松紧不一和挟握钢丝部分有油污或楔块不良也会产生滑丝。钢丝直径误差较大,若有的钢丝直径小,钢丝往往卡不住而引起滑丝。另外,拉索振动时,也有可能引起滑丝,严重时可造成失锚。

(6)锚箱及套管疲劳开裂

在拉索振动过程中,索根套筒受拉索局部弯曲作用,可能出现横向拉力而导致疲劳开裂。钢斜拉桥锚箱斜置于主梁外侧时,锚箱构件间及锚箱与主梁间焊缝局部承受较高拉应力,可能导致锚箱开裂。锚箱开裂发生的概率较小。

(7)斜拉索异常振动

拉索的自振频率与其长度、截面形状、张拉索力有关,在雨雪天还可能因表面附着雨水和冰挂而改变。当外界风速接近拉索振动(包括颤振、抖振等类型)的临界风速时,就会导致拉索的异常振动。拉索的风振除颤振外,根据已观测和研究成果,受自然及人为因素影响,其表现方式和成因主要有涡振、尾流驰振和雨振三类。

(8)短吊杆断索

典型案例为四川宜宾小南门桥,断裂发生在夜间气温较低时。发生破坏的吊杆具有以下特点:锈蚀严重,部分钢丝脆性断裂但也有部分钢丝塑性断裂;断索长度较短,断索位置接近桥面。目前认为短吊杆断索由下列因素所造成:早期建造的吊杆拱桥,短吊杆的布置不尽合理,短吊杆自由长度太短,受温度变化的影响,桥面反复纵向位移时,短吊杆不能自由摆动,且频频交替出现较大的附加应力;钢丝锈蚀及气温降低使构件的断裂韧性降低;吊杆内钢丝发生应力腐蚀。

2.1.4 支座的主要病害

支座是桥跨结构的支撑部分,用于连接桥梁的上部结构和下部结构。桥梁支座主要有三个作用:将桥跨结构的支承反力传递给墩台,允许上部结构在温度变化作用下产生沿桥梁纵向的伸缩变形,允许上部结构在恒载及活载作用下产生转角变形。

因此,桥梁支座必须具备足够的承载能力,对设计要求的变形约束应尽可能小,同时经常注意养护维修,对其损坏部分要进行及时和正确修补加固。

桥梁支座的病害包括支座本身的病害和支座垫块(板)的病害。不同形式支座本身状况不同,病害也不相同:

(1)钢支座的滑动面磨耗大、不平整,钢轴承有裂纹或切口,滚轴有偏移和下降。

(2)支座螺母松动或螺栓脱落,支座地脚螺栓剪断。

(3)固定支座的固定锚栓剪断。

(4)活动支座不灵活或实际位移不正确。

(5)钢辊轴式支座辊轴的实际纵向位移偏大或发生横向位移。

(6)橡胶支座出现橡胶老化、变质现象,梁丧失自由伸缩能力。

(7)橡胶支座纵向剪切变形或转角位移过大,超出最大规定值,支座损坏。

(8)支座脱空,尤其是板梁或异性板的橡胶支座脱空,造成脱空支座的偏移和梁体受力不均。

(9)聚四氟乙烯支座或盆式橡胶支座的聚四氟乙烯板滑出支座,支座滑动干涩。

(10)桥梁支座的底板翘起、扭曲或者断裂。

(11)支座砂浆垫块裂缝。

(12)桥梁支座座板混凝土已压坏、剥离、掉角等。

桥梁支座损坏的原因是多方面的,既有设计方面的原因,也有施工缺陷、维修养护不够等原因,具体见表 2-1。

表 2-1　桥梁支座损坏原因一览

损坏原因	具体内容
设计时缺乏足够的考虑	形式的选定与布置错误; 材料选定错误,或者施工没有按要求执行; 支座边缘距离不够; 支座支承垫块加强钢筋不足; 对螺栓、螺母等的脱离估计不够
施工制作时不完备	铸件等材料质量管理不善,质量较差; 金属支座的油漆、防腐防锈处理不可靠; 砂浆填充不可靠,或者水泥砂浆强度不足
维修、养护、管理不善	滑动面、滚动面夹杂尘埃、异物; 因防水、排水装置的缺陷,向支座漏、溢水,使支座锈蚀; 螺母、螺栓松动、脱落,又没有及时修理
其他因素	桥台、桥墩产生的不均匀沉陷、倾斜与水平变位以及上部结构位移,影响支座的正常使用

2.1.5　附属设施的主要病害

1. 混凝土桥面铺装的病害

温度应力和荷载应力超过混凝土的抗拉强度,水泥混凝土桥面板就会发生断裂。铺装的断裂有在施工期间由于混凝土初期收缩受到阻碍而产生的拉应力,其超过了混凝土的抗拉强度而引起的横向裂缝;或由于板块尺寸过大所产生的温度翘曲应力超过了混凝土的抗弯强度而引起的横向裂缝;同时,由于交通荷载和复杂的环境等因素作用,桥面板亦存在表面坑槽、起沙、平整度不良等缺陷,具体种类及相应产生的原因见表 2-2。

表 2-2 水泥混凝土桥面铺装表面损伤的种类、原因及其对使用性能的影响

损伤形式	现象	主要原因	对使用性能的影响
铺装层表面不平	表面坑洼不平; 雨后积水	高程控制不准; 局部浇筑不当; 表面水泥浆过多	影响耐久性
表面龟裂	龟壳状裂缝	局部水泥浆过多; 养护不及时	影响耐久性
桥面裂缝	变形缝附近出现断续裂缝	连续桥面处钢筋失效; 墩台不均匀沉降; 车辆冲击	向坑槽发展; 浸水,裂缝扩大; 影响耐久性
表面粗糙度不一致	刻槽深度、宽度不一致	混凝土收水后没有打毛; 刻槽时集料脱落	影响耐久性
表面坑槽	集料剥离、脱落	集料质量不良	影响耐久性
表面起沙	铺装表面呈粉状; 集料外露	用细沙; 混凝土中水泥含量低	集料剥离; 形成坑槽

2. 伸缩装置的病害

1)损坏原因

桥面伸缩缝由于设置在梁端部构造薄弱部位,直接承受车辆荷载的反复作用,又暴露于自然条件下,受到各种自然因素的影响,因此,伸缩缝易损坏和难以修补的部位,其原因可以分为设计原因、施工原因、外部原因和养护原因,见表 2-3。

表 2-3 伸缩缝损坏原因

类别	描述
设计原因	桥面板端部刚度不足; 伸缩装置本身刚度不足; 伸缩缝装置锚固构件的强度不够; 伸缩缝伸缩计算量错误; 后浇筑材料选择有误; 较大跨度桥梁或斜、弯桥梁伸缩缝结构形式、固定方式与梁不吻合
施工原因	桥面板间伸缩间距的施工误差; 伸缩缝装置安装质量不好; 后浇筑材料施工质量不良; 桥面板施工质量不好; 伸缩缝安装时坑槽处理、清洗不彻底

续上表

类　别	描　述
外部原因	车轮荷载反复的冲击作用； 交通量增加、车辆荷载增大； 伸缩缝本身材料的老化及后浇筑材料老化； 接头前、后桥面凹凸不平； 支座、桥墩异常； 火灾、地震等异常事态的发生
养护原因	没有经常清除缝内的垃圾，养护不及时

2)伸缩缝的缺陷与损坏

(1)伸缩缝组件的退化

伸缩缝的损坏具体应归结于每个组件产生的老化和破坏。这些组件有伸缩缝伸缩块、伸缩缝锚具、填缝料、盖板和梳齿板、柔性排水管等。

(2)伸缩缝锚固破坏

使用了防护角钢、防护钢板或氯丁橡胶垫板的伸缩缝是通过锚固件锚固的。防护角钢或钢板以及垫板都是用焊接在角钢钢板上的钢筋锚固在混凝土中。在荷载的反复冲击作用下，焊接因疲劳而开裂。

另一种破坏模式是由于锚固钢筋的黏结长度不够造成的，通常在浇筑混凝土时角钢下存有一部分密闭空气导致此处混凝土的密实度不够，从而增加作用在钢铁上的力而加大失效的可能性。锚固一旦破坏，防护角钢就好松动甚至断掉。为此，现在通常用防护钢板代替角钢。

许多伸缩缝都是通过螺栓锚固的。由于螺栓的数量或尺寸不够，或由于螺栓的锚固力不够，都会导致锚固件在车轮荷载作用下的破坏，而膨胀的楔形圬工锚固件在不拧紧的情况下遭受荷载的冲击作用时仍能正常工作。

(3)填缝料破坏

在使用过的各种类型的填缝料中，都出现了一定程度的损坏，1～5 年后填缝料就不能正常发挥其作用，其典型问题有：

①氯丁橡胶压力填缝料在一段时间后失去了它最初的压力，在极端寒冷的条件下，可能无法膨胀到使接缝密封。这样接缝就会漏水，甚至可能脱落，碎石也可能进入填缝料与梁端伸缩块间的缝隙内，并阻止填缝料重新密封接缝。

②氯丁橡胶带状接缝可能会被落入缝内的碎石刺穿，导致接缝漏水。

③多硫化物和聚氨酯类填缝料被车碾压进其软表面的碎石所损坏。这类填缝料因受到反复拉应力的作用，使填缝料从接缝的一端或两端撕裂；同时也由于受到反复的压应力作用，造成填缝料从接缝处被挤出。一般来说，聚氨酯类填缝料比多硫化物填缝料的工作性能更好。

④填缝料可能受到化学物质、桥面板上的沙石或紫外线照射的损害。填缝料的早期损坏可能是由于其与砾石及其他外部物质间的热量、压力和摩擦所造成。

按伸缩缝装置形式划分的损坏见表 2-4。

表 2-4 伸缩缝装置损坏一览表

类　别	损坏形式
橡胶板式伸缩缝	橡胶件破坏； 橡胶剥落； 从橡胶连接部位漏水； 锚固构件损坏； 锚固螺栓松弛； 伸缩缝装置本身下陷及高出； 螺栓孔的填充料被拉离； 产生噪声
	在伸缩缝装置前后的后铺筑混凝土过渡段凹凸不平； 伸缩缝装置与后铺筑料凹凸不平； 漏水； 后铺筑料表面剥离； 行驶时的冲击及异常噪声； 后铺筑料龟裂； 后铺筑料全部上浮或下陷； 异常的伸缩； 桥面板端部破坏

3. 声屏障的病害

声屏障是一种专门设计的立于噪声源和受声点之间的声学障板，是降低噪声的一种重要设施。声屏障通常是针对某一特定声源和特定保护位置（或区域）设计的。

声屏障的主要病害有：

(1)铆钉等紧固件失效。声屏障上常常会设置一些出于吸声效果考虑的部件，如屏体上的尖劈吸声体、顶部桶形等各类形状的吸声体，这类吸声体的连接件往往是铆钉。由于轨道交通列车荷载产生的振动较大，且声屏障处于室外环境，受大风、雨水等侵蚀，故其铆钉容易断裂，进而造成部件掉落。

(2)H 钢立柱、屏体金属件等锈蚀。金属件处于室外环境，不利于防锈工作的开展。

(3)PE 透光板老化、屏体玻璃碎裂。PE 透光板较玻璃更轻，安装更简便，但耐久性不如玻璃，容易出现老化。玻璃受外部冲击能力较差，有时自身还会发生碎裂。

4. 栏板的病害

栏板属桥面系的安全设施,同时也是各类线缆支架的基础构件,必须保证牢固可靠,确保其能够实现正常的使用功能。

目前,轨道交通桥梁中主要使用钢筋混凝土栏板,其主要的病害有:混凝土表面蜂窝、麻面,混凝土开裂、剥落,钢筋锈蚀、露筋等。

引起病害的主要原因有:混凝土保护层厚度不足,施工质量不好,混凝土碳化等。

2.2　桥梁检查与检测

2.2.1　桥梁检查

1. 概述

桥梁检查是以目视检查配合简单工具进行的检查,分为经常检查、年度检查和临时检查。

2. 经常检查

可分为桥面添乘、桥面检查、桥下检查、支座检查、伸缩缝检查和保护区巡查。

(1)桥面添乘

桥面添乘是指对桥面所有设备进行添乘巡视,每月一遍,及时发现声屏障部件松动或破损,防抛网、围栏松动或破损,遮阳罩板、电缆沟盖板松动或破损,异物侵限等不安全因素;鉴于每年的7月—9月温度较高,各类零部件易因热胀造成固定节点松动,应每月完成两遍全网桥面添乘。

(2)桥面检查

桥面检查是指对桥面各项设施设备进行检查,每三个月一次,主要检查:

①预应力锚固齿块混凝土有无开裂或渗水;

②拱桥吊杆PE护套是否完好,拱肋是否锈蚀,有无裂缝、脱焊,螺栓或钢构件有无松脱,拱脚混凝土有无裂纹;

③斜拉桥斜拉索PE护套是否完好,锚具是否锈蚀,锚头周围混凝土是否开裂,索塔塔身是否有裂缝、剥落、渗水或露筋等;

④声屏障立柱有无锈蚀,连接件有无锈蚀、松动,屏体或玻璃有无损坏、碎裂;

⑤防抛网有无锈蚀、损坏或脱落;

⑥避雷带有无锈蚀、损坏或脱落;

⑦栏板有无剥落、露筋;

⑧栏杆有无锈蚀、损坏或脱落;

⑨电缆遮阳罩顶板和侧板有无锈蚀、损坏或脱落;

⑩电缆沟盖板及其他各类盖板有无损坏缺失；

⑪桥面铺装层有无空鼓或破损；

⑫落水口网罩有无堵塞、缺损；

⑬伸缩缝止水带有无破损；

⑭T 形橡胶条有无损坏、老化；

⑮正线围墙主体结构是否有裂缝、是否倾斜，铁栏杆是否锈蚀或损坏。

(3)桥下检查

桥下检查是指对桥梁下部设施设备进行检查，每三个月一次，主要检查：

①混凝土梁体的跨中梁底有无横向裂缝，靠近支座 5～10 m 范围内腹板有无斜向裂缝，全梁梁底有无沿主筋方向的裂缝，墩台有无裂缝，混凝土梁体、桥墩、疏散平台、栏板、滴水线等混凝土结构有无剥落露筋；

②钢主梁、钢护棚、E 型钢阻尼器、检查平台等钢结构是否锈蚀，钢主梁焊缝是否脱焊，螺栓、钢构件是否松脱；

③支座锈蚀；

④声屏障、防抛网、栏杆等部件松动、损坏或锈蚀；

⑤避雷带是否固定牢固；

⑥外装饰板有无松动、损坏或锈蚀；

⑦伸缩缝止水带是否脱落、破损(可通过桥墩上的水迹判断)；

⑧落水管有无损坏缺失；

⑨跨路跨河桥的限高防护架、防撞设施、钢塔—吊杆龙门架是否变形、损坏或锈蚀；

⑩正线围墙主体结构是否有裂缝、是否倾斜，铁栏杆是否锈蚀或损坏等；

⑪桥墩编号、航道标志等标志标牌是否缺失。

对钢桥、拱桥、斜拉桥、连续刚构和中跨跨度大于或等于 75 m 的连续梁桥，桥梁维护部门应加密检查，每月均应检查一遍。

(4)支座检查

支座检查是指对桥梁支座进行的专项检查，每三年详查一次，应填写专项记录表格；其余两年仅对支座锈蚀情况进行检查，作为桥下检查的一项内容。支座详查主要检查：

①支座与梁身、支承垫石间是否密贴，支承垫石是否完好，支座钢件是否锈蚀、开裂、脱焊，活动支座与固定支座安装方向是否正确，活动支座能否在规定的方向上活动；

②板式橡胶支座还应检查橡胶有无裂纹、不均匀外臌，橡胶内的钢板有无外

露、剪切变形是否超限、位置是否窜动等情况，限位装置是否可靠；

③盆式橡胶支座还应检查支座螺栓是否顶死、断裂或缺失，聚四氟乙烯板磨损、位移转角超限等情况；

④球形钢支座还应检查支座螺栓是否顶死、断裂或缺失，聚四氟乙烯板磨损、位移超限等情况；

⑤铸钢支座上下锚栓有无弯曲断裂。

(5)伸缩缝检查

伸缩缝检查是指对桥梁伸缩缝的宽度在每年夏冬季节各进行一次观测和记录。在梁体上做好标记，每年测量同一组标记间的距离。拱桥、斜拉桥、连续刚构桥和中跨跨度大于或等于 75 m 的连续梁桥应全部检查，其他桥型按 1% 抽查。

(6)保护区巡查

保护区巡查按照频次分为常规巡查和跟踪巡查。常规巡查频率宜为每半月 1 次，巡查范围为高架段、地面段外边线外侧 30 m 内。针对不同违规项目等级还应进行跟踪巡查，对一级违规项目不少于每周 2 次，二级违规项目不少于每周 1 次，三级违规项目随常规巡查进行。

3. 年度检查

年度检查是指每年对桥梁设施进行的一次全面检查，据以进行桥梁设备技术状态评定，拟定次年病害整治措施，安排设备改善计划，确保设施设备技术状态良好。

桥梁维护部门根据年度检查的结果，填写桥梁设施质量状态评定表，并形成年度桥梁设施评估报告。对达到大修启动条件的，在年度桥梁设施评估报告中提出大修建议。根据年度检查的结果，分公司研究制定年度设备状态指标，以指导维护工作开展。

4. 临时检查

临时检查是当设备遭受地震、洪水、台风、火灾及车船撞击等紧急情况或发生突发性严重病害时，为及时得到结构物状态的信息而进行的检查。

临时检查由桥梁维护部门组织进行，必要时由分公司组织进行。

2.2.2　桥梁检测

1. 概述

桥梁检测是指主要运用检测仪器开展的测量测试工作。桥梁检测主要包括桥梁沉降测量、地面高程与中线测量、避雷检测、声屏障检测和桥梁专项检测。

2. 桥梁沉降测量

桥梁沉降测量是对桥面道床上埋设的沉降点和桥墩上埋设的沉降点的高程进行测量。长期观测桥梁沉降变化,可判断梁体结构的受力状态是否良好,桥墩的桩基持力是否稳固。

新线交付运营后的第一年应每半年测 1 次,后续每年 1 次。梁体年度沉降量大于 10 mm、累计沉降大于 30 mm 或单墩累计沉降量大于 50 mm 的,相邻墩台差异沉降大于 20 mm 的都应预警。

3. 地面高程与中线测量

地面高程测量在新线建设期间要求在开工和竣工阶段各做 1 次,并对比结果进行原因分析;既有线运维期间要求每年 1 次对地面高程进行复测,并与上一周期的复测结果对比进行原因分析。地面高程测量主要反映桥梁周边地面高程变化,确保施工与设计要求相符。

中线测量为建设期新移交线路进行的一次性测量工作。中线是指线路中心线。中线测量可对桥梁最终平面布置进行确认。

4. 防雷检测

防雷检测是指对采用第三轨受电的桥梁设施进行防雷性能测试,每年一次。

5. 声屏障检测

声屏障每五年应由桥梁维护部门委托第三方声屏障专业检测单位,对下列项目进行一次检查,每条线路抽查率为 3‰,并应根据设计施工图及现场测试的实际结构尺寸,对声屏障设施的强度、刚度和稳定性进行验算复核:

(1)结构现场检测:立柱垂直度,立柱整体直线度,立柱底板锚固螺栓状况及焊缝质量,屏体完好状况,支撑件状况,屏体与立柱搭接状况,上下罩板完好状况,防坠落装置状况;

(2)结构防腐检测:立柱及底板构件及锚固螺栓锈蚀情况,立柱及底板涂层厚度及风化程度,立柱及底板涂层干漆膜厚度,屏框及罩板锈蚀情况,屏框及罩板涂层厚度及风化程度,支撑件锈蚀情况,屏框及罩板涂层干漆膜厚度;

(3)基础现场检测:基础混凝土强度,抽检螺母拧紧扭矩值和锚固螺栓性能评价。

6. 桥梁专项检测

桥梁专项检测是指对拱桥、斜拉桥、中跨跨度大于或等于 75 m 的连续梁桥和结合梁进行的定期检测。桥梁专项检测是对上述各类重点桥梁的详细检测,可较为全面地掌握桥梁的技术状态。

对拱桥应进行表观病害检查,桥面线形与挠度测量,桥墩沉降测量,拱肋空间位置测量,桥梁主要受力构件材料特性无损检测(强度检测、耐久性检测、焊缝探测、钢管混凝土密实度检测），动力特性检测和吊杆及锚头工作性能及锈蚀程度检测，时间间隔不得超过 2 年；还应对吊杆索力进行检测，时间间隔不得超过 1 年。

对斜拉桥应进行表观病害检查，桥面线形与挠度测量，桥墩沉降测量，桥塔空间位置测量，桥梁主要受力构件材料特性无损检测（强度、耐久性检测），动力特性检测和斜拉索及锚头工作性能及锈蚀程度检测，时间间隔不得超过 2 年；还应对斜拉索索力进行检测，时间间隔不得超过 1 年。

对中跨跨度大于或等于 75 m 的连续梁桥应进行表观病害检查，桥面线形与挠度测量，桥墩沉降测量，桥梁主要受力构件材料特性无损检测（强度、耐久性检测），动力特性检测，时间间隔不得超过 5 年。

对结合梁桥应进行表观病害检查，桥面线形与挠度测量，桥墩沉降测量，漆膜状态检测，构件形变检测，焊缝缺陷检测和动力特性检测，时间间隔不得超过 10 年。技术条件成熟时，还应对剪力连接件状态进行检测。

2.3　桥梁主体结构维护

2.3.1　混凝土桥梁病害治理

1. 混凝土裂缝的治理

（1）概述

首先，由维修人员判定混凝土构件中裂缝和空洞对其承载能力、使用性能和耐久性的影响，并根据控制特征量描述裂缝。判定是指对开裂原因、填缝必要性、措施目标、裂缝边缘的活动性以及产生新裂缝的可能性进行评估。在理想状态下填缝措施可达到以下目标：

①阻止腐蚀促进物质进入构件。

②密封穿透性开裂的构件。

③封闭裂缝，并使其有一定的伸展能力。

④封闭裂缝，使裂缝和空洞边缘传力连接。

一般来说，伸展能力和传力连接是相互矛盾的。实际上，只有在涂刷混凝土涂层和裂缝宽度不发生变化的理想情况下，对于宽度 0.3 mm 以下的裂缝，才能长久密封。

（2）填缝材料

常用的填缝材料有环氧树脂、聚氨酯、水泥砂浆和水泥灰浆悬浮液。

填缝材料主要技术要求如下：

①足够的混合稳定性（主要指砂浆和水泥浆）。

②低黏度，以便易于压密充满裂缝。

③无论气温高低，都要具有足够的施工处理时间。

④在混凝土表面有较好的附着性。

⑤足够的抗拉和抗压强度。

另外，对不同的填缝材料有特殊要求：环氧树脂要快速达到强度，而聚氨酯要具有伸缩能力强的特性。选用何种填缝材料，主要取决于裂缝边缘的潮湿状态和要达到的处置目标。

(3)裂缝和空洞的填补方法

在填缝之前，必须将裂缝中的细小杂质除去(可使用吸尘器)。如果混凝土潮湿，在处理裂缝边缘之前必须烘干，再决定采用浸入法或注入法。浸入法是在近似水平的表面上，由上向下在最大压力 0.01 MPa 时填缝，填料由于重力和裂缝空隙而渗入。通常，浸入法只对近表面裂缝比较有效，裂缝仅部分被封闭，裂缝宽度稍有变化时就会再次张开。在浸缝时，必须保证有足够的填缝料流入，直到不再被吸收时为止。垂直平面的浸缝一般使用刷子，水平面浸缝用橡胶耙子。环氧树脂由于其较低的表面张力，特别适合狭长裂缝的填补。

除浸缝之外，也可通过注浆来封闭裂缝。填缝料通过注浆嘴压入，常用的有管状嘴和粘贴嘴。采用管状嘴时，首先需钻一个孔，与裂缝呈 45°斜角交叉，用于较高注浆压力。压浆嘴用一个板粘在裂缝上面，压浆嘴沿裂缝走向布置，间距视裂缝宽度大小一般为 200～400 mm。安装好压浆嘴之后，裂缝在表面完全被堵住。注浆顺序原则上从下往上进行，在最高点必须留有出气口。

一旦填缝料在下一个高点涌出，注浆再从这个高点往上继续进行。无论采用何种填料，第一次修补后都应再加注填料，以补偿如毛细作用或不密实带来的体积损失。

由于用低压长时比高压短时能获得更好的填缝效果，在实际工程中可采用充气嘴和弹簧嘴注浆，注浆压力为 0.06 MPa，当注浆时间较长时，对 0.2 mm 宽的裂缝注浆深度可达 0.5 m。

在压注透水裂缝并采用聚氨酯材料时，首先要用聚氨酯泡沫预注，以阻止水分进入。但必须限定使用区域，以便达到尽可能高的密实度。

实现传力连接功能的裂缝封闭，只有在裂缝附近的应力不超过混凝土抗拉强度时才有意义。

2. 钢筋锈蚀的治理

1)概述

钢筋锈蚀修补方法的选择取决于锈蚀成因、锈蚀程度、所处位置和相邻部钢筋锈蚀的程度和原因。首先，根据目测结果对钢筋锈蚀程度大致分类，然后对其成因进行分析和评估。不同的混凝土退化和钢筋腐蚀进程对应着不同的修补方法。通常，不同腐蚀机理要求采取相对应的养护方法，具体视混凝土碳化引起的腐蚀程度或钢筋表面超出氯离子含量容许值的多少而定。

2)钢筋锈蚀的修补方法

(1)有氯化物但无明显锈蚀

在氯化物含量较高但暂无锈蚀的部位，可以根据氯化物侵蚀边界和混凝土龄期估计去钝化时间，由此可定出一个适当的重新检测时间间隔，或者立即采取措施限制氯化物进一步侵蚀，具体有下列4种方法。

①硅烷涂层：在混凝土表面用硅烷涂刷，能阻止水的侵入(因而也可阻止氯化物的侵入)，且允许混凝土中水蒸气逸出。硅烷较便宜，但它对于直接受潮汐和波浪作用的部位效果不明显。采用硅烷涂层处理后的混凝土，应以适当间隔重新检测，以确定硅烷涂层是否成功。

②混凝土包裹：对于有时浸没在水中的混凝土部位，需要包裹一层适用于水下混凝土的表层。在发生重大锈蚀现象之前，这种处理比较经济。

③阴极保护：可以应用各种类型的外加电流系统阻止锈蚀，但需要相应的专业技术和经验。

④除去氯化物：除氯化物的过程是指把纸浆浸泡在电解液中，然后将其分散在混凝土表面，在混凝土表面电解液的范围内形成一层网状加强层，将这一附加层作为阳极，混凝土内的钢筋作为阴极，在两极之间加上电压把氯化铁从钢筋和混凝土表面除去。此过程需持续几个星期，然后不需做任何其他工作。要保证除去氯化物系统成功运行，需要在混凝土表面设计统一的控制系统，以防止产生的热量损坏混凝土。本方法也适用于钢筋周围pH值较高的地方。

(2)碳化严重但无明显锈蚀

根据混凝土龄期和由简单酚酞测试确定的碳化深度，来确定重新检测的时间，一旦碳化到达钢筋位置，钢筋锈蚀就不可避免，以下三种方法可用于阻止钢筋锈蚀。

①粉底和涂料：在受影响的混凝土表面涂上一层水泥粉底，再涂刷一层丙烯酸涂料，可以有效阻止二氧化碳的侵入。粉底的作用是阻止表面缺陷引起涂料膜层产生大量气孔，从而保证其连续性。

②重新碱化：用一种适当的电解液，采用与(1)中“④除去氯化物”描述相同的过程，可以在钢筋区域恢复碱性水平，将pH值从9～10提高到12，一旦pH值得到回升，立即用粉底和涂料涂刷，防止二氧化碳的再次侵入。重新碱化处理过程可定期进行。

③阴极保护：同“(1)有氯化物但无明显锈蚀”。

(3)钢筋处锈蚀但外观无明显锈蚀迹象

有时在混凝土表面出现问题之前，由于某种原因甚至没有探到碳化或氯化物，但水和氧气已使钢筋发生了锈蚀(可能是采用了劣质混凝土导致钢筋的早期锈蚀)，且不久将反映到混凝土的表面。此种情况需监视其发展状态，并在适当时机加以修补。

应注意，不要把钢筋纹路或在浇筑时已有的锈迹误认为是锈蚀问题，尤其是当这种现象已存在至少5年而混凝土质量仍然完好的情况。

(4)完好混凝土中的局部锈蚀

以下给出的修补技术涉及除去剥裂混凝土、修理钢筋以及在局部锈蚀区域使保护层恢复到良好状态，包括下列步骤。

①结构分析：应进行结构分析，确定是否需要加强和支护。

②修补混凝土前的准备工作：应沿钢筋敲掉混凝土保护层，直到没有锈蚀的部位(包括钢筋后面至少15 mm)。如有必要，应切除部分钢筋，再全截面焊入新的钢筋。修补前应吹干钢筋，清洗干净钢筋的背面，整个修补区域应用掺加防锈剂的清水清洗。

③采用富锌漆：在整体完好的混凝土中，由于局部缺陷而引起锈蚀的地方，先喷砂打磨钢筋，再涂刷富锌漆。

④新老混凝土间的黏结：假如混凝土表面已经进行了适当的凿毛处理且所有松散材料已被清除，可不采用黏结层。一般来说，采用哪种黏结剂主要取决于实际经验，混凝土粘补时不允许有污染物存在。

(5)大面积混凝土劣化中的广泛锈蚀

在大面积混凝土劣化和钢筋锈蚀的部位，可采用多种修补方法进行修补。修补方法的选择应根据检测结果，由整个工程和经济评价结果决定。上述(4)中描述的方法均可用于劣化混凝土的局部修补，也可采取下列合适的修补方法和过程。

①采用富锌漆：当环境侵蚀致使钢筋的锈蚀只发生在局部部位时，可采用涂刷富锌漆的方法。但在大面积混凝土劣化和钢筋锈蚀的区域，由于存在许多阳极和阴极处，此时不可采用富锌漆。

②修补过程：在锈蚀明显的部位，应该采取上述(4)中叙述的方法实施混凝土修补，随后在下一个最低阳极势处将不会发生后续锈蚀。采用此种方法依次修补，最终得到有效的控制；另外，需对修补部位进行定期检测，直至达到修补目标。

③对于含有氯化物的部位，可先对残留区域或相邻区域(可与氯化物除去或者阴极保护相结合)进行修补，然后应用硅烷涂层涂刷。此种方法可缩短重新处理的时间以及减少失效处的数量。对于已发生碳化的混凝土，粉底和丙烯酸涂层(可与重新碱化或阴极保护相结合)可以在初始修补后用来减少重新修补部位，极大地延

长重新处理的间隔时间。

④结构包裹和替换：从构件的完全替换到用钢或混凝土包裹，采用何种方案由结构工程师根据具体情况决定。

(6)预应力钢筋锈蚀的修补

一旦探测到预应力钢筋出现锈蚀，应加以支护并对结构进行详细的分析和评估。预应力管道内的水和其他污染物（如氯化物），可采用排水、提取氯化物、管道重新压浆、安装阴极保护、重新碱化、硅烷涂层或粉底及丙烯酸涂料涂刷等措施加以保护。

3. 混凝土桥的加固

(1)概述

桥梁加固是通过对桥梁受力性能的改善，实现提高桥梁局部或整体承载能力的技术措施。桥梁加固一般以保持原结构受力体系为原则，如确需改变原结构受力体系，需进行严格的结构分析与验算。当加固仍不满足要求时，可进行桥梁的部分或全部拆除重建，但重建需考虑未来交通的发展，并按现行桥梁设计及施工技术规范进行设计与施工。

加固的基本要求如下：

①当加固费用比新建费用节省一半时，应优先考虑加固；

②不中断交通或尽量减少中断交通时间；

③对已发现的缺陷要一次性加固好，不留后患；

④对原结构的损伤尽可能减至最低；

⑤技术可靠、耐久，养护方便。

桥梁加固有如下几种常用途径：

①增大原结构薄弱构件截面，以提高原结构的强度和刚度；

②以新构件代替旧的不满足要求的构件；

③改变原结构的受力体系，使原结构满足受力要求；

④对原结构施加外应力（如预应力），以改变原结构的受力状态，实现提高桥梁刚度和强度的目的。

桥梁加固可采用多种方法，应视旧桥的使用状况、承载能力下降的程度以及今后的使用要求而定。不管采用何种加固方案，都应考虑投资少、工效快、不中断交通、技术上可行、有较好的耐久性等方面的要求。

(2)增大截面和配筋加固法

当原混凝土梁的钢筋配筋率和截面尺寸较小，在现状交通荷载作用下，混凝土梁的强度、刚度及抗裂性能不足时，通常采用增大构件截面、增加配筋、提高配筋率的加固方法来提高桥梁的承载能力。增大截面和配筋率加固法的技术要点：

①为保证新旧混凝土的结合，需对旧梁混凝土表面进行凿毛处理，构件结合面凿毛凹凸差不宜小于 6 mm，并露出粗集料。应特别注意新增加部分与原有部分的有效结合，使其成为一个整体，起到加固作用。

②对 T 形梁可采用底面及侧面同时加大，或底部马蹄形加大两种加固形式。

③适用于梁桥和拱桥拱圈的加固，加固效果显著。

④通过增大构件截面和配筋来提高主梁承载能力的加固法，一般多用于板梁桥的加固。对于板梁桥，主要考虑增设板梁底面的加强主筋和增大截面，T 形梁桥除考虑增设梁底主筋和增大截面外，还须考虑设置套箍。

(3)锚喷混凝土加固法

借助高速喷射机械，将新混凝土混合料连续地喷射到已锚固好钢筋喷面上，凝结硬化而形成钢筋混凝土。锚喷混凝土加固法通过增大桥梁受力断面尺寸与钢筋数量等技术手段，加强桥梁结构的整体性来实现提高桥梁承载能力，其技术要点：

①修复原混凝土梁的既有裂缝。

②在原混凝土梁下缘加焊钢筋网，形成钢筋骨架。加焊钢筋网时不要损伤旧混凝土。

③锚喷混凝土，使其与原混凝土梁形成整体，共同受力。

(4)粘贴钢板(筋)加固法

钢板粘贴加固法是采用环氧树脂系列胶黏剂将钢板粘贴在混凝土结构的受拉缘或薄弱部位，使之与原结构形成整体，用以代替需增设的补强钢筋，实现增强结构的抗弯、抗剪能力，改善结构的受力状态，提高结构刚度，减小结构受力变形，限制结构裂缝进一步开展，提高混凝土梁承载能力的目的。

钢板加固形式可根据实际需要采取不同的方式。根据混凝土梁受力部位的应力状态，补强钢板分为带状和板状。带状钢板能够适应沿主筋方向或分布钢筋方向单个方向加固，板状钢板能够适应沿主筋方向和分布钢筋方向同时加固。

粘结钢板用量可通过换算成钢筋用量的方法获得，当计算求得钢板厚度很小时，最小厚度取 4.5 mm。根据粘结钢板环氧树脂类型的不同，粘贴钢板的施工方法可采用液状的注入施工法和油状的压贴施工法。

(5)组合式预应力补强拉杆加固法

组合式预应力补强杆加固法是通过布置水平补强拉杆和下撑式补强拉杆的组合式预应力加固方法。

此种方法既具有下撑式预应力补强拉杆同时提高抗弯、抗剪强度的优点，又可在必要时将通常安设的两根拉杆(两根为水平拉杆)增加到四根，从而可更大幅度地提高承载能力。

上述加固方法的应用可根据被加固结构的需求而定，当梁板跨中受弯强度不足而斜截面抗剪强度足够时,可考虑采用水平的预应力拉杆及其他两种拉杆。当梁板支座附近斜截面抗剪强度不足时,则应采用下撑式和组合式预应力拉杆。当梁的承载力需小幅增加时,可采用水平或下撑式拉杆。要求补强加固后的承载能力提高较大时,采用组合式补强拉杆。

(6)箱梁体外预应力加固方法

箱梁体外预应力加固方法是针对预应力混凝土连续箱梁跨中区段开裂问题而采用的一种加固技术。加固设计中,体外预应力束应在箱室内对称布置,在中墩处尽量靠近顶板,以提高中墩附近截面的抗剪能力。在跨中区域设置型钢转向块,利用转向块把体外束的效应传至腹板,并通过转向块在纵桥向位置的调整,给中跨箱梁裂缝区域施加较高压应力,实现封闭裂缝、提高承载能力的目的。体外预应力束锚固遵循分散、避免集中同时又靠近腹板的原则,体外束的一端锚固在靠边墩的腹板上,另一端锚固在另一孔边跨中墩处的横梁上,以避免同时锚固在边墩腹板或中墩横梁上引起局部应力过大而产生新的混凝土开裂问题。

2.3.2 钢结构桥梁病害治理

1. 钢结构表面清理

1)漆膜失效现象及检查鉴定方法

漆膜粉化、露底、裂纹、剥落、吐锈等都是失效的现象,漆膜失效的检查鉴定方法如下。

(1)肉眼观察

明显的面漆粉化、露底或龟裂、起泡、剥落、锈蚀等是容易发现的,但细小的裂纹及针尖状的吐锈等不容易被发现,可借助放大镜检查。另外,如漆膜表面有不正常的鼓起(角落部位用光照射有凹凸不平时),下面可能有锈蚀。

(2)用手触摸

用手指揩擦漆膜表面,如有粉末沾手,表示漆膜粉化。对角落隐蔽部位如手摸感到粗糙、凹凸不平,可能有锈蚀存在。

(3)刮膜检验

对有怀疑的部位,铲除表面漆膜检查钢料是否锈蚀。对有脱皮处所,可用刮刀检查其失效范围:如用刮刀铲起漆膜,漆膜呈刨花状卷起、底漆色泽鲜艳为良好;如漆膜用刮刀一触即碎或呈粉末状,底漆色泽暗淡,或一并带起,说明漆膜已经失效或接近失效。

(4)滴水检验

在漆膜表面喷水,如水珠很快流淌,无渗透现象,则漆膜完好,如水很快往里渗透或扩散,则表示漆膜粉化,渗水的深度即为漆膜失效的厚度。

2)手工除锈与喷砂除锈

涂装前钢表面处理是涂装体系中非常重要的环节,只有钢表面处理达到标准,才能保证涂料与钢表面有良好的附着力,保证涂层与钢表面的整体性。根据《铁路钢桥保护涂装及涂料供货技术条件》(Q/CR 730—2019)要求,在喷涂油漆前,对钢梁进行彻底除锈是很重要的,目前常用的方法有手工除锈和喷砂除锈两种。

(1)手工除锈

常用工具及操作方法如下。

①刮刀

用弹簧钢、工具钢或合金钢头加工锻制而成。两端或一端弯成直角,薄刃。其长度、宽度根据需要确定。

使用时,手持刮刀腰部,刀刃与工作物呈 30°～50°角。当使用一端弯成半圆形的刮刀时,手稍许放平些,由前方向胸前拉或一手压住刮刀前端,一手向胸前拉(刮铆钉头时用)。

②除锈锤

用弹簧钢或普通钢加工锻制。一头尖形,另一头平形,或两头均为平形。尖头用于敲除表面不平凹陷处,平头用于敲除平面锈层严重处所。敲击锈块的尖头以钝为宜,防止击伤钢板。

③钢丝刷

一般购置 4～6 行的钢丝刷。钢丝刷有平把、翘把、直把等形式,使用翘把钢丝刷最为方便。在除锈和铲除漆皮或氧化皮后,用钢丝刷清除钢板上残留杂质和氧化皮,直到除尽为止。

手工除锈具有工具简单、不受条件限制、施工方便等优点,但劳动强度大、工作效率低、除锈不易彻底、质量较难保证。一般在工作量不大或局部除锈作业时采用。

(2)喷砂除锈

喷砂除锈是目前采用的钢梁除锈方法中使用比较多、比较好的一种。

干喷砂作用压缩空气将砂粒送至专用喷嘴,以高速度喷射于钢板表面,借助砂粒的冲击和摩擦,将旧漆膜、污垢、铁锈、氧化皮等全部除去。

①喷砂常用机具

a. 动力设备:空气压缩机(内燃或电动,3 m^3/min 以上)、贮风桶(风包或分配器)、送风管路(把风送到喷砂器)。

b. 备砂机具:筛砂机、运砂小车、贮砂库。

c. 喷砂机具:ϕ25 mm 压力橡胶皮管、油水分离器、贮风桶、盛砂设备、喷砂器、喷砂嘴及连接器、喷砂衣及其他劳动防护用品、ϕ8 mm 供风管(供工人呼吸用)、工具袋(内装面罩用备用玻璃、喷嘴、铁线、电工刀、活口扳手、克丝钳)等。

②喷砂用砂的技术条件

喷砂用的砂以洁净干燥、呈锐角颗粒的石英河砂为最好,加工筛选后颗粒为0.5～2.5 mm,因为这种砂在喷射时尘雾少且效率高。

③喷砂操作方法

a. 准备工作:为了提高喷砂效率,每个喷砂嘴供风量不小于 3～4 m^3/min,风压 0.4～0.6 MPa。将经筛选加工过的河砂装满喷砂桶(每立方米河砂约可喷 20～30 m^2的钢梁表面),连接好管路及喷砂机具,检查其性能是否良好,连接是否牢固。高空作业搭好脚手架。为了防止喷砂损坏已做好的油漆,应加以防护。

b. 喷砂操作:在风压达到 0.4 MPa 以上时,先打开喷砂器风阀,再开砂阀(直通旋塞)即可进行喷砂作业。喷砂完毕应先关闭砂阀再关闭风阀以防堵塞。钢梁喷砂顺序一般自上而下,由一端向另一端推进,以减少干扰。对杆件喷砂时应先喷角落及窄缝处,后喷宽敞部分;先喷边缘后喷中间;先喷铆钉头后喷平面。喷嘴与钢料表面距离以 150～250 mm、喷射角 45°～80°为宜,移动速度要均匀,使之恰好除去锈蚀和氧化皮而不伤钢板。喷砂嘴以采用 ϕ5～7 mm 的高氧化铝陶瓷者为好。使用新嘴时,喷砂器砂阀应开小一些,随着喷砂工作的不断进行,喷砂嘴口径逐渐磨大,风压也要求高一些,风、砂阀都要开得大一些。一个喷嘴约可清除钢梁旧漆膜及锈蚀的钢梁表面约 30～60 m^2。如喷砂处所在桥梁上部或离喷砂器较远时,负责调整喷砂器风、操作砂阀的工人与喷砂工人之间要加强联系,固定联络信号,以便及时调整风、砂量。采用双室喷砂器或将两个单室喷砂器串联可以使喷砂工作连续不断,不至于因装砂而中断喷砂,可提高工效。喷砂完毕应用压缩空气清除钢梁表面尘埃和积砂,必要时用手工工具进行一次找细,同时检查钢梁有无裂纹。

c. 故障处理:当喷砂过程中发现堵塞时,可用 ϕ3～5 mm 铁线弯成的钩插入喷砂嘴数次,如在砂嘴与胶管连接处堵塞即能消除,否则应检查喷砂器砂阀,再次检查喷砂管接头,一般通过上述检查处理,堵塞即可消除。

d. 施工注意事项

(a)施工人员在喷砂开始前,要穿好工作服,戴好手套,接好防护头罩内输送新鲜空气的管路,喷砂衣要密闭,使衣内砂尘不超过 2 mg/m^3。

湿喷砂即水喷砂,能消除矽尘对环境的污染和人体的危害,一般在水中加入少量的防锈剂(如 0.6%碳酸钠及 0.5%～3%的亚硝酸钠)使金属表面钝化,保持短期内不生锈,但效率不及干喷砂,由于极少使用故不详细介绍。

(b)不准带风修理喷砂设备或更换零件。

(c)喷砂时喷嘴不能对人、对车和对船。

(d)喷砂胶管应避免弯折过度,要加强检查,防止个别部分管壁被磨损过薄发生炸裂。

3)钢材的锈蚀等级和除锈等级

本部分节选了中华人民共和国国家标准《涂覆涂料前钢材表面处理 表面清洁度的目视评定 第1部分:未涂覆过的钢材表面和全面清除原有涂层后的钢材表面的锈蚀等级和处理等级》(GB/T 8923.1—2011)的内容。详细内容和典型照片请查阅该标准。

1. 锈蚀等级

钢材表面的锈蚀程度分别以A、B、C和D四个锈蚀等级表示,文字描述如下:

A大面积覆盖着氧化皮而几乎没有铁锈的钢材表面;

B已发生锈蚀,并且部分氧化皮已开始剥落的钢材表面;

C氧化皮已因锈蚀而剥落,或者可以刮除,并且在正常视力观察下可见轻微点蚀的钢材表面;

D氧化皮已因锈蚀而剥离,并且在正常视力观察下可见普遍发生点蚀的钢材表面。

2. 处理等级

每一处理等级用代表相应处理方法类型的字母"Sa""St"或"Fl"表示。字母后面的数字,表示清除氧化皮、铁锈和原有涂层的程度。

(1)喷射清理,Sa

对喷射清理的表面处理,用字母"Sa"表示。

喷射清理前,应铲除全部厚锈层。可见的油、脂和污物也应清除掉。

喷射清理后,应清除表面的浮灰和碎屑。

喷射清理等级描述如下:

Sa1 轻度的喷射清理

在不放大的情况下观察时,表面应无可见的油、脂和污物,并且没有附着不牢的氧化皮、铁锈、涂层和外来杂质。

Sa2 非常彻底的喷射清理

在不放大的情况下观察时,表面应无可见的油、脂和污物,并且几乎没有氧化皮、铁锈、涂层和外来杂质。任何残留污染物应附着牢固。

Sa2½ 非常彻底的喷射或抛射除锈

在不放大的情况下观察时,表面应无可见的油、脂和污物,并且没有氧化皮、铁锈、涂层和外来杂质。任何污染物的残留痕迹应仅呈现为点状或条纹状的轻微色斑。

Sa3 使钢材表观洁净的喷射清理

在不放大的情况下观察时，表面应无可见的油、脂和污物，并且应无氧化皮、铁锈、涂层和外来杂质。该表面应具有均匀的金属色泽。

(2)手工和动力工具清理，St

对手工和动力工具清理，例如刮、手工刷、机械刷和打磨等表面处理，用字母“St”表示。

手工和动力工具清理前，应铲除全部厚锈层，可见的油、脂和污物也应清除掉。

手工和动力工具清理后，应清除表面的浮灰和碎屑。

手工和动力工具清理等级描述如下：

St2 彻底的手工和动力工具清理

在不放大的情况下观察时，表面应无可见的油、脂和污物，并且没有附着不牢的氧化皮、铁锈、涂层和外来杂质。

St3 非常彻底的手工和动力工具清理

同St2，但表面处理应彻底得多，表面应具有金属底材的光泽。

2. 钢结构保护涂装

桥梁钢梁架设在江河之上，水面较高湿度，加上不同自然环境条件，例如湿热霉菌、梅雨、盐雾、干寒低温、低洼盐碱、风霜雨雪以及工业区化学气体腐蚀等影响，会使桥梁钢梁遭受侵蚀锈毁。选择钢梁涂料，首先应根据桥址环境加以研究，不能千篇一律采用某一种漆。因为涂料的性能多种多样，只有考虑涂料的一般用途和特殊用途，才能达到防止钢铁锈蚀和提升户外耐久性能的目的。

底漆、中间漆和面漆三者要配合好才能达到涂装效果。例如，桥门架经常接触火车煤烟中的硫化氢气体；铁路纵横梁上盖板终年在阴湿之下，常年承受车辆通过时桥枕的摩擦；有些钢梁构件长期泡在水中；还有公路、铁路两用桥或混凝土与钢梁的结合梁，水泥被水溶化、碱性液体将被涂的油漆皂化等。对于上述钢料只涂一种漆不行，例如单纯涂上环氧树脂漆或过氯乙烯漆，层次之间附着力不好，应采用中间漆加以解决。配套漆的目的是使涂料取长补短，解决漆与漆之间互容性、漆与物体之间的附着力和耐久性问题。

1)底漆(防锈漆)

防锈漆种类很多，由漆料、防锈颜料、体质颜料和一定辅助成膜物质组成。不同的防锈颜料制成的防锈漆涂到金属表面起着不同的物理和化学作用。因此，将其分为物理性防锈颜料和化学性防锈颜料。在防锈漆中，适当配合一些体质颜料(又称填充料)，可以改善漆膜的附着力，调整pH值，抗沉降，转化某些腐蚀介质等；漆料内的一些添加剂可以改善漆膜的抗起泡性和耐候性。

常见的底漆有红丹防锈漆、云母氧化铁防锈漆(又称云铁防锈漆)、无机富锌防锈漆和有机富锌防锈漆等。

2)面漆

钢梁经过表面处理后,预涂磷化底漆和1～3道防锈底漆,再涂中间漆或面漆。面漆是保护桥梁钢铁的第一道屏障,其遮盖力强,附着力牢,耐候性久,耐光性好,光亮度大,具有不透气性与不透水性,起到屏蔽保护钢铁的作用。

桥梁钢梁涂装采用的是户外用漆,要求耐大气性和耐久性强,要做人工老化试验和暴晒试验,检验观察面漆能否耐户外各种条件。

常见的面漆有醇酸树脂磁漆、酚醛树脂磁漆、环氧树脂漆和聚氨酯耐磨漆等。

3)面漆与底漆的搭配

我国铁路桥梁钢梁,对新钢梁的初始涂装或既有钢梁整孔重新涂装,所采用的涂装体系共有五种。

(1)钢梁大面积部位涂装体系。

①红丹酚醛底漆或红丹醇酸底漆,锌铝醇酸面漆或云铁醇酸面漆。

②环氧富锌底漆或无机富锌底漆,磷化底漆中间层或环氧云铁中间层,锌铝醇酸面漆或云铁醇酸面漆。

(2)不同腐蚀环境下,钢梁热喷锌涂装,密封锌镀层为在热喷锌后刷涂一道磷化底漆,再刷一道C01-7醇酸清漆。当大气环境呈酸性或碱性、金属易直接遭受化学侵蚀时,需在喷锌镀层上覆盖涂料层,即为锌黄酚醛底漆一道(亦可涂装磷化底漆或环氧云铁底漆中间层,但不得使用红丹底漆)及锌铝醇酸面漆或云铁醇酸面漆两道。

(3)纵梁、上承板梁、箱梁上盖板顶面采用的涂装体系。

①棕黄聚氨酯底漆,银灰聚氨酯面漆。

②热喷锌,棕黄聚氨酯底漆,银灰聚氨酯面漆。

(4)铆接梁板层间涂红丹防锈漆一道。栓焊梁连接部位板层间应热喷镀铝镀层或喷涂78-2无机富锌漆一道。栓焊梁连接处外露部位,可按钢梁大面积部位涂装体系Ⅱ进行。

(5)箱形梁内部涂装低溶剂(溶剂含量在20%以内)环氧沥青厚浆底漆和低溶剂环氧沥青厚浆面漆各一道,每道干膜厚度125 μm,涂层总厚度不低于250 μm。

钢梁各部涂装体系可结合实际情况选择。

4)涂层涂装道数及厚度要求

漆膜要有一定的厚度才能有一定的保护能力,涂一层的保护能力没有涂多层的优良。所以目前油漆施工大多数涂装多层。现在钢梁一般采用喷涂防锈底漆两道和面漆三道,干膜总厚度为200～250 μm,即每层厚度约为40～50 μm。个别易损部位(如上盖板)还要求增加厚度,使总厚度更大一些。某一种油漆,其干膜厚度与涂刷时未成膜前湿膜厚度之比,为该油漆的成膜率,一般在70%左右。

桥梁厂新制钢梁制造完毕到工地架设安装通车，相隔时间有的达数年之久，故在杆件出厂以前，除进行彻底除锈涂刷两度防锈底漆和一度面漆外，对铆合杆件节点板束内面，最好在拼铆前，涂红丹底漆一度，以防锈蚀。

5)稀释剂选用

油漆的品种不同，所使用的稀释剂也各不相同。一般来说，油性漆采用松香水或松节油，醇酸漆采用二甲苯或醇酸稀料，虫胶漆(即洋干漆)采用酒精，硝基漆(即喷漆)采用香蕉水，环氧树脂漆采用丙酮或环氧稀料，聚氨酯桥板漆采用二甲苯及无水环已酮。严禁用煤油、汽油、柴油作为桥梁用漆的稀释剂。

稀释剂只在油漆过稠时使用。使用量一般应按油漆厂对该种油漆规定的限度以下掺加。但由于气候和施工方法(热喷或冷喷)的不同而不同，须视实际情况确定。因为稀释剂仅为满足施工操作需要，所以要尽量少加或不加。除油漆厂规定允许外，一般桥梁用漆，掺加稀释剂宜不超过油漆质量的 2%。

6)涂装施工条件及要求

钢梁油漆涂装除满足其技术条件外，还要达到涂装的施工条件和要求。

(1)温度不低于 5 ℃。温度太低，油漆增稠，过多加入稀释剂损害漆膜质量；钢梁表面水分潮气不易蒸发，钢梁下部及缝隙更难擦干，致使漆膜与钢梁表面或漆膜间附着不牢，造成脱皮。

(2)夏季最好避免阳光直射施工物件，可在背阴处进行。

(3)有雨、雾、雪和霜时，不宜涂漆；相对湿度不大于 80%才能涂装。因为湿度过大，附着力不好，还容易造成漆膜失光等弊病。温度过低、湿度过高，还影响漆膜的干率。

(4)大风天气不宜涂漆。因风大喷涂困难，浪费油漆；漆膜无法喷匀且易粘附灰尘，造成油漆质量不良。

(5)当钢梁除锈完毕后，应在不超过 8 h(湿度较大时 2～4 h)内，尽速涂头度红丹底漆，并应于当日喷涂完毕。涂漆前应清扫钢梁表面，并最好用干净布蘸松节油或松香水擦拭干净。

(6)底漆充分干燥后，才允许涂次层油漆，其间隔时间视当时施工条件和油漆性能确定，一般不应少于 48 h。同时第一第二两度红丹底漆间隔时间也不应超过 7 d，第二度红丹底漆干后，应尽快涂第一度面漆，要避免红丹长期暴露在大气中。

(7)进行次一度涂漆前，应用铲刀将表面灰尘杂质铲除干净，然后用“00”号砂纸轻轻打磨后再喷，使每层油漆粘结牢固。第一度底漆喷涂后不得露出下面的钢料，上层喷涂后不得露出底层的油漆。

(8)为了便于检查所涂油漆的质量，两度面漆也可采用深浅不同的颜色加以区别。每度应尽量做到喷涂均匀，不得有缺漏、皱纹、流挂，更不应有脱落揭皮的现象。

(9)在经受烟熏、落煤灰和蒸汽影响的部位，涂油作业应在较长的列车间隔时间内进行，必要时，应遮挡尚未干燥的油漆。

(10)钢梁油漆完毕应将涂装日期、施工方法、漆膜厚度以及所用油漆品种等标志在显著部位，以观察其耐久性，并恢复钢梁上原有的各种标记。

7)手工涂装与喷射涂漆

油漆的防护效果要在干燥成膜之后才能得到。只有质量优良的油漆材料和细致进行钢梁表面处理以及掌握合适的施工条件，进行良好的涂装，才能得到理想的防护效果，所以钢梁油漆的施工涂刷必须强调质量。

(1)手工涂装

这是一种比较传统而普遍的施工方法。它的特点是设备简单，操作方便，灵活性大。其缺点为手工劳动，生产效率低，漆膜往往有粗粒及刷痕，一些快干及涂刷性能差的油漆不适宜手工刷涂。

漆刷是刷漆施工的主要工具。根据不同的施工对象可以选择不同尺寸不同形状的漆刷。漆刷按形状大致可分为圆形、扁形和歪形 3 种，按制作材料可分为硬毛刷(以猪鬃制)、软毛刷(用狼毫、羊毛制)两类。

手工刷漆的施工质量，主要依靠操作者的熟练程度和施工技巧。一般手工刷涂的操作方法：先将油漆均匀地散涂在钢梁表面(俗称墩油)或刷成 S 形，然后横刷、竖刷，自上而下、自左而右，先难后易(线脚、角落部位先刷)，依次刷匀。漆刷蘸漆不宜过多，蘸漆深度以刷毛的 1/3～2/3 为宜。刷涂时操作要敏捷，厚薄要均匀合适。但是一般涂刷一次不宜过厚，否则容易发生皱皮现象。油漆施工黏度，要根据温度变化而调节，漆液太稀易流挂、盖不住底，太稠不易刷匀、影响干燥。

对钢梁的附件也可以用丝头蘸油漆用手搓刷，对栏杆扶手等，在用丝头搓涂后，可用漆刷拉平修整。

对钢梁杆件之间的狭小间隙部位和相互交叉的隐藏处所，或同一根杆件中，由于型钢铆合组拼存在的窄缝处所较隐藏、施工困难，要特别注意除锈和油漆质量。该处的涂油工作要根据实际情况，自行制作各种尺寸的小麻刷进行，并要防止漏涂或露底。

(2)喷射涂漆原理和常见机具

利用压缩空气在喷枪处产生的负压，将漆流带出并分散为雾状，涂覆于钢梁表面，这是目前最常用的一种施工方法，它的最大特点是操作比较轻便，工效高(比手工涂装可快 5～10 倍)，漆膜平整光滑，适用于不同尺寸的钢梁表面。其缺点是油漆的利用率低，溶剂易挥发，不经济。喷漆时，漆雾大，影响工人健康。

热喷涂就是将油漆预热到一定温度(油漆不同，温度也不同)再喷涂，由于加热升温，降低油漆黏度，减少掺入油漆的稀释剂，因之能提高油漆质量。

除供风系统外，喷射涂漆主要机具如下。

①喷漆枪：一般使用PQ-1型和PQ-2型。喷漆枪主要可分为扁嘴式、对嘴式、压下式等三种。

②压力喷漆桶：利用风压将已调好、黏度适合的油漆，通过ϕ8 mm胶管送到喷漆枪上。

③油水分离器能去除压缩空气中的油脂和水分，保证漆膜质量。

喷涂操作方法：喷漆前，油漆要搅匀，用140目以上的筛子过滤去除漆皮和粗粒，根据不同品种的油漆，调整到适合的黏度，空气喷漆压力一般以0.3～0.5 MPa为好。喷枪与钢料表面的距离要适当，以15～25 cm为宜，喷枪与物面应保持正确垂直的角度。喷漆采用横喷或纵喷，每次压叠一半，喷漆速度必须前后均匀一致，不能时快时慢，每喷到两端时必须关风以防端头流挂。喷漆时要特别注意钢梁杆件边角部位及其他隐蔽处所，这些地方最易漏喷或因漆膜过薄造成锈蚀。

3. 焊缝连接

钢桥中部件的连接方法主要有铆钉连接、螺栓连接和焊接三类。其中普通螺栓连接使用最早，约从18世纪中叶开始使用，至今仍是安装连接的一种重要方法。19世纪20年代开始使用铆钉连接。19世纪下半叶出现焊接，20世纪逐渐被广泛使用并取代铆钉连接，成为钢结构的主要连接方法，现已在钢桥的工地安装连接中被广泛使用。

焊接是现代钢桥最主要的连接方法，焊接的优点是钢材从任何方位、角度和形状相交都能方便使用，一般不需要附加连接板、连接角钢等零件，也不需要在钢材上开孔，不使截面受削弱。因此，它的构造简单，节省钢材，制造方便，并易于采用自动化操作，生产效率高。此外，焊接的刚度较大，密封性较好。

焊接的缺点是焊缝附近钢材因焊接的高温作用而形成热影响区，其金相组织和机械性能发生变化，某些部位材质变脆；焊接过程中钢材受到不均匀的高温和冷却，使结构产生焊接残余应力和残余变形，影响结构的承载力、刚度和使用性能；焊缝可能出现气孔、夹渣、咬边、弧坑裂纹、根部收缩、接头不良等影响结构疲劳强度的缺陷。因此，与高强度螺栓和铆钉连接相比，焊接的塑性和韧性较差，脆性较大，疲劳强度较低。此外，工地焊接的拼装定位和操作较麻烦，通常需要用螺栓或销钉定位和临时固定，焊接后拆除；而且，工地焊接操作空间和焊接姿势往往受到限制，焊接作业和质量检验、检查困难，质量不易控制。因此，构件间的工地现场安装连接常常采用高强度螺栓连接或设安装螺栓定位后再焊接。

1)焊接方法

焊接方法很多，钢桥中主要采用电弧焊和栓钉焊。电弧焊用于钢板和型钢等的连接，栓钉焊仅用于栓钉的焊接。

电弧焊是利用焊条或焊丝与焊件间产生的电弧热将金属加热并熔化的焊接方法。在焊条或焊丝一端与焊件待焊部位的一定间隙间，通电激发产生高温电弧，使电弧范围内焊件边缘部位的金属迅速熔化，形成熔融金属的熔池，同时焊条或焊丝端部也不断熔化，形成球状熔滴陆续滴入熔池。这样，被连接焊件的熔化部分的金属熔融在一起，达到原子间的冶炼结合，冷却后即成为与焊件金属机械性能相近的金属焊缝，把焊件连接成整体。为保证焊缝质量，焊接过程中需要提供或产生保护气体、焊剂或熔渣将熔融金属与大气隔离。

钢桥中常采用的电弧焊有手工电弧焊、埋弧焊和气体保护焊。其中，埋弧焊和气体保护焊一般为自动或半自动焊。

(1)手工电弧焊

手工电弧焊是钢结构制造中最常用的焊接方法，其设备简单，操作灵活，适用性和可达性强，对各种焊接位置和分散或曲折短焊缝都可适用。缺点是生产效率比自动、半自动焊低，质量稍低并且变异性大，施焊时电弧焊较强。

手工焊采用药皮焊条。药皮厚约 1～1.5 mm，其作用为：稳定电弧；生成保护气体使熔融金属与大气隔离；形成熔渣（清理焊缝时铲除）覆盖于熔成焊缝表面，使之与大气隔离，并使焊缝冷却缓慢以便气体和有害杂质溢出表面；脱氧成分与氧结合后析出；合金成分改善焊缝性能。

(2)埋弧焊

埋弧焊一般为自动或半自动焊，是焊接过程机械化的一种主要方法。焊丝采用成盘连续的光焊丝，焊接时按照与熔化速度相匹配的速度自动下送。焊剂为散粒状，代替手工焊条的药皮，焊接过程中自动堆落于焊接前方，从而电弧焊在焊剂层下进行，与大气完全隔离，焊完自动回收。自动焊通常采用焊车式或悬挂式焊机按规定速度自动均匀前进，适用于有规则（直线、圆环形等）的较长焊缝。半自动焊则焊接前进仍是依靠手持焊枪移动，较适用于不规则的焊缝或间断短焊缝。

埋弧焊的优点是与大气隔离保护效果好，且无金属飞溅，弧光也不外露；可采用较大电流使熔深加大，相应可减小对接焊件间隙和坡口角度；节省材料和电能，劳动条件好，生产效率高。其焊缝表面常呈均匀鱼鳞状，质量稳定可靠，塑性和韧性也较高。

(3)气体保护焊

气体保护焊是近年来发展起来的先进焊接方法，一般为自动或半自动焊，在钢桥中得到广泛应用。焊接时采用成盘光焊丝，围绕焊丝由喷嘴喷出保护气体，把电弧、熔池与大气隔离。操作可为自动或半自动，后者需要手持焊枪移动。保护气体通常采用 CO_2 或 CO_2 与氩、氦等惰性气体的混合气体。传统的混合气体为 25% CO_2 +75%氩，最近逐渐采用 80% CO_2 +20%氩；当对韧性要求高时采用（4%～

5%)CO_2+(25%～30%)氩+(60%～70%)氦。

优点：电弧在气流压缩下热量较集中，焊速较快，熔池较小，可减小焊扫层数和焊口尺寸，热影响区较窄，焊接变形较小；电弧可见，焊接对中容易，容易实现各位置焊接；焊后无熔渣或少熔渣。因而其生产率较埋弧焊高。此外，CO_2气体保护焊采用高锰高硅型焊丝(在高温下使部分二氧化碳分解为一氧化碳和氧气，起脱氧作用)，具有较高的抗锈和还原能力；电弧气的含氢量较易控制，可减小冷裂缝倾向。它不仅可用于工厂焊接，而且可用于工地焊接。

它的缺点是设备稍复杂，电弧光较强，金属飞溅多，焊缝表面成型不如埋弧焊平滑。

(4)栓钉焊

栓钉是一种特制的剪力连接件，广泛应用于组合梁桥和其他钢与混凝土组合结构中。栓钉由栓头、栓杆和焊熔端三部分组成。栓头直径比栓杆大一些，焊熔端有焊剂(焊药)，采用专用的焊枪焊接。因此，栓钉也被称为焊钉或俗称为大头钉，如图2-2所示。焊接时，将焊钉插入焊枪、焊熔端套入瓷环立于被焊钢板上，栓杆通电时，焊熔端自动离开钢板表面很小的一定距离并产生电弧使栓钉焊于钢板，焊完后将瓷环清除。栓钉焊也是电弧焊的一种，焊接瓷环的作用是保证栓钉焊缝挤出焊脚成形，虽然此焊脚不作为保证栓钉焊强度的条件，但却是焊缝内部是否熔合良好的标志。为此根据规范要求，栓钉焊缝四周360°都应均布挤出焊脚。保证挤出焊脚成形的瓷环型腔尺寸是焊接瓷环的关键技术要求。另外，焊接瓷环还应具有保护焊缝金属不被氧化，控制飞溅和遮挡弧光等作用。为此，对瓷环的强度、抗电弧特性、线膨胀系数等也有一定要求。

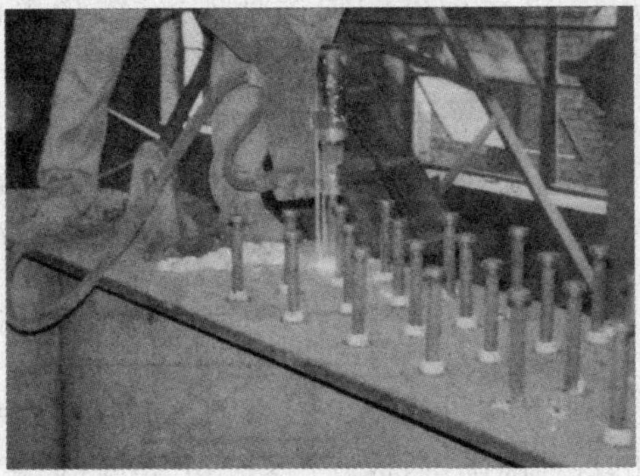

图2-2　栓钉焊

2)焊缝连接的形式

焊缝连接中按焊体钢材的连接方式可分为对接接头、搭接接头、T形接头、角接接头等形式(图 2-3)。

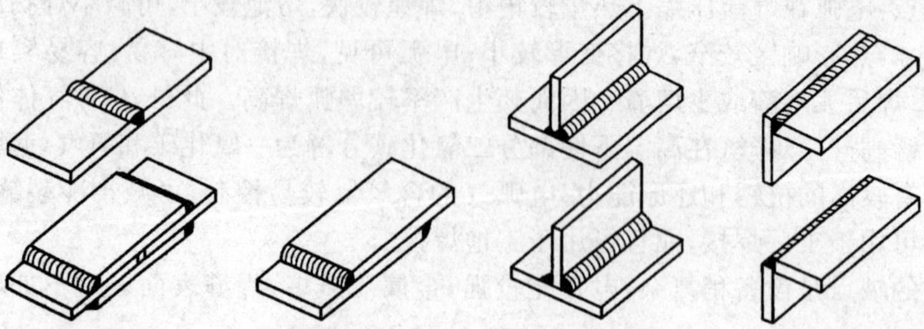

注:上行各图为坡口焊缝,下行各图为角焊缝。

图 2-3 焊接钢材的连接方式

在对接接头中,如果左右被连接钢材的截面完全相同,通常称为拼接。例如钢板或型钢常因供应钢材的长度或宽度不够,而需用拼接予以接长或接宽。整个构件(如梁、柱等),也常因运输或吊装条件的限制,需要在车间内分段制造,运到工地后现场或高空位置再拼接成为整体。连接或拼接尽可能在车间或工厂进行,易于保证质量,称为车间(工厂)连接或车间(工厂)拼接,其焊缝称为车间(工厂)焊缝。当需要在工地或安装位置进行时则称为工地连接或安装连接。

焊缝连接按焊缝本身的构造分为贴角焊(fillet welding)、全熔透坡口焊(full penetration groove welding)和部分熔透坡口焊(partial penetration groove welding)等形式。

角焊缝如图 2-4 所示,仅在板件的隅角处连接,焊缝表面有凸形和凹形两种(图 2-5)。凹形一般需要打磨,加工量较大,因此通常采用凸形角焊缝。但是凸形角焊缝有一定程度的应力集中,要求传力较平顺和改善受力性能时可以选用凹形角焊缝。角焊缝焊脚通常做成等边长,对传力垂直于焊缝轴线方向时,也可采用不等边,其长边顺内力方向。由于应力方向垂直于焊缝轴线时(称为端焊缝),应力集中严重,疲劳强度低。因此,在钢桥中角焊缝主要用于应力方向平行于焊缝轴线(称为侧焊缝)的情况,即焊缝受剪,端焊缝很少采用。

全熔透坡口焊要求板件全厚度内完全焊透,通常简称为全熔透焊。为保证焊接质量,要求下料和装配的尺寸准确,当板件达到一定厚度(通常厚度大于 9～12 mm)时,板件边缘需要加工成适当形式和尺寸的坡口,因此,制造费用较高。坡口是为了焊条有足够的运转空间,保证在板件全厚度内焊透。常用的坡口形状如图 2-6 所示,有 I 形(即不开坡口)、V 形、U 形、X 形、单边 V 形、单边 U 形(即 J 形)、K 形等,图中同时标出手工焊时不同坡口形状的适用板厚(对于埋弧焊可以适当放宽坡

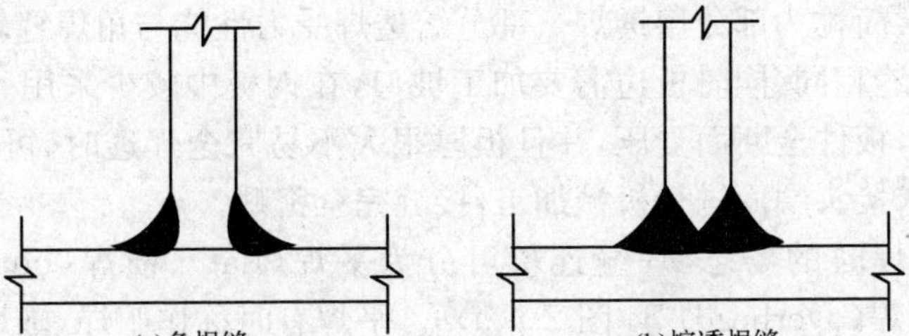

(a)角焊缝　　(b)熔透焊缝

图 2-4　角焊缝和熔透焊缝

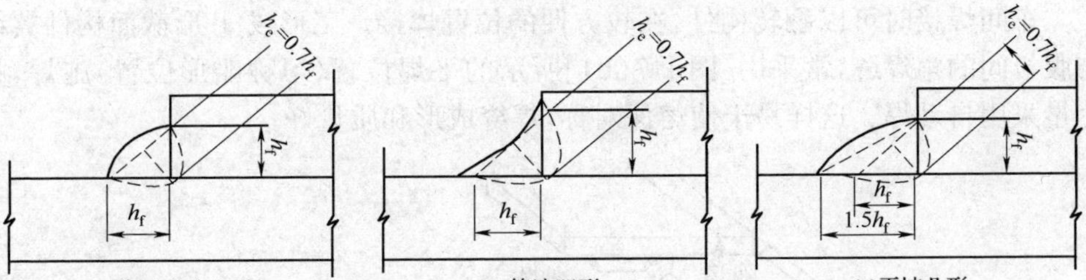

(a)普通形（凸形）　　(b)等边凹形　　(c)平坡凸形

图 2-5　角焊缝的截面形式

口形状对板厚的适用)。各种坡口中,沿板件厚度方向通常有高度为 p、间隙为 b(均约 1～3 mm)的一段不开坡口,称为钝边。焊接从钝边处(根部)开始。

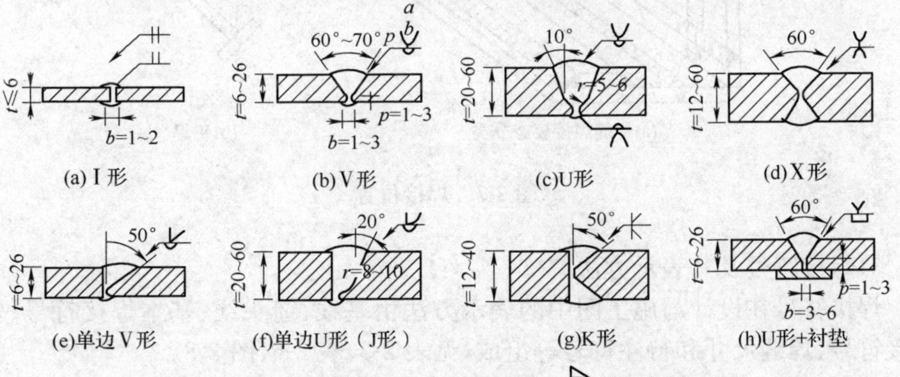

符号说明：◡ 封底焊缝；▭ 带垫板；⊿ 现场焊接。

图 2-6　坡口焊缝(适用于手工焊,尺寸单位:mm)

全熔透焊的焊缝处板件完全熔合成一个整体,传力均匀平顺,没有明显的应力集中,受力性能较好。钢板对接和焊缝受拉压应力时,一般采用全熔透焊,故也被称为对接焊缝。

部分熔透坡口焊不要求板件全厚度内完全焊透,一般仅在板件的单面或双面部分适焊，通常简称为部分熔透焊。部分熔透焊受力性能与角焊缝较为类似，计算方法也与脚焊缝相同，同时板边需要加工坡口，在钢板中较少采用。在斜拉桥、悬索桥的钢塔中，板件全断面受压，并且板厚很大不易完全焊透时，可以采用部分熔透焊，但是要求接头端面进行机械加工，接缝完全密贴。

按焊缝施焊时的姿态，焊缝连接可分为平焊（flat）、横焊（horizontal）、立焊（vertical）和仰焊（overhead）等［图 2-7（a）］。平焊有时称作俯焊，施焊方便，焊缝质量最易保证；仰焊最为困难。设计和制造时应尽量考虑使多数焊缝能在平焊或较方便的位置焊接，尽量避免仰焊。

车间焊接时可以翻转构件，在较方便的位置焊接。工形或 T 形截面构件翼缘与腹板间的角焊缝，常采用［图 2-7（b）］所示的平焊位置（习称船形位置）施焊，并尽量采用自动焊。这样易于使熔深对称，焊缝成形和质量好。

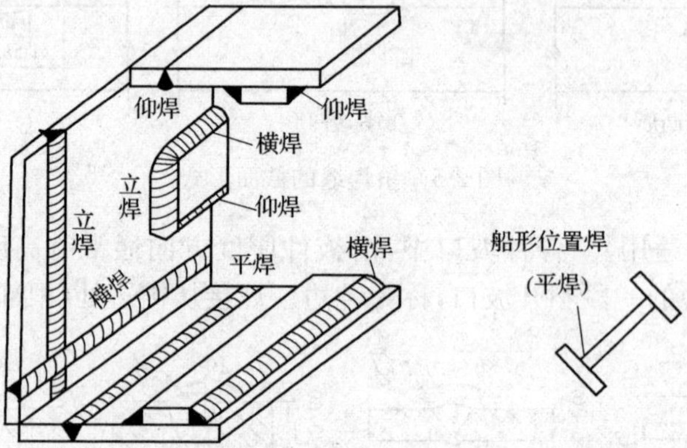

(a)焊缝焊接姿态分类　　(b)平焊

图 2-7　焊接位置

3)焊接符号及其表示方法

焊接符号在设计与施工图中的表示方法由基线、箭头线、基本焊接符号、辅助焊接符号、焊缝尺寸和特注符号等组成，见表 2-5、表 2-6、图 2-8。

表 2-5　焊缝符号表示法

表面处理 back	角焊缝 fillet	塞焊 plug or slot	坡口焊 groove or butt						
			I 形焊 square	V 形焊	单边 V 形焊 bevel	带钝边 U 形焊	带钝边 J 形焊	卷边焊缝 flare V	单边卷焊缝 flare bevel
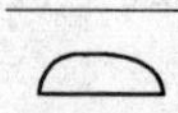		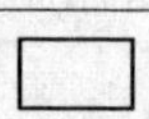			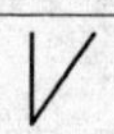				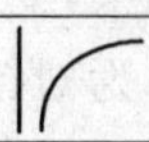

表 2-6　辅助焊接符号

衬垫 backing	间断焊 spacer	围焊 weld all around	工地焊接 fied weld	辅助符号 contour	
				焊缝表面齐平 flush	焊缝表面凸起 convex

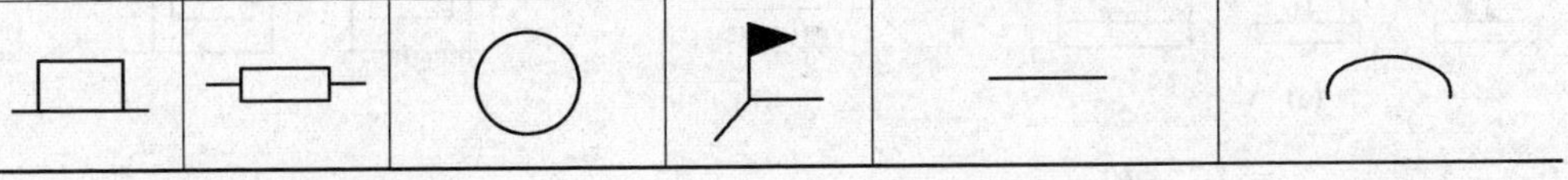

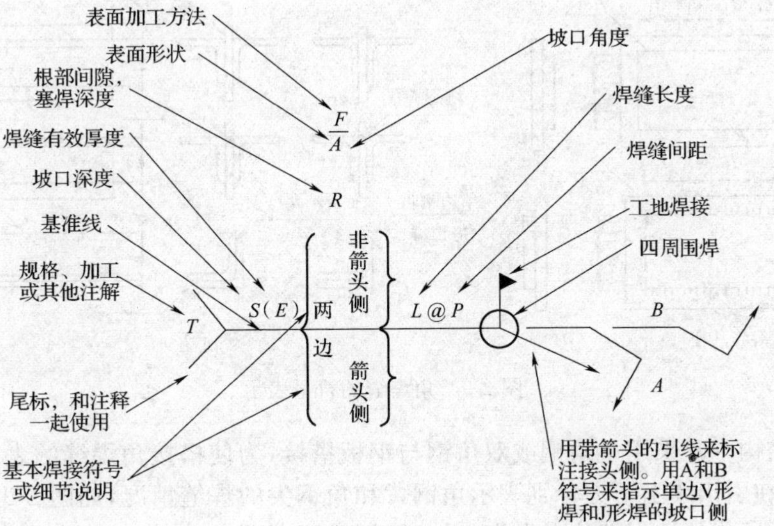

图 2-8　焊接符号各元素的标准位置

(1)角焊缝的符号表示法

钢结构图纸中标注角焊缝的主要符号如图 2-9 所示。其中三角形符号表示角焊缝，画于引出线上方表示箭头所指处正面有角焊缝，下方表示背面有角焊缝，上下均有表示双面均有角焊缝[图 2-9(a)]。需注尺寸时可在三角形符号之左注明 h_f 或 h_{f1}，以毫米(mm)计，I 为焊缝实际长度[图 2-9(b)]，正背面焊缝尺寸相同时可只注于上方即可。

图 2-9(c)是周围角焊缝的符号，箭头只需指向其中任意一段焊缝，而把周围角焊缝的全部走向轮廓(左图粗线为示例)简略地画在三角形符号和 h_f 值之左。

当焊缝分布不规则或为断续焊缝时，在标注焊缝符号的同时，宜在焊缝处加粗线(表示正面焊缝)、栅线(表示背面焊缝)或粗线和栅线(表示正背面均有焊缝)，如图 2-9(d)所示。

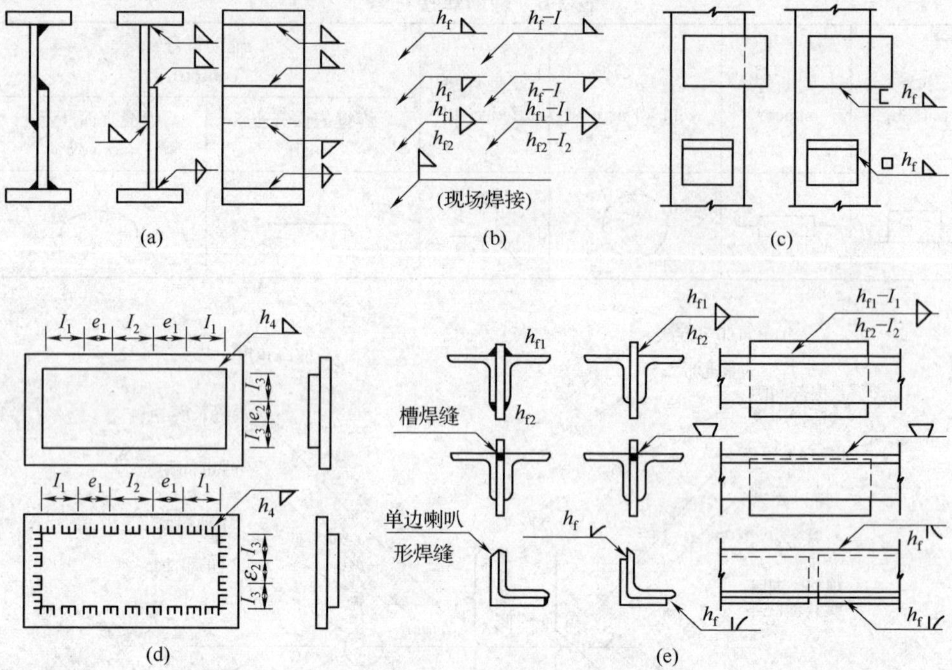

图 2-9　角焊缝的符号表示

钢结构中常采用单角钢或双角钢与钢板搭接，为使搭接角焊缝的表达较为简化，常常在引出线上下方分别表示角钢背和角钢尖的焊缝情况，如图 2-9(e)上图，其中箭头所指处的焊缝注在上方，另一侧焊缝注在下方。图 2-9(e)下面两图表示槽形焊缝和单边喇叭形焊缝符号，分别为钢板凹入角钢面和角钢边为圆角情况的特殊角焊缝形式。

(2)坡口焊缝符号表示法

钢桥图纸中用焊缝符号标注焊缝。坡口焊缝的主要符号如图 2-6 所示，引出线箭头与焊缝在同一侧时箭头指向坡口方向；引出线箭头指于焊缝背面时坡口符号应倒面[例如图 2-6(c)下方符号]。坡口细节尺寸(b、p、α 等)一般不标注，由制造工厂根据结构和工艺具体情况确定；须标注时可参照图 2-6(b)。

4)焊缝连接的缺陷、质量检验和焊缝级别

焊缝连接的缺陷指焊接过程中产生于焊缝金属或邻近热影响区钢材表面或内部的缺陷，常见的缺陷有裂纹、焊瘤、烧穿、弧坑、气孔、夹渣、咬边、未熔合、未焊透(不包括规定不焊透者)等(图 2-10)，以及焊缝外形尺寸不符合要求、焊缝成形不良等。裂纹对受力的危害性最大，会产生严重应力集中并易于扩展引起断裂，按规定不允许出现。

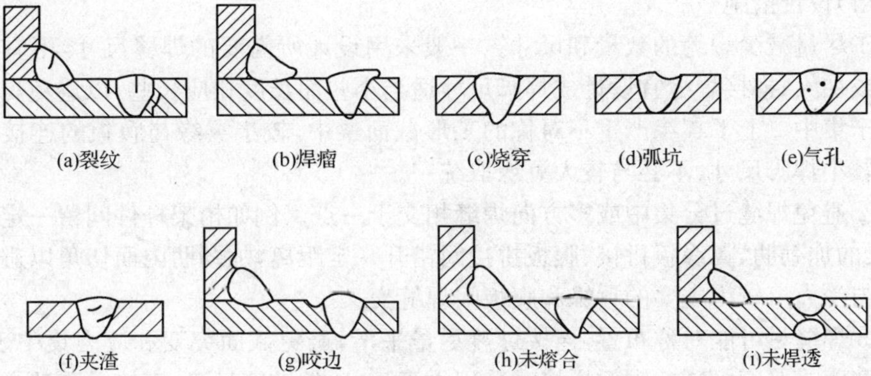

图 2-10　焊缝缺陷

焊缝质量检验一般可用于外观检查及无损检测，前者检查外观缺陷和几何尺寸，后者检查内部缺陷。无损检测目前广泛采用超声波检验，使用灵活经济，对内部缺陷反应灵敏，但不易识别缺陷性质；钢板较薄时可用磁粉检验、荧光检验等较简单的方法；当前最明确可靠且应用较广的检验方法是X射线或γ射线透照，或X射线成像。

焊缝按其检验方法和质量要求，《钢结构工程施工质量验收标准》(GB 50205—2020)规定将焊缝分为一级和二级，要求一定数量的超声波或射线检测并符合相应级别的质量标准。

5)焊接残余应力与残余变形

钢材焊接时在焊件上产生局部高温的不均匀温度场，焊接中心处可达1 600 ℃以上。高温部分钢材要求较大的膨胀伸长但受到邻近钢材的约束，从而在焊件内引出较高的温度应力，并在焊接过程中随时间和温度而不断变化，称为焊接应力。焊接应力较高的部位将达到钢材屈服强度而发生塑性变形，因而钢材冷却后将有残存于焊件内的应力，称为焊接残余应力。在焊接和冷却过程中由于焊件受热和冷却都不均匀，除产生内应力外，还会产生变形(如焊件弯曲或扭转等)。焊接和冷却过程中焊件产生的变形称为焊接(热)变形，冷却后残存于焊件的变形称为焊接残余变形。焊接残余应力和残余变形将影响构件的受力和使用，并且是形成各种焊接裂纹的因素之一，应在焊接、制造和设计时加以控制和重视。

6)减少焊接残余应力和残余变形的方法

构件产生过大的焊接残余应力和焊接残余变形多数是由于构造不当或焊接工艺欠妥。应力集中、复杂应力状态、直接动力荷载、低温等则加剧其对受力的不利影响。故应从设计和焊接工艺两方面采取适当措施。超过规定要求的变形应采用机械、人工或结合火焰局部加热进行校正。

(1)设计措施

①尽量减少焊缝的数量和尺寸。一般采用设计所需要的焊缝尺寸,不宜任意增多或加大;搭接焊缝宜设计成焊脚尺寸适当小些而长度相应长些,以避免焊接热量过于集中。上下翼缘严重不对称的工形截面梁中,较小翼缘与腹板的连接焊缝需要较小焊脚尺寸,不必与较大翼缘取统一。

②避免焊缝过分集中或多方向焊缝相交于一点。例如桁架杆件间留一定的空隙;梁的加劲肋、翼缘板拼接、腹板拼接间错开一定距离,加劲肋内面切角以避免其焊缝与受力上较为主要的翼缘和腹板间焊缝交叉。

③焊缝尽可能对称布置,连接过渡尽量平滑,避免截面突变和应力集中现象。例如宽度或厚度不同的钢板拼接时采用小于 1∶4 的坡度过渡,直接承受动力荷载结构的角焊缝采用凹形或平坡形角焊缝等。

④搭接连接中搭接长度大于 $5t_{\min}$ 及 25 mm($t_{\min}$ 为连接板件中板厚最小者),且不应只采用一条正面角焊缝来传力。

⑤焊缝应布置在焊工便于到达和施焊的位置,并有合适的焊条运转空间和角度,尽量避免仰焊。

(2)焊接工艺措施

①采用适当的焊接顺序和方向。例如采用对称焊、分段退焊[即分段焊接,每段施焊方向与焊接推进的总方向相反,如图 2-11(a)所示]、跳焊[图 2-11(c)]、多层多道焊[图 2-11(a)]等,使各次焊接的残余应力和变形的方向相反和互相抵消。图 2-11(a)所示钢板对接为根部、中间、表面各层Ⅰ、Ⅱ、Ⅲ各焊道采用不同划分的分段退焊。

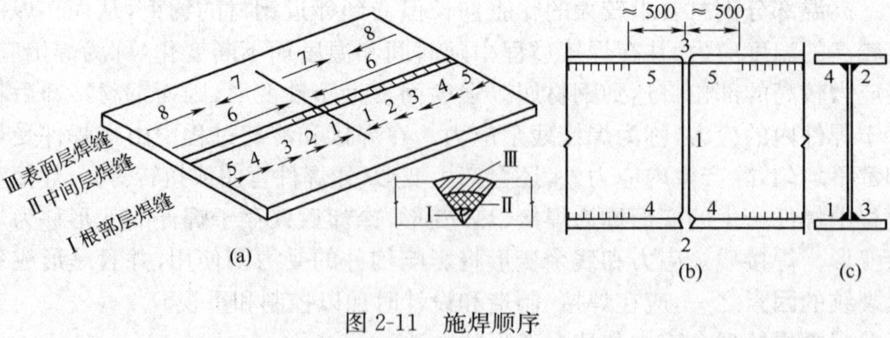

图 2-11　施焊顺序

②先焊收缩量较大的焊缝,后焊收缩量较小的焊缝(例如对接焊缝的横向收缩比角焊缝大);先焊错开的短焊缝,后焊直通的长焊缝[图 2-12(c)],使焊缝有较大的横向收缩余地。

③先焊使用时受力较大的焊缝,后焊受力较次要的焊缝,则受力较大的焊缝在

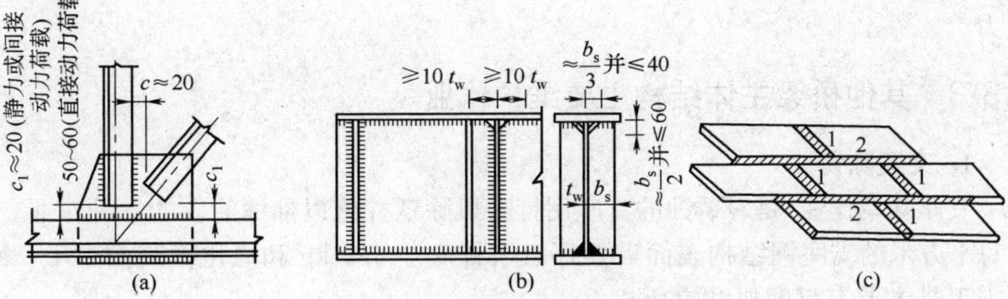

图 2-12　焊缝的布置(单位:mm)

焊接和冷却过程中有一定范围的伸缩余地,可减小焊接残余应力。例如焊接工形截面梁拼接中[图 2-11(b)]在拼接两侧各留出一段翼缘与腹板的角焊缝不焊,先焊腹板对接焊缝,再焊受拉和受压翼缘对接焊缝,最后再补焊预留的角焊缝。

④预变形。即施焊前使构件有一个与焊接残余变形相反的预变形(图 2-13),以减小最终的总变形。常用于 V 形焊缝和角焊缝。

图 2-13　焊接前的预变形

⑤预热、后热。即施焊前先将构件整体或局部预热至 100～300 ℃,焊后保湿一段时间,以减小焊接和冷却过程中温度的不均匀程度,从而降低焊接残余应力并减少发生裂纹的危险。较厚钢材或温度低于 0 ℃的情况焊接时,通常应对焊缝附近局部进行预热。

⑥高温回火(又称消除内应力退火)。在施焊后进行高温回火,即加热至 600～650 ℃(含钒低合金钢 560～590 ℃),保持一段时间恒温后缓慢冷却。对较小焊件可进行整体高温回火。由于加热已达钢材的热塑性温度,可消除大部分(80%～90%以上)残余应力。对某些较大焊件有时可对焊缝附近或残余应力较大部位附近进行局部高温回火,以减小残余应力(降低峰值和改善分布)。

⑦用头部带小圆弧的小锤轻击焊缝，使焊缝得到延展，也可降低焊接残余应力。

2.3.3 其他桥梁主体结构主要维护作业

1. 支座除锈

支座除锈作业，是对锈蚀的支座用打磨机除锈并施以油漆涂装的一种作业。对于每平方米的支座钢结构表面需要环氧富锌底漆 1.5 kg 和氯化橡胶面漆 1.5 kg。所需工具主要有打磨机和空压机。

1)支座除锈作业的操作程序为：

(1)打磨机除锈，全出白；

(2)底漆分别两度，待干；

(3)面漆分别两度，待干。

2)支座除锈作业的质量控制：

(1)整体除锈要全出白，局部除锈可保留底漆，现场根据具体情况确定。

(2)除锈应达到 Sa2½标准，即在不放大的情况下观察时，钢材表面无可见的油、脂和污物，并且没有氧化皮、铁锈、涂层和外来杂质，任何污染物的残留痕迹应仅呈现为点状或条纹状的轻微色斑。工作表面粗糙度可达 40～60 μm。

(3)除锈钢结构表面要求在 4 h 内必须干燥，并立即刷底漆，避免形成二次生锈。

(4)涂刷厚度符合设计要求，不小于 70 μm。涂刷牢固，无剥落、皱纹、气泡、针孔等缺陷。

(5)底漆干燥时间：25 ℃表干 0.5～1 h，实干 24 h，完全固化 7 天。

(6)底漆涂装间隔：5 ℃最短 48 h，最长 7 天；20 ℃最短 24 h，最长 3 天。

(7)面漆干燥时间：25 ℃表干 2 h，实干 8 h，完全固化 7 天。

(8)面漆涂装间隔：0 ℃最短 24 h，最长不限；20 ℃最短 8 h，最长不限；30 ℃最短 6 h，最长不限。

2. 桥梁支座更换

1)搭设支架、施工平台

(1)桥台支座更换利用桥台作为施工平台，对空间不够部位采用支架措施，以确保施工的安全实施。

(2)对于桥墩支座的更换，采用特制钢挂架固定于墩身或盖梁上作为施工平台。

2)台帽、盖梁顶面清理

(1)清理台帽或盖梁顶面沉积的土石块及混凝土块，必要时可采用钢钎对混凝土垃圾进行清理。

(2)用钢丝刷或对台帽或盖梁顶面进行清洁,保证支座更换时作业面干净整洁。

(3)清理伸缩缝内沉积的垃圾和杂物,以防止顶升内梁体间互相挤压。

3)支座调查与复检

(1)对要更换的支座部位进行确认和检查,现场记录支座位置、编号、病害情况,并拍照记录,照片应拍摄完整的施工工序即原状、更换过程及更换完成情况,妥善保存检查记录,作为交工文件之一。

(2)复核原支座型号与设计院提供的型号是否一致,并根据支座的设计承载力确定顶升重量及千斤顶的型号和数量。

(3)测量梁底标高,并根据设计图纸提供的梁底标高进行复核,并将复核情况详细记录并妥善保存,作为交工文件之一。

(4)根据测量记录确定支座垫石顶面标高的调整高度。对于需要将普通支座更换为四氟滑板支座的情况,应根据要更换的四氟滑板支座的型号、高度确定支座垫石改造后的顶面标高,以保证支座更换后桥面标高符合设计要求。

4)千斤顶、百分表安放与设置

(1)千斤顶数量应与每个桥台下的支座数量相同。

(2)布设百分表:为精确测量顶升高度并在梁体顶升过程中控制梁体姿态,需在梁台两侧布设百分表,顶升过程中应有专人负责记录百分表读数。

5)顶升系统调试

(1)试顶

①试顶前的检查项目:千斤顶安装是否垂直牢固,影响顶升的设施是否已全部拆除,顶升部分结构与其他结构的连接是否已全部去除。

②顶升系统启动后现场各组人员各就各位,密切观察桥梁是否有异常状况出现,设备、仪表是否正常工作,显示读数是否在合理范围内。

③控制顶升速度不超过 1 mm/min,最大顶升高度不超过 5 mm。

④顶升就位后,持荷 10 min,观察梁体及设备状况。如有异常情况,应立即回油、落梁,问题解决后再进行试顶,直至梁体受力及设备运行正常。

⑤顶升就位后,根据控制系统显示的顶升重量复核支座型号及各支座承受的压力,如有异常,则应考虑调整支座型号。

⑥试顶正常后,应平稳落梁。

(2)梁体同步顶升

①顶升过程中以每顶升 2 mm 为一步,分级顶升,各顶高差严格控制在 0.5 mm 范围内,全程采用位移传感器监测梁体顶升位移情况。实时监测整个千斤顶间位

移传感器升量高差，若高差超过控制值时，必须进行适时调整后才进入下一个顶升周期，达到同步顶升的目的。

②箱梁两侧布设百分表监测箱梁转动的情况，同时也作为位移传感器的对比验证数据，箱梁每顶升一级百分表读数一次。观测人员随时根据监测值反馈至控制室，指导操作人员进行操作。

③顶升时梁每升高 5～6 mm，临时支撑加垫一块钢板。

④同步顶升高度为可拆除既有支座和安装新支座所需的工作空间，约为 10～15 mm。

⑤顶升到位后将梁体由千斤顶转落至临时支撑上。

6）支座更换

(1)用铁钩或人工取出旧支座，如旧支座已与垫石粘结而较难取出，可用钢钎、铁锤敲击松动后取出。取出旧支座前应拍照记录其缺陷状况。

(2)用人工配合钢丝刷清洁支座垫石表面，如有支座下钢板，则应打磨去除铁锈。

(3)测量垫石顶面标高，如顶不平整，则用环氧砂浆抹平。垫石顶面如需加高，应采用环氧砂浆加高至设计标高并抹平；垫石顶面如需降低，应用钢钎凿除部分混凝土至设计标高并用环氧砂浆抹平。支座垫石顶面高程允许偏差不超过±2 mm，顶面四角高差不超过 1 mm，轴线偏位不超过 5 mm。

(4)在支承垫石上根据设计图纸标出支座位置中心线，同时在橡胶支座上也标出十字交叉中心线，将橡胶支座安放在垫石上，使支座的中心线与墩台的设计位置中心线重合，支座就位准确。

(5)所有支座更换完毕后，再对安装的新支座进行全面检查，确保各项指标满足设计及规范要求。

7）落梁

(1)落梁前在梁体两侧的桥台或桥墩挡块与梁体间加塞木板，防止落梁时梁体发生水平位移。

(2)开启同步顶升系统，平稳降落梁体。

(3)梁体就位后检查支座上下钢板与垫石、梁底之间的密贴情况，应尽量保证支座上下面全部密贴。如果支座出现偏心受压、不均匀支承或脱空的现象，则应重新顶升梁体，并在支座下钢板下加设抄垫钢板进行微调(厚度规格为 1～3 mm)，直至支座上下面全部密贴。

(4)支座检查合格后拆除千斤顶、临时支承钢板等顶升设备。

(5)取出梁体与挡板间木板，清理施工废物及垃圾。

3. 墩台裂缝修补

墩台裂缝的修补，可用低压注浆法，该法主要适用于钢筋混凝土结构表面 2～5 mm 裂缝的修补。对于每米裂缝需要注浆基座 4 个、SDW 环氧封闭胶 1 kg、DP40 环氧 1 kg。所需工具为自动注浆器。

低压注浆法的操作程序有五项。

(1)表面处理

①用钢丝刷和砂轮清理裂缝两侧各 3 cm 的表面。

②用内酮清除表面积油污，松动混凝土应用钢钎凿除，浮尘应用略湿的抹布清除，确保裂缝清洁。

③确定混凝土裂缝上注浆点位置，其间距宜为 300 mm。

(2)安装注浆基座

①用两把干净并干燥的抹刀按 3∶1 的比例分别取环氧封闭胶 A、B 组分。

②用抹刀将托灰板上的环氧封闭胶 A、B 组分搅拌均匀。

③将胶涂刮在注浆基座底部，胶体厚度不少于 2 mm，然后将注入孔对准裂缝，稍加用力按放基座使其粘住，用手固定基座再用胶包覆基座四周，至少 1 cm。

(3)裂缝密封

沿裂缝走向 6 cm 范围内用抹刀刮抹环氧粘合剂，厚度约 2 mm，尽量一次完成，对缺损的混凝土应填实。

(4)注浆

①将环氧浆液 A、B 组分按 100∶30 的比例混合均匀，拉动注浆器把手，将混合物吸入注浆器内，固定把手，安装至基座上，放开把手，利用压簧的压力使浆液慢慢渗入裂缝中。

②注浆顺序：由低到高，一侧向另一侧逐渐靠近。尽量做到后一个基座冒浆时再安装注浆器，对进浆量大的基座应及时补充浆液。

(5)固化判断和修饰

①固化时间与气温有很大关系，具体时间可通过拉动注浆器把手来判断，必须在确定固化的情况下才能拆除注浆器。

②固化后拆除注浆器，敲除基座，必要时用砂轮打磨封胶，使施工面光洁平整。

(6)低压注浆法的质量控制要求如下。

①清理裂缝表面时油污应用丙酮除去，松动混凝土应用钢钎除去，浮尘应用略湿的抹布清除。

②选择注浆点时原则上要求相邻两个注浆点的间距不超过裂缝本身的深度。

③在封闭胶固化过程中应防止其接触水。

④注浆须在封胶 12 h(20 ℃)后进行,随天气的气温升降可增减注浆时间,但一定要达到封闭胶固化。

⑤注浆顺序应由低到高,由一侧向另一侧逐渐靠近。尽量做到后一个基座冒浆时再安装注浆器,对进浆量大的基座应及时补充浆液。

2.4 桥梁附属设施作业

2.4.1 声屏障

声屏障是一种专门设计的立于噪声源和受声点之间的声学障板,是降低噪声的一种重要设施。声屏障通常是针对某一特定声源和特定保护位置(或区域)设计的。

1. 声屏障的结构形式

声屏障结构形式主要有直立形、圆筒形、逆 L 形和 Y 形。我国目前建成的声屏障以直立形和逆 L 形为主。轨道交通多采用直立形。

声屏障结构形式对降噪效果有直接影响。降噪效果最弱的是直立形,降噪效果最好的是 Y 形。

2. 声屏障的降噪效果

根据《声环境质量标准》(GB 3096—2008),城市轨道交通(地面段)两侧一定距离之内的昼间噪声标准限值为 70 dB,夜间噪声标准限值为 55 dB。昼间是指 6:00 至 22:00 之间的时段,夜间是指 22:00 至次日 6:00 的时段。对于超限的区域,若适合安装声屏障,应及时安装。

当测量对象的声信号不存在时,在参考点位置或受声点位置测量的噪声。测量时,背景噪声级应至少比测量值低 10 dB。如果测量值和背景噪声值相差 3~9 dB,则可以对测量结果进行修正。当差值小于 3 dB,则不符合测试条件,不能进行测量。

一般声屏障对距离声源 100 m 范围内有良好的降噪效果。一个合理的声屏障可以对于声影区的受声点降噪 5~12 dB。当声屏障降噪要求大于 12 dB 时,应同时采取其他降噪措施。

另外,实践证明,设于线路两侧且高度低于 2.5 m 的声屏障降噪效果并不明显。

3. 声屏障的声学设计

我们把在保持噪声源、地形、地貌、地面和气象条件不变情况下安装声屏障前后在某特定位置上的声压级之差称为声屏障的插入损失。插入损失越大,降噪效果越好。

当噪声源发出的声波遇到声屏障时，它将沿着三条路径传播：一部分越过声屏障顶端绕射到达受声点，这称为绕射路径；一部分穿透声屏障到达受声点，这称为透射路径；一部分在声屏障壁面上产生反射，这称为反射路径。声屏障的插入损失主要取决于声源发出的声波沿这三条路径传播的声能分配。

通常，我们用隔声量来衡量声屏障防止声音透射的效果。隔声量是指墙或间壁的入射声功率级与另一面的透射声功率级之差。一般选用的声屏障材料在实验室测试的平均隔声量应不小于 25 dB。

4. 声屏障的材料

声屏障材料选用总的原则是降噪效果良好、结构安全可靠，材料价格经济、安装成本低，经久耐用、美观大方。最常见的声屏障材料质地为金属类。一般选用的声屏障材料在实验室测试的平均隔声量应不小于 25 dB。

吸声材料是指具有较强的吸收声能、减低噪声性能的材料。吸声材料按吸声机理分为：依靠从表面至内部许多细小的敞开孔道使声波衰减和依靠共振作用吸声两类。吸声材料的吸声性能不应受到户外恶劣气候环境的影响。铝纤维是一种适宜室外露天使用的吸声材料。

5. 声屏障的安装

声屏障的设置位置应接近线路，但应符合限界要求。当双侧安装声屏障时，应在朝向声源一侧安装吸声结构。

声屏障一般采用装配式施工以缩短施工时间。

2.4.2　桥梁装饰板

轨道交通高架桥梁上的装饰板作为一种安全防护设施，是桥梁上部结构一个不可缺少的组成部分。桥梁装饰板一般采用金属板类材质，最常见的连接方式是螺栓连接。

桥梁装饰板必须始终处于完好的状态，如有损坏、变形或腐蚀，应迅速采用相应的措施进行修复。在需要加固装饰板时，一般采取钻孔后用耐候性好的金属丝绑扎的加固方案，不用焊接进行加固。采用铁丝加固连接装饰板时，最适宜的季节是夏天。

2.4.3　防撞设施

轨道交通高架桥梁上的防撞设施，主要是龙门架、柔性防撞设施、防撞挡板、反光警示柱、限高牌、限速牌和减速提示标志。

2.4.4 检查设施

轨道交通高架桥梁上的检查设施，主要是安装在桥墩和上的钢爬梯和钢围栏。制作检查设施的材料需具有防锈、耐磨、抗腐蚀、抗曝晒等特点。在利用检查设施对土建结构进行检查的同时，也要注意对检查设施本身的维护状态修，譬如及时消除锈迹，剪除缠绕在检查设施上的植物等。

2.4.5 桥面铺装层

1. 桥面铺装概述

桥面铺装层，亦称桥面保护层。其主要功能是保护主梁免受雨水侵蚀，防止车辆轮胎或履带直接磨耗桥面板和分布车轮的集中荷载。桥面铺装的好坏直接影响行车的舒适、畅通与安全，是桥梁日常养护工作的重点，必须认真做好桥面铺装的日常养护工作。

桥面铺装常采用水泥混凝土或沥青混凝土。随着科学技术的发展，最近几年也出现了钢纤维混凝土铺装和改性沥青与SMA铺装。水泥混凝土铺装层从上至下主要由水泥混凝土(厚6～8 cm)、钢筋网、防水层(总厚1～2 cm)、混凝土整平层等几部分组成。沥青铺装层从上至下主要由沥青混凝土(厚5～8 cm)、带钢筋网的混凝土保护层(厚3～5 cm)、防水层(总厚1～2 cm)、混凝土找平层等组成。钢纤维混凝土铺装层从上至下主要由钢纤维混凝土、钢筋网、防水层、混凝土找平层等组成。常用的改性沥青可分为两类:合成橡胶类和塑性体类。SMA是一种由沥青、纤维稳定剂、矿粉及少量的细集料组成的沥青玛蹄脂填充间断级配的粗集料骨架间隙而组成的沥青混合料。以钢桥面铺装为例，改性沥青与SMA铺装从上至下主要由铺装层上面层、粘层油、铺装层下面层、粘层油、防水层、粘结层、钢板防锈层等几部分组成。其中，最重要的是铺装层、防水层和防锈层。粘层油和粘结层不是独立的层次。

桥面铺装一般不做受力计算。为使铺装层具有足够的强度和良好的整体性(能起联系各主梁共同受力的作用)，一般宜在混凝土中设置直径为4～6 mm的钢筋网，受力钢筋的保护层厚度为3～5 cm。

20世纪50到70年代，铁路桥隧建筑普遍采用热沥青麻布防水层。20世纪80年代以后，丰台桥梁厂和有关单位研制成的“二布三涂”和“薄膜加筋”冷作防水层，已得到了广泛的应用。

热沥青防水层分为甲种防水层和乙种防水层。其适用范围及标准要求见表2-7和表2-8。

表 2-7　甲种防水层适用范围及标准

<table>
<tr><td>适用范围</td><td colspan="2">钢筋混凝土 T 梁、钢筋混凝土拱桥、预应力梁、石砌或混凝土块砌拱桥的道砟槽及桥台混凝土道砟槽</td></tr>
<tr><td rowspan="4">标准要求</td><td>1. 垫层</td><td>厚度小于 5 cm 用 100 号砂浆；厚度大于 5 cm 用贫混凝土，但混凝土用碎石粒径不大于垫层厚度的 1/4</td></tr>
<tr><td>2. 底层</td><td>垫层上涂沥青漆两度</td></tr>
<tr><td>3. 防水层</td><td>按顺序铺石棉沥青一层，沥青浸制麻布一层，石棉沥青一层</td></tr>
<tr><td>4. 保护层</td><td>铺 3 cm 厚沥青混凝土（或 1 cm 厚沥青砂胶）一层或采用 4 cm 厚水泥砂浆加钢丝网保护层</td></tr>
</table>

表 2-8　乙种防水层适用范围及标准

<table>
<tr><td>适用范围</td><td colspan="2">素混凝土拱桥及桥台上素混凝土道砟槽，以及西北雨水极少地区或其他在防水材料缺乏情况下，原应铺甲种防水层者</td></tr>
<tr><td rowspan="2">标准要求</td><td>1. 垫层</td><td>同甲种防水层</td></tr>
<tr><td>2. 保护层</td><td>铺 1 cm 厚沥青砂胶一层</td></tr>
</table>

冷作防水层通常有两种结构的规格，一种为“二布三涂”，另一种为“薄膜加筋”。“二布三涂”为由两层中碱玻璃纤维布和三层再生橡胶沥青防水涂料组合而成，“薄膜加筋”为由聚乙烯薄膜、中碱平纹玻璃纤维布、再生橡胶沥青防水涂料经专用设备热粘复合而成的一膜一布两涂柔性防水卷材。冷作防水层的最大优点，是使施工现场减少了熬制沥青的工序，改善了环境，改善了工人的劳动条件，加快了施工进度。

在城轨桥隧建筑上，水泥混凝土铺装较为普遍，其耐磨性能好，适合重载交通，但也有养生期长、修补麻烦的缺点。

2. 水泥混凝土铺装层的主要缺陷及维修方法

水泥混凝土铺装层的主要缺陷有：

(1)裂纹：网裂、纵横缝等。

(2)脱皮、露骨：表层脱皮或局部破损露骨。

(3)高低不平：在接头部位与沥青铺装层相同。

(4)磨光：铺装层被行驶的车辆磨耗，形成平滑状态。

其中，裂纹最为常见，可将裂纹分为大面积裂纹和局部裂纹两类。

大面积裂纹一般呈均匀分布的龟状细裂缝，通常是在水泥混凝土板铺装过程中，由于表面整修收水不当、气温较高、养护不周等原因，导致混凝土板表面因失水过快而引起的表面收缩裂缝，这种裂缝一般只是深入混凝土表面几毫米，不会随时间延长而发展。另外由于混凝土材料的不稳定，如采用的材料产生了碱集料反应等原因，也会引起铺装层大面积的开裂，裂缝呈不规则状况，有些会引起翘曲等。

局部裂缝一般分施工时产生的初期裂缝和使用后产生的纵横向裂缝、板角裂缝及结构附近裂缝等几种。纵横方向和板角处的裂缝均为贯通裂缝。初期裂缝产生的原因一般是水泥混凝土硬化过程中表面砂浆沉降开裂及早期混凝土塑性收缩而产生的开裂,其长度一般为数厘米到数十厘米。

当水泥混凝土铺装层出现磨光、脱皮、露骨或破裂等缺陷出现,通常可用如下方法进行维修。

原结构凿补。将原水泥混凝土铺装层的表面凿毛,并尽可能深一些,使骨料露出,用清水冲洗干净并充分湿润,再涂刷上同强度等级的水泥砂浆(或其他粘结材料),最后铺筑一层 4～5 cm 厚的水泥混凝土铺装层(在桥梁荷载能力容许的前提下)。

全部凿除,重筑铺装层。桥面铺装层如已严重损坏,可采用全部凿除、重筑铺装层的方法修补。新铺的面层可采用普通水泥混凝土,也可采用钢筋混凝土等其他材料。对于钢筋混凝土桥,宜用强度等级为 C30 的混凝土;对于预应力桥,一般宜用强度等级为 C40 的混凝土。桥面重新铺装的铺装层厚度宜采用 10～12 cm。

2.4.6 桥面伸缩缝

1. 桥面伸缩缝概述

伸缩缝是为解决圬工结构热胀冷缩而设置,可保证上部结构自由伸缩,并能承受车辆荷载作用。同时,伸缩缝应具有经久耐用、平整度良好、防水、防尘等功能,便于养护更换。

伸缩缝的构造形式,主要按跨缝材料不同来分,目前常用的有锌钢板伸缩缝、钢板伸缩缝和橡胶伸缩缝三种。

锌钢板伸缩缝以锌铁皮为跨缝材料。施工时锌铁皮弯制成断面呈 U 形的长条,锌铁皮可以是单层或双层,沿桥的横向嵌设于缝内,其两边与两侧混凝土梁或梁与桥台锥墙顶面固定在一起。U 形槽内用软性防水材料如沥青胶等填充。锌钢板伸缩缝构造简单,一般适用于中等跨径的桥梁。

钢板伸缩缝又称钢制支撑式伸缩缝,因为是用钢材装配制成的,所以能直接承受车轮荷载。钢板伸缩缝的形状、尺寸和种类较多。对于梁变形量较小的桥梁,常采用钢板叠合型,是用一块厚度约为 10 mm 的钢板覆盖在断缝上,钢板的一边焊在锚固于桥面的角钢上,另一边可沿着对面的角钢自由滑动。该伸缩缝适用于梁变形量较小的桥梁。当变形量大,交通量更大时,可采用梳形钢板伸缩缝。这种装置结构本身刚度较大,抗冲击力强,因此在工程中广泛采用。

橡胶伸缩缝是利用橡胶材料剪切模量低的原理设计制造而成的。即剪切型橡胶伸缩体设有上、下凹槽,橡胶体内埋设承重钢板和锚固板,并设有预留螺栓孔,通过螺栓与梁端连成整体。它依靠上下凹槽之间的橡胶体剪切变形来满足梁体结构的相对位移;橡胶伸缩体内预埋钢板,跨越梁端间隙,承受车辆荷载;另外在橡胶伸缩体内两侧预埋两块锚固钢板,通过螺栓与梁端连接的受力原理形成的结构构造。

这类伸缩装置是一种具有刚柔结合的装置。它承受荷载之后,有一定的竖向刚度,所以具有跨越间隙能力大(伸缩量大)、行车平稳的优点,国外产品最大伸缩量已做到 330 mm,因此国内外均广泛采用。目前华东地区轨道交通高架桥梁的设计伸缩量在 2～6 cm。

我们在认识桥梁伸缩缝的同时,应当注意其与沉降缝的区别。伸缩缝解决由于热胀冷缩而发生的伸缩问题。沉降缝是解决圬工结构因基础不均匀沉降而发生的上下错动问题。所以沉降缝自墙身至基础都是直通的,留缝的距离也与基础地质有密切关系,如土石分界处,必须设置沉降缝。

伸缩缝和沉降缝的设置要求有:

(1)伸缩缝和沉降缝的宽度,一般为 1～2 cm,中间填塞沥青浸制的麻筋、木板或其他具有弹性的材料。

(2)沉降缝和伸缩缝的位置和构造必须符合设计要求。

(3)缝口要直,不能歪斜扭曲,否则,将起不到应有的沉降作用和伸缩作用。

(4)沉降缝和伸缩缝应具有较好的防水作用,不应有漏水或漏土现象发生。

2. 桥面伸缩缝的常见缺陷

伸缩缝的常见缺陷根据采用形式的不同而有所区别。

(1)锌铁皮伸缩缝使用多年后均有损坏现象,其形式有:

①软性防水材料如沥青砂或聚氯乙烯胶泥等老化、脱落。

②伸缩缝凹槽填入其他硬物,不能自由变形。

③锌铁皮上压填的铺装层如水泥混凝土或沥青混凝土等断裂、剥离。

④伸缩缝上后铺压填部分发生沉陷,高低不平。

⑤由于墩台下沉出现异常的伸缩,车辆行驶时出现冲击及噪声。

(2)钢板伸缩缝(包括梳形钢板伸缩缝)的常见缺陷有:

①角钢与钢筋混凝土锚固不牢,使钢板松动,在车辆行驶时受到冲击振动,更加速了它的破损。

②缝内塞进石块或铁夹物,使伸缩缝接头活动异常,不能自由变形。

③排水管发生破坏损坏或被土砂堵塞。

④表面钢板焊接部位破坏损伤。

⑤梳形钢板伸缩缝在梳齿与承托板的焊接处出现裂缝,更严重者出现剪断现象。

(3)橡胶伸缩缝是近年来在国外广泛采用的构造。国内采用的橡胶伸缩缝构造虽不复杂,但还不适应较大变形量的要求。这类伸缩缝的常见缺陷有：

①橡胶条破坏损伤。

②橡胶条剥离。

③在橡胶嵌条连接部位漏水。

④锚固构件破损、锚固螺栓松脱。

⑤伸缩缝构造部位下陷或凸出。

⑥车辆行驶时产生噪声。

3. 桥面伸缩缝缺陷产生的原因

伸缩缝产生缺陷的原因是多方面的,但其主要原因有四个方面。

(1)交通量增大,车辆对伸缩缝的冲击次数也显著增大,因此设计、施工上即使稍有缺陷也就成了破坏的原因。

(2)设计方面的原因。

①有些桥梁结构,桥面板的刚度不足,当桥面板受到汽车荷载作用时,因翼板较薄,横向联系较弱,导致桥面板变形过大。

②很多设计是将伸缩装置的锚固件置于桥面铺装层中,与主梁(板)连接的部分很少,这些锚固方法在荷载作用下容易造成开焊、脱落,而且力的分布不容易传递,微小的变形可能演变成大的位移,最终导致混凝土粘结力的失效。

③伸缩量计算不准确,没有考虑到伸缩装置时的实际温度对伸缩装置的影响等,在伸缩装置本身不具备或很难具备调整初始位移量,以适应于安装温度对位移的要求时,选型不当是造成伸缩装置破坏的重要原因。

④设计上未对伸缩装置两侧的后浇混凝土和铺装层材料选择、配合比、密实度和强度提出严格要求或规定。

⑤对于大跨桥、斜桥、弯桥等设计时没有形成与一般的梁(板)结构相符合的构造形式和锚固方法。

⑥使用粘结材料、橡胶材料等新形式的伸缩装置,错误地选定构造和材料且防水、排水设施不完善,锚固件由于漏水受腐蚀,梁端和支座侵蚀严重,多成为破坏的原因。

(3)施工方面的原因。

①对桥梁伸缩缝装置施工工艺要求重视程度不够,未能严格掌握施工工艺标准和安装工序进行施工。

②锚固件焊接质量不能保证,只注意表面,忽视内部质量标准要求。

③后浇混凝土(或其他填充料)浇筑不密实,达不到设计的强度要求,时常出现蜂窝、空洞等,难以承受车辆荷载的强烈冲击。

④为了赶工期，放松了伸缩装置的施工质量，甚至不按设计图纸要求施工。

⑤伸缩装置两侧混凝土和沥青混凝土铺装层结合不好，碾压不密实，容易产生开裂、脱落，最终引起伸缩装置的破坏。

⑥缺乏统一的质量验收标准。

(4)管理维护的原因。

①平常对在伸缩装置的砂土、杂物未能及时认真地清扫，使原设计的伸缩量不能保证。

②原有桥梁逐渐老化，维修又不充分，因此破坏不断扩展。

③桥梁超载情况不能得到有效控制，特别是夜间缺乏管理，车辆不按规定行驶，超载车辆自行上桥，对桥梁伸缩装置的有效使用和耐久性也常带来严重威胁。

4. 桥面伸缩缝的养护维修

(1)伸缩缝的日常检查

桥面伸缩缝是最容易遭破坏而又相对难以加强和修复的部位。如果置小破损于不顾，势必会发展成严重的破坏，就会严重影响交通，甚至会危及行车安全，这时就得进行修补或彻底更换。所以，注意做好日常检查、养护等工作，及时进行修补，是非常重要的。

有计划地、有组织地做好经常性的检查工作可以尽早地避免因小的损坏而演变成大的破坏。日常检查工作主要包括：伸缩缝是否堵塞、挤死、失效；各部分的构件是否完好；锚固连接是否牢固，连接件是否松动；有无局部破损；密封橡胶带是否老化、失去弹性、异常变形或开裂；伸缩缝是否有不正常的响声或异常的伸缩量；伸缩缝各基本单元间隙是否均匀；钢构件是否锈蚀、变形；伸缩缝处是否平整等。

为便于养护维修，对检查应做好记录，建立检查记录档案。

(2)伸缩缝的养护

桥面伸缩缝要经常养护，使其发挥正常作用。其日常养护工作的主要内容有清除碎石、泥土杂物；拧紧螺栓，并加油保护；修理个别损坏部分等。若有损坏或功能失效要及时修理或更换。

U形锌铁皮伸缩缝，要防止杂物嵌入，若锌铁皮老化、开裂、断裂，应拆除并更换为新型伸缩缝。

钢板伸缩缝或梳形钢板伸缩缝，应及时清理梳齿的杂物，拧紧连接螺栓。若钢板变形、螺栓脱落、伸缩不能正常进行时应及时拆除更换。

橡胶条伸缩缝，若橡胶条老化、脱落，固定角钢变形、松动，则应及时拆除更换。

板式橡胶伸缩缝，若橡胶板老化、预埋螺栓松脱、伸缩失效则应及时拆除更换。

(3)伸缩缝的维修

修补前应查明原因,采用行之有效的、与之相适应的修补方法。修补工作要依据缺陷的程度,或部分修补,或部分以致全部更换。

对于锌钢板伸缩缝,当其软性填料老化脱落时,在充分扫清原缝泥土后,重新注入新的填缝料。当铺装层破坏时,要凿除重新铺筑。凿除破损部位要画线切割。清扫旧料后再铺筑新面层,当采用混凝土浇筑时,要采用快硬水泥并注意新旧接缝要保持平整,对铺筑部分要加以初期养护。

对于钢板伸缩缝,当钢板与角钢焊接破裂时,应清除污垢后重新焊牢;当梳齿断裂或出现裂缝后,也要采取焊接方法进行修补。排水沟堵塞后应及时予以清除。

伸缩缝的更换要选型合理,以满足桥跨结构对于温度、混凝土收缩和混凝土徐变的需要,使行车平稳,不漏水。对于中小跨径桥梁,当位移量小于 80 mm 时,可选用浅埋式单缘型钢伸缩缝或弹塑体伸缩缝;位移小于 50 mm 时,可选用弹塑体填充式伸缩缝;对于大位移量桥跨结构,可选用结构性能好的大位移组合伸缩缝(如毛勒缝)。

2.4.7 桥面排水设施

1. 桥面排水设施的设置概况及要求

为了迅速排除桥面上的雨水,防止雨水渗入梁体引起锈蚀而影响桥梁的耐久性、稳固性,确保道路桥梁的正常运营,除了在桥面铺装内设置防水层外,还应设置排水设施。

桥面排水设施主要包括桥面纵横坡和一定数量的泄水管。

通常当桥面纵坡大于 2%而桥长小于 50 m 时,一般能保证雨水从桥头引道上排水,桥上就可以不设置泄水管。此时可在引道两侧设置流水槽,以免雨水冲刷引道路基。

当桥面纵坡大于 2%而桥长大于 50 m 时,为防止雨水积滞桥面就需要设置泄水管,每隔桥长 12～15 m 设置一个。

当桥面纵坡小于 2%时,泄水管就需要设置更密一些,一般每隔桥长 6～8 m 设置一个。

桥面一般应保持 1.5%～3%的横坡,以利于桥面排水。

泄水管的过水面积通常按每平方米桥面上不小于 2～3 cm^2。泄水管可沿车行道两侧左右对称排列,也可交错排列。泄水管离缘石的距离为 10～50 cm。泄水管下端应露出上部结构底面 5～10 cm。轨道交通高架桥梁的泄水管管径一般不小于 110 cm。

桥梁上常用的泄水管有竖向泄水管道、横向泄水管道和封闭式泄水管道等形式。制造泄水管道的材料一般为铸铁、钢、钢筋混凝土以及塑料等。当桥长较短时，纵向排水管的出水口，可以设在桥梁两端的桥台处；对于长大桥，除了在桥台处设置出水口外，还需在某些桥墩处布置出水口，并利用竖向管道将水引到地面。纵向排水管道一般可设在箱梁中或梁肋内侧；竖向排水管道应尽可能布置在墩台壁的预留槽中，或布置在桥台内部预留孔道中。

2. 桥面排水设施的常见缺陷

桥面排水设施的常见缺陷有：桥面积水管、泄水管堵塞，泄水管被截断导致水流方向改变等。对于钢筋混凝土桥梁，桥面积水将使雨水渗入混凝土的细小裂缝中，会使混凝土产生破坏而缩短使用寿命，同时水分还会使钢筋锈蚀；对于钢桥，桥面积水将会加速对梁体表面的侵蚀，使钢梁表面锈蚀。

(1)排水设施的检查

应经常检查桥面是否有坑槽，是否有积水；泄水管是否完好、畅通；泄水管的盖板是否损坏、丢失；管口是否被杂草或石块堵塞；管体有无脱落，管口处有无泥石杂物堆积，出水口是否畅通；桥头排水功能是否完好等。

(2)排水设施的养护

①桥面要经常清扫，使其保持整洁。桥面不得有凹凸不平，如发现桥面有坑槽，应及时进行修补，避免积水。

②泄水管盖板(进水管口处)上的杂物应及时清除，避免杂物掉入管内堵塞管道而影响排水。

③若发现泄水管出水口处有泥石杂物堆积，应及时清除掉。

④泄水管应经常进行疏通。

⑤当发现泄水管损坏时要及时修补，接头不牢已掉落的要重新安装接上，损坏严重的要予以更换。

2.5　桥梁维护质量评定

2.5.1　桥梁的维护管理

1. 维护组织

(1)桥梁设施维护工作实行周期修为主、状态修为辅的方式，以保证设施状态完好，确保行车安全。周期修是每年常规维修项，每年宜按建议维修量组织维修。状态修是发生频率较低的维修。

(2)分公司应根据实际情况确定周期修和状态修的周期，编制年度、分月计划，经上级部门批准后实施；各车间根据规定的检查、状态修、维修周期和管辖的桥涵建筑物实际状态，编制月度状态修、检查、维修计划，经公司批准后下达给相应工区实施。

2. 周期修

(1)桥梁设施的周期修应按照“预防为主，防治结合”的原则，通过对桥梁设施适时预防性的修理和病害整治，恢复各部件的功能，保持桥梁设施质量达到正常运营水平。周期修宜按照年度建议维修量进行。

(2)周期修主要工作范围：

①混凝土主梁(含露出梁体的预应力锚头)涂装及混凝土表观病害修补；

②结合梁涂装；

③框架桥涂装及混凝土表观病害修补；

④拱桥涂装及混凝土表观病害修补；

⑤钢管拱涂装；

⑥斜拉桥涂装及混凝土表观病害修补；

⑦支座、限位(含阻尼器)涂装；

⑧桥墩涂装及混凝土表观病害修补；

⑨桥面铺装层整平；

⑩落水口网罩疏通或更换为立体网罩；

⑪伸缩缝止水带更换；

⑫电缆槽盖板等各类盖板更换；

⑬栏杆除锈油漆；

⑭栏板保护涂装及混凝土表观病害修补；

⑮滴水线疏通清理及钢筋防腐；

⑯遮阳罩各类零部件加固；

⑰外装饰板加固、油漆；

⑱无铆钉声屏障各类零部件加固；

⑲有铆钉标准声屏障各类零部件加固；

⑳全包声屏障各类零部件加固；

㉑声屏障立柱油漆；

㉒防抛网除锈油漆；

㉓避雷带各类零部件加固；

㉔落水管更换；

㉕桥墩编号更新；

㉖检查平台除锈油漆；

㉗新正线栏杆保护涂装；

㉘旧正线围墙裂缝修补；

㉙限高、防撞设施加固及修复；

㉚钢护棚除锈油漆；

㉛河道防撞设施日常养护；

㉜基地桥梁日常养护。

3. 状态修

桥梁设施的状态修应根据设施的质量状态进行。

状态修主要工作内容如下：

(1)混凝土主体结构局部病害整治；

(2)钢结构焊缝补焊，局部整形、加固，更换、补充高强螺栓，裂缝处置；

(3)支座吊空捣砂垫实，支座垫石开裂修补或重做，支座螺栓切割、补充，限位块补充，支座更换；

(4)吊杆、斜拉索PE护套修复；

(5)声屏障拆除、更换；

(6)防抛网加固、拆除、更换；

(7)避雷带除锈油漆、拆除、更换；

(8)栏杆加固、拆除、更换；

(9)外装饰板拆除、更换；

(10)遮阳罩拆除、更换；

(11)疏散平台局部病害整治；

(12)T形橡胶条拆除；

(13)电缆槽盖板等各类盖板加固、拆除；

(14)桥面铺装层局部排水坡调整；

(15)伸缩缝止水带渗水整治；

(16)落水口疏通；

(17)落水管疏通、修补、增设；

(18)检查平台加固、拆除、更换；

(19)防撞设施恢复功能，增设限高标志，增设防撞设施；

(20)正线围墙支撑加固，围墙修复；

(21)钢护棚局部修复、加固；

(22)航道标志修复、加固、拆除、更换；

(23)其他紧急、重要的维修任务。

2.5.2　周期修验收

桥梁周期修作业质量的验收，要严格执行分级把关、控制质量的原则。

应在作业中及收工前进行质量验收，发现不符合标准的项目应及时返修达标。应对钢梁涂装、圬工维修等隐蔽工程项目认真检查把关，做到每项作业勤检细修一次达标，每次检查的情况都应填记在日计划完成表或施工记录上。

每座设施周期修作业全部完成后，应按"桥梁设施周期修作业验收标准"(表 2-9)的有关规定，进行周期修作业质量验收评定，并填写"桥梁周期修验收单"。周期修作业质量评定分为优良、合格、不合格三个等级，扣分在 15 分之内即评为"优良"，扣分在 15 至 40 分之内为"合格"，否则为"不合格"，若出现不合格处所，经返修复验合格，只能评为"合格"。周期修作业应严格按照作业标准进行，实行质量控制，保证达到规定的质量要求。

表 2-9 桥梁设施周期修作业验收标准

分类	工作项目	质量标准		
		验收标准	单位	扣分
一、维修桥面	1. 修理及安装各种螺栓	(1)螺杆、螺帽及垫圈除锈彻底，沾油厚度适宜或经镀锌处理	处	5
		(2)螺栓拧紧无松动	处	5
		(3)垫圈符合标准无缺少	处	5
	2. 维修防水层	(1)垫层抹平无坑洼，与原圬工联牢	处	5
		(2)防水层平顺密实，与边墙及泄水孔衔接严密，无渗漏现象	处	5
		(3)保护层厚度不小于 30 mm，坡度不小于 3%，压实抹平，无裂损和空响	处	5
	3. 防撞墙	无露筋掉块、裂纹	处	5
	4. 维修伸缩缝	缝内尘土清除干净，填塞密实，表面平整，无漏水断裂或挤出	处	5
二、维修钢结构	1. 钢表面清理	维护涂装底漆时，钢表面清理未达到 Sa2½级	处	5
	2. 涂膜粉化清理	涂层表面打磨、污垢清除彻底，不损伤底漆	处	5
	3. 腻缝	作业范围内，凡能积水的缝隙内的旧漆污垢除净无漏腻，腻子填实压平，无开裂积水	处	5
	4. 涂装涂层	(1)涂装体系、层数、厚度符合规定	处	5
		(2)涂层表面平整均匀，新旧涂层衔接平顺，色泽不匀不超过 5%	处	5
		(3)无剥落、裂纹	处	5
		(4)无起泡、气孔	处	5

续上表

分类	工作项目	质量标准		
		验收标准	单位	扣分
三、维修圬工梁拱及墩台	1. 抹面	抹面压实,无裂纹、空响,砂浆符合规定	处	5
	2. 压浆	(1)注浆孔位置、深度及灰浆配合比、水灰比符合要求	处	5
		(2)不因钻孔而损坏原圬工,裂纹和空隙内经压水冲洗,并注满浆	处	5
		(3)注浆孔用砂浆填实,无裂纹,淌出灰浆清除干净	处	5
	3. 修补	(1)材料配合比、工艺符合要求	处	5
		(2)槽宽度误差不超过±3 mm,深度不小于 8 mm	处	5
		(3)勾缝平实,凹凸不超过±2 mm,与圬工结合牢固,无断道	处	5
		(4)色泽协调均匀	处	5
	4. 维修更换泄水管	(1)管内畅通,无杂物堵塞	处	5
		(2)外露部分无损坏	处	5
		(3)排水不污染梁体	处	5
四、维修支座	1. 支座整平修正	(1)各部分清洁,无灰渣,无锈蚀,活动端涂固体油脂或擦石墨涂擦均匀,无缺漏	处	5
		(2)支座位置平整密实,各部分相互密贴	处	5
		(3)锚栓无松动、缺少、锈蚀	处	5
		(4)排水良好,无翻浆、流锈	处	5
	2. 捣垫砂浆	(1)原圬工面凿毛洗净。水灰比、砂浆配合比符合规定,拌合均匀,捣固密实,周围抹面平整,无裂纹空响	处	5
		(2)与座板间缝隙小于 0.5 mm,深度小于 30 mm	处	5
		(3)排水良好	处	5
五、维修涵洞	整修涵洞	清除淤泥、通畅排水,节缝无漏水、漏土(备注:混凝土部分标准参照圬工梁拱及墩台)	处	5
六、维修附属设施	1. 更换声屏障	(1)声屏障材料质量符合规定	处	5
		(2)固定螺栓紧固,位置正确,封头平整无蜂窝麻面	处	5
		(3)屏体与立柱及屏体间的缝隙必须密实	处	5
	2. 更换装饰板	(1)装饰板质量符合要求	处	5
		(2)与固定组件联结牢固,无松动脱落	处	5

续上表

分类	工作项目	质量标准		
		验收标准	单位	扣分
六、维修附属设施	3. 维修栏杆	(1)栏杆构件无缺少、裂损、锈蚀	处	5
		(2)栏杆平直、联结牢固、无扭曲	处	5
	4. 维修增设桥梁标志、限高防撞架	(1)桥梁标志尺寸字样准确、标志清晰	处	5
		(2)限高防撞架无损坏、锈蚀	处	10

每月的周期修作业全部结束后，维修部门应对周期修后的设施进行整体验收，公司进行抽验。验收标准参照“桥梁设施质量状态评定表”，根据扣分的情况来评定周期修整体质量的优劣。

2.5.3 状态修验收

桥梁状态修质量验收由状态修作业实施部门进行，公司进行抽验。

每座桥梁设施的状态修质量评定，均应填写“桥梁状态修质量评定记录表”，以备抽查。桥梁设施的状态修质量按照“桥梁设施状态修质量评分标准”(表 2-10)的规定，根据扣分的情况来评定状态修质量的优劣。每座设备扣分的总和，除以该设备的维修长度(取整数)即为该设备的状态修质量平均分，状态修质量每米平均分在 5 分及以下且无单项质量扣 10 分者为合格，否则为不合格。

表 2-10 桥梁设施状态修质量评分标准

分类	状态修项目	扣分条件	单位	扣分
桥面	铺装层	1-1 桥面找平层表面有纵横裂缝，剥落	处	5
		1-2 桥面防水层失效面积大于 10 m^2	处	5
		1-3 泄水孔堵塞、周围渗水	处	5
	声屏障	1-4 声屏障螺栓或立柱锈蚀超过 10%	处	5
		1-5 螺栓缺少、松动	处	5
		1-6 屏体表面或玻璃破损	处	5
	装饰板	1-7 装饰板连接松动	处	5
		1-8 装饰板锈蚀面积大于 10 m^2	处	5
	栏杆	1-9 栏杆锈蚀、损坏严重	处	5
梁拱及墩台	表面	2-1 表面掉块露筋	处	5
	梁端	2-2 缝内有石渣、杂物，影响梁体伸缩	处	5
	泄水管	2-3 泄水管堵塞、损坏或缺失	处	5

续上表

分类	状态修项目	扣分条件	单位	扣分
钢梁	梁体	3-1 梁体有灰渣，尘土堆积	处	5
	螺栓	3-2 高强度螺栓松动、缺少	处	5
	涂层	3-3 局部锈蚀大于 25 cm^2	处	5
	腻缝	3-4 腻缝开裂、脱落、锈蚀	处	5
支座	支座	4-1 支座钢件锈蚀	处	5
		4-2 上下各部分不密贴	处	10
		4-3 支座不洁，活动部分摩擦附有灰尘或污物	处	5
	螺栓	4-4 螺栓或螺帽缺少、松动、折断	处	5
	排水	4-5 支座积水、翻浆、流锈	处	5
涵洞	排洪	5-1 涵内淤积，影响排洪	处	10
	管节	5-2 接缝脱落	处	5
		5-3 漏土	处	10
	表面	5-4 剥落掉块致使露筋	处	5
其他	抗震设施	6-1 失修损坏	处	5
	防撞设施	6-2 涂装失效	处	5
		6-3 被撞损坏	处	10
	检查设施	6-4 涂装失效	处	5
		6-5 失修损坏	处	5
	各类标志	6-6 各类标志缺少、破坏、不清晰	处	5

2.5.4　桥梁质量评定

桥梁设施质量状态评定是结合年度检查进行的一次全面的评价工作，采用的是累计扣分法。将所有病害的扣分值累加后除以一个区间的维修长度，得到了扣分折算值。区间的评定根据扣分折算值分为“优良”“合格”“不合格”三个等级。若扣分折算值小于 15 分，为优良；扣分折算值为 15～60 分为合格；扣分折算值大于 60 分为不合格。

单个区段桥梁有一处扣分值为 7 分的病害出现时，该区间桥梁评定为不合格；若出现不合格处，经返修复验合格，只能评为“合格”。

桥梁设施质量状态评定表见表 2-11。

表 2-11 桥梁设施质量状态评定

线路： 区间：

序号	评定项目	部件名称		病害类型	病害单位	扣分标准	病害量	扣分
1	桥面评定	桥面铺装层		空鼓或破损	m^2	0.2		
2		落水孔网罩		堵塞	个	0.2		
3				缺损	个	0.1		
4		伸缩缝止水带		破损	条	1		
5		T形橡胶块		损坏、老化	延米	0.1		
6		各类线缆盖板	电缆沟盖板	缺损	m	0.2		
7			检查口盖板	缺损	m	1		
8		栏杆		锈蚀	延米	0.2		
9				损坏、脱落	延米	1		
10		栏板(内侧)		剥落露筋	延米	0.2		
11		遮阳罩	侧板	锈蚀	延米	0.2		
12				损坏、脱落	延米	1		
13			顶板	锈蚀	延米	0.2		
14				损坏、脱落	延米	1		
15		声屏障	立柱	锈蚀	根	0.2		
16			连接件	锈蚀	延米	0.2		
17			屏体或玻璃	损坏、碎裂	块	1		
18			各部件	松动	件	0.2		
19		防抛网		锈蚀	延米	0.2		
20				损坏、脱落	延米	1		
21		避雷带		锈蚀	延米	0.2		
22				损坏、脱落	延米	1		
23		正线围墙	墙体	墙体裂缝贯穿或倾斜	延米	5		
24			铁栏杆	铁栏杆锈蚀	延米	0.2		
25				铁栏杆损坏	延米	1		
26		混凝土主梁	预应力锚固齿块混凝土	开裂	个	3		
27				渗水	个	5		
28	桥下评定	伸缩缝	伸缩缝	顶死	处	7		
29				拱桥、斜拉桥、连续刚构桥顶死	处	7		

续上表

序号	评定项目	部件名称		病害类型	病害单位	扣分标准	病害量	扣分
30	桥下评定	伸缩缝	止水带	渗水	条	1		
31		梁体		麻面、剥落	跨	3		
32				露筋	跨	3		
33				渗水析白	跨	5		
34				裂缝(宽 0.2 mm 以上)	跨	3		
35		墩台		麻面、剥落	墩	3		
36				露筋	墩	3		
37				渗水析白	墩	5		
38				裂缝(宽 0.2 mm 以上)	墩	3		
39		梁体滴水线		碎裂	跨	0.2		
40		防撞设施		变形、损坏	座	2		
41		落水管		缺损	根	1		
42		栏板(外侧)		剥落露筋	延米	0.2		
43		外装饰板		锈蚀	延米	0.2		
44				损坏、脱落	延米	1		
45		钢护棚		锈蚀	延米	0.2		
46				损坏、脱落	延米	1		
47		检查平台		锈蚀	座	5		
48				损坏、脱落	座	1		
50		支座	钢阻尼器	锈蚀	个	5		
51				损坏、脱落	个	5		
52		声屏障	立柱	锈蚀	根	0.2		
53			连接件	锈蚀	延米	0.2		
54			屏体或玻璃	损坏、碎裂	块	1		
55			各部件	松动	件	0.2		
56		防抛网		锈蚀	延米	0.2		
57				损坏、脱落	延米	1		
58		避雷带		锈蚀	延米	0.2		
59				损坏、脱落	延米	1		
60		正线围墙	墙体	墙体开裂或倾斜	延米	5		
61			铁栏杆	铁栏杆锈蚀	延米	0.2		

续上表

序号	评定项目	部件名称		病害类型	病害单位	扣分标准	病害量	扣分
62	桥下评定	正线围墙	铁栏杆	铁栏杆损坏	延米	1		
63		标志标牌		缺失	处	0.1		
64	板式支座评定	支座座板		吊空	只	2		
65				锈蚀	只	0.1		
66		限位		锈蚀	只	0.1		
67				损坏	只	2		
68		限位垫块		脱开	块	1		
69		螺栓		缺失	只	4		
70				顶死	只	4		
71		橡胶板		老化	只	4		
72		支座垫石		开裂	块	4		
73		橡胶板		位置窜动	只	6		
74		支座		剪切变形超限	只	7		
75	盆式支座评定	支座座板		吊空	只	2		
76		钢盆及其他钢部件		锈蚀	只	0.2		
77				脱焊	只	7		
78		限位		锈蚀	只	0.2		
79				损坏	只	2		
80		限位垫块		脱开	块	1		
81		螺栓		缺失	只	4		
82				顶死	只	4		
83		橡胶板		变形、外翻	只	6		
84		聚四氟乙烯板		滑出支座	只	6		
85		支座垫石		开裂	块	4		
86		支座		位移转角超限	只	5		
87	铸钢支座评定	支座座板		吊空	只	2		
88		钢部件		锈蚀	只	0.2		
89				脱焊	只	7		
90		限位		锈蚀	只	0.2		
91				损坏	只	2		

续上表

序号	评定项目	部件名称	病害类型	病害单位	扣分标准	病害量	扣分
92	铸钢支座评定	限位垫块	脱开	块	1		
93		螺栓	缺失	只	4		
94			顶死	只	4		
95		支座垫石	开裂	块	4		
96		支座	位移量超限	只	7		
97	球钢支座评定	支座座板	吊空	只	2		
98		钢部件	锈蚀	只	0.2		
99			脱焊	只	7		
100		限位	锈蚀	只	0.2		
101			损坏	只	2		
102		限位垫块	脱开	块	1		
103		螺栓	缺失	只	4		
104			顶死	只	4		
105		聚四氟乙烯板	滑出支座	只	6		
106		支座垫石	开裂	块	4		
107		支座	位移量超限	只	7		
108	结合梁附加项	结合梁桥钢结构	锈蚀	跨	2		
109			焊缝裂缝	跨	2		
110			高强螺栓、钢构件缺失	跨	4		
111	拱桥附加项	拱桥钢管拱	锈蚀	m^2	2		
112			焊缝裂缝	条	2		
113			拱脚混凝土裂缝	条	2		
114		拱桥吊杆	锚头渗水	个	3		
115			锚头周围混凝土开裂	个	2		
116			PE 破损	根	2		
117	斜拉桥附加项目	斜拉桥索塔	麻面、剥落	m^2	3		
118			露筋	m^2	3		
119			渗水析白	m^2	5		
120			裂缝（宽 0.2 mm 以上）	条	3		
121		斜拉桥斜拉索	锚头渗水	个	3		

续上表

序号	评定项目	部件名称	病害类型	病害单位	扣分标准	病害量	扣分
122	斜拉桥附加项目	斜拉桥索塔	锚头周围混凝土开裂	个	2		
123			PE 破损	根	2		
124	框架桥附加评定	框架桥	麻面、剥落	m^2	3		
125			露筋	m^2	3		
126			渗水析白	m^2	5		
127			裂缝(宽 0.2 mm 以上)	条	3		
合　计							
维修长度(km)							
扣分折算值(合计扣分值/维修长度)							
质量评定							

第 3 章　桥隧结构变形监测

3.1　长期沉降监测

在工程地质条件、人类经济活动和地面沉降等诸多因素的共同作用下，轨道交通的隧道和高架等结构容易产生变形。为及时了解和掌握轨道交通的隧道和高架结构变化的情况，分析其形变的成因，评估其结构使用状况，为后期结构维修、防水堵漏提供依据，需定期对轨道交通土建结构开展长期沉降监测，以保证安全运营。

1. 监测点布设

高架线路：分别在桥梁的两端各设 1 个监测点，在 1/4、1/2、3/4 跨道床位置中间需各布设一个监测点；遇长大桥梁除按照上述要求布设外，中间按约 5 m 设一个监测点进行加密。

隧道线路：一般整体道床按每幅道床结构块两端各埋设一个监测点，幅内按 6 m 左右布设一个监测点，监测点宜布设于道床或轨枕上中心位置，并接头和旁通道位置一般加密布设。沉降监测点尺寸如图 3-1 所示。

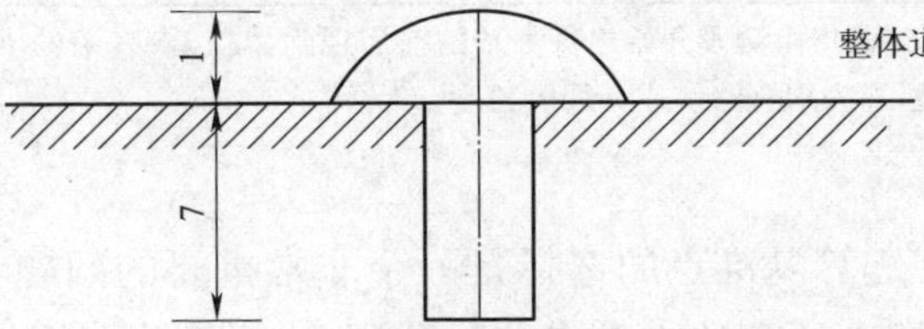

图 3-1　监测点尺寸示意(单位：cm)

2. 测量实施及计算

目前上海地铁长期沉降测量的频率为地下结构每半年进行一次，地面及高架段每年进行一次。对于局部结构不稳定的区段根据实际沉降情况调整频率。实际实施过程中，为保证长线路变形观测的精度，在控制网设计、外业测量及平差计算方面采取多重控制措施。

3. 技术依据

(1)国家标准

①《国家一、二等水准测量规范》(GB/T 12897—2006)；

②《测绘成果质量检查与验收》(GB/T 24356—2023)。

(2)地方规范

《城市轨道交通结构监护测量规范》(DG/TJ 08-2170—2015)。

(3)地方法规和业主要求文件

①上海申通地铁集团有限公司《长期沉降监测作业指导书》;

②《轨道交通运营期监测技术规程》(Q/SD-WB-FB-SS-GW 4001—2013);

③《区间隧道及单体建筑土建设施设备维护规程》(Q/SD-WBZ-FB-SS-J 39—2018)。

根据《国家一、二等水准测量规范》的作业要求,测量主要技术指标详见表 3-1。

表 3-1 一、二等水准测量技术指标

指　标	一等	二等
视距(m)	≤30	≤50
前后视距差(m)	≤1.0	≤1.5
前后视距累积差(m)	≤3.0	≤6.0
往返测高差不符值(mm)	$\leqslant\pm1.8\sqrt{K}$	$\leqslant\pm4.0\sqrt{K}$
偶然中误差 M_{Δ}(mm)	±0.45	±1.0
全中误差 M_{W}(mm)	±1.0	±2.0
不符值、闭合差限差(mm)	$\pm2.0\sqrt{L}$	$\pm4.0\sqrt{L}$

注:表中前后视距累积差是指由测段开始之每测站的前后视距累积差;表中的 K 为水准路线或测段的长度,以 km 为单位,L 为附合路线或环线的长度。

4. 控制网

沉降监测工作中起算基准点的选择是一个非常重要的问题,由于上海市地面沉降的原因,目前上海市所有的水准点和各种深、浅标均不能用作沉降观测的水准点,已有的测量资料充分证明这些水准标点都有沉降现象,有些甚至已超过建筑物或构筑物的沉降量。基岩水准标直接建于地下基岩之上,有效地避免了地面沉降对水准标志的影响,因此十分稳定可靠,并且每次均对各基岩标进行二等精密水准联测,具有最新的二等精度水准平差成果,上海市轨道交通线的沉降监测一律选择基岩标作为沉降监测起算基准。如图 3-2 所示,根据线路走向,就近选取附近基岩标为起算基准,连接沿线各个车站深埋点构成二等附合水准路线(或者水准网)作为首级控制;以车站深埋点为起算点,上下联测到站台水准点、地下水准测量线路,构成次级控制。

为方便地面、地下水准联测和研究地铁隧道沉降与地面沉降的相互关系,在每个地铁车站出入口附近埋设有一座城市水准点，由上海市水准点将地面高程传递给地铁站台基准点，并与地上水准测量控制线路和隧道水准测量线路形成水准测量闭合环。

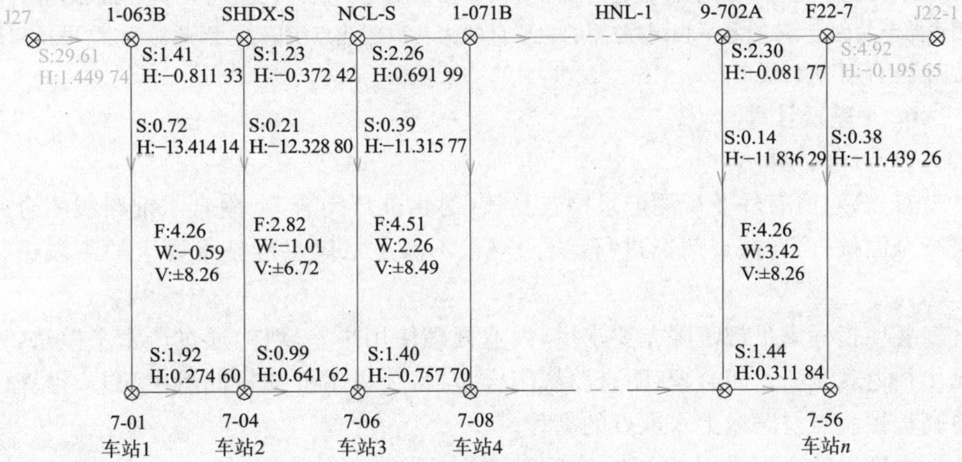

图 3-2　控制网布置图

5. 测量实施

经过二级控制到站台水准点后，地下水准测量按二等水准测量规范进行全程观测。为缩短观测时间，提高观测精度，采用 2 台电子水准仪分别从上、下行线同时观测，上、下行线构成小水准路线闭合环，仪器直接架设于铁轨道床上，用射灯照明，中间监测点采用中丝法进行观测(图 3-3)。为提高监测点的测量精度，将部分监测点(作为固定转点)纳入二等水准路线进行观测，并固定测站、固定转点。在测量监测点时通过 i 角值仪器主动改正来消除由于视线长度差异引起的测量误差。运营引起的地铁轨道振动可能会给观测质量带来一定的影响，一般在地铁停止运

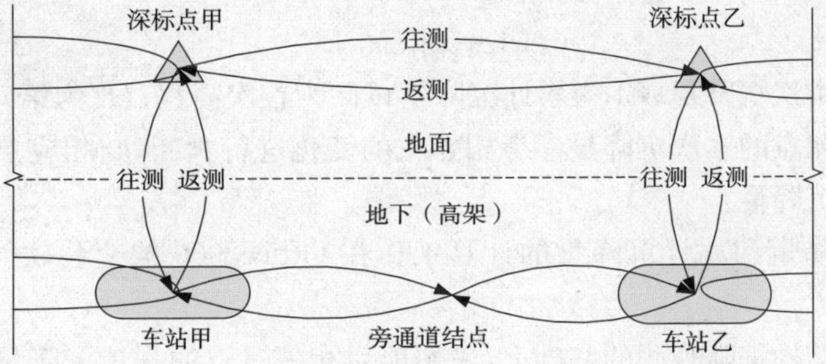

图 3-3　道床及高架墩柱和高程联系测量水准线路示意

营半小时及以后再进行测量任务。整条水准路线形成闭合环，测量路线采取单程线路观测，并在两个地铁车站之间的车站站厅基准点附合，即上行线、下行线形成附合线路。

说明：上海地处平原地区，隧道内温度等其他因素变化不大，每次测量时间相似、隧道内监测线路测站固定、环境基本相同，监测的主要目的为获取监测点沉降量，因此对温度、尺长和正常高等内容不进行改正。

6. 平差及计算

(1)沉降计算

首先，对所有外业观测记录检查复核，对水准环闭合差、附合水准路线闭合差进行全面核查，对核查情况进行综合分析，不满足二等水准技术要求的测段进行重测。

各项指标满足规范限差要求后，内业处理使用平差软件，通过严密平差法，计算出往返观测高差闭合差、附合路线闭合差、每公里水准测量偶然中误差，推算出各高程控制点及路线上水准点的高程。

水准点的高程采用正常高，高程基准为吴淞高程系统。

水准测量数据整体平差采用 NASEW 平差软件，测线闭合差或附合差计算完毕，按测站平差计算地铁沉降点高程。计算公式为

$$W = \sum_{i=1}^{n} h_i - (H_B - H_A)$$

$$H_{E(A)} = H_A + \sum_{k=1}^{n} h_k - \frac{k}{n} W$$

式中，W 为测线闭合差或附合差；h 为测段高差；k 为主待求点的测段数；n 为测线总测站数；$H_{E(A)}$ 为由 A 点起算的待求点 E 的高程。

沉降量为同名点本次高程与上一次高程的差值，计算公式为

$$\mathrm{BC}_i = H_i - H_{i-1}$$

$$\mathrm{LJ}_i = \mathrm{LJ}_{i-1} + \mathrm{BC}_i$$

式中，BC 为本次沉降量；LJ 为累计沉降量；H_0 为首次高程；H_i 为第 i 次观测平差高程。新补测点的本次沉降量参考相邻点的变化进行判断，与相应点的累计量相加构成累计沉降量。

本次沉降量和累计沉降量的计算工作在 Office2000 的套装软件 EXCEL 内完成。

在道床结构沉降观测的基础上，采用前后相邻三点的累计沉降量计算曲率半径。对于任一点，计算曲率半径时纳入前点、后点的计算中，如图 3-4 所示。

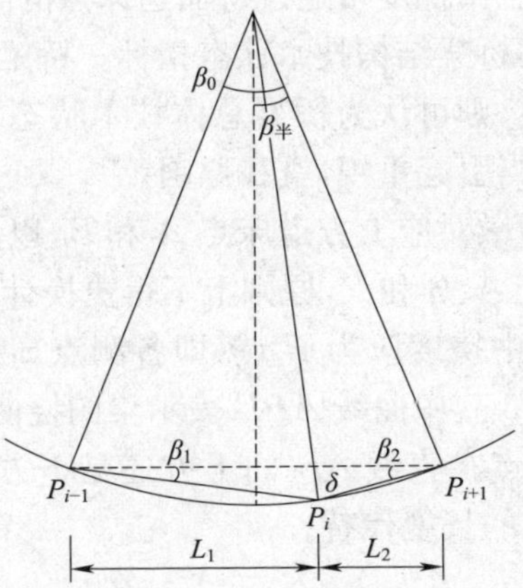

图 3-4 曲率半径计算示意

已知点 P_i 与前、后点的距离为 L_1、L_2，计算出点 P_i 相对相邻两点的差异沉降 δ，则有

$$\beta_1=\arctan\frac{\delta}{L_1}$$

$$\beta_2=\arctan\frac{\delta}{L_2}$$

根据几何关系

$$\beta_0=2(\beta_1+\beta_2)$$

即

$$\beta_{半}=\beta_1+\beta_2$$

曲率半径

$$R=\frac{L_1+L_2}{2\times\sin\beta_{半}}=\frac{L_1+L_2}{2\times\sin\left(\arctan\dfrac{\delta}{L_1}+\arctan\dfrac{\delta}{L_2}\right)}$$

采用简化公式，曲率半径计算由相邻三点的累计沉降值拟合成圆弧，在相邻两点间距较小时（如道床伸缩缝两侧），则取两点平均值作为一个点参加计算。简化的计算公式为

$$\rho=\frac{L^2}{8\delta_m}$$

式中，L 为两端点的间距；δ_m 为中点沉降量。

(2)高架挠度计算

挠度是在受力或温度非均匀变化时，杆件轴线在垂直于轴线方向的线位移或板壳中面在垂直于中面方向的线位移。

在轨道交通桥梁中，主梁挠度常通过桥面道床点的高程计算得到。

桥梁挠度是最直观的桥梁结构技术状态指标。桥梁各处病害最终都会反映在挠度上，反之，若挠度稳定，则可认为桥梁总体技术状态良好。在桥梁建成多年后若挠度仍在继续发展，应当引起重视，查找原因。

计算挠度需要用到桥墩对应上方道床点 A 和 B，以及跨中道床点 P。对每一跨桥梁均应选择固定的点 A、B 和 P，原则上不得更换计算点。

根据挠度的定义，跨中挠度应为 P 点（即各测点高程）到直线 AB 的距离，即图 3-5 中 PM 的长度（图 3-5 中曲线 APB 表示梁的挠曲线）。但由于计算较为复杂，且还需要额外判断 P 点在直线 AB 的上方还是下方（上拱还是下挠），故在实际操作中常用铅垂线 PQ 的长度代替。

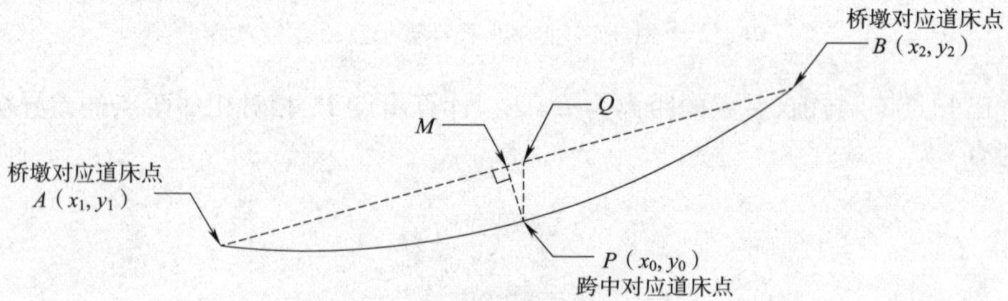

图 3-5　挠度计算示意

利用相似三角形原理即可计算。上拱为正，下挠为负，公式为

$$PQ=y_0-y_1-\frac{y_1-y_2}{x_1-x_2}(x_0-x_1)$$

式中，x_0，y_0 为跨中对应道床点 P 的里程和高程；x_1，y_1 为桥墩对应道床点 A 的里程和高程；x_2，y_2 为桥墩对应道床点 B 的里程和高程。

3.2　长期收敛监测

上海地区属软土地基，在工程地质条件、人类工程活动和地面沉降等诸多因素的共同作用下，轨道交通的隧道结构容易产生变形。特别是受地面加卸载、邻近地铁施工及隧道质量影响，隧道容易产生横向变形（图 3-6），需对隧道管片进行收敛测量（图 3-7）。通过整体检查，详细了解隧道的变形情况，清楚掌握隧道的最新资料。通过数据分析，得出隧道的安全状态，为后期结构维修提供依据，确保轨道交通的安全运营。

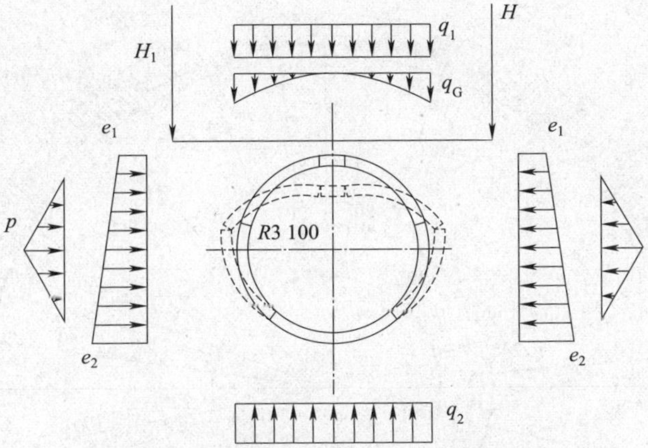

图 3-6　隧道横向收敛变形(单位:mm)

图 3-7　对边直径收敛测量

1. 收敛点的布设

对于内径 5.5 m 的单圆通缝隧道结构,采用简单的直接量取法,分别从两侧直径上方接缝中间位置 A 或 A' 向下量取 813 mm 的弦长即为水平直径一端的位置 B 和 B',如图 3-8 所示。

对于内径 5.5 m 的单圆错缝隧道,错缝拼装管片奇偶环不一致,分别由 A 处接缝中间位置向下量取 1 597 mm 至 B 点,从离水平直径近的接缝中间位置 C 向上量取 539 mm 至 B' 点,BB' 即为水平直径的理想位置,如图 3-9 所示。

对于双圆错缝隧道,从 B 点往上量取 1 750 mm 的距离至 A 点,水平直径附近的接缝中间位置 C 往上或 往下量取 306 mm 至 A',AA' 即为水平直径。其中水平直径 AA' 的设计理论值为 4.975 m,如图 3-10 所示。

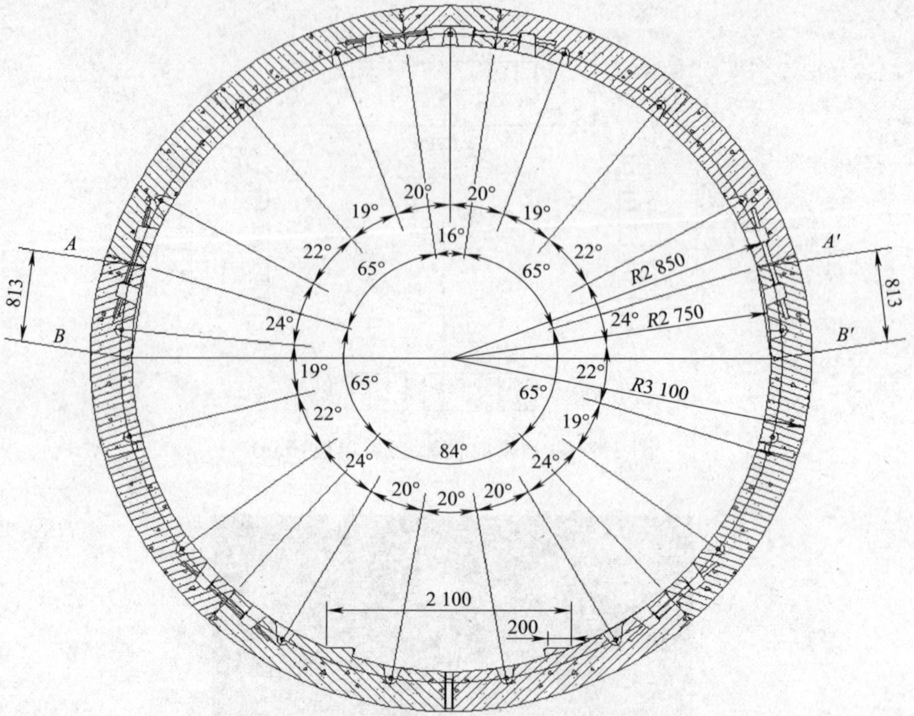

图 3-8　单圆通缝拼装管片直径端点点位示意(单位:mm)

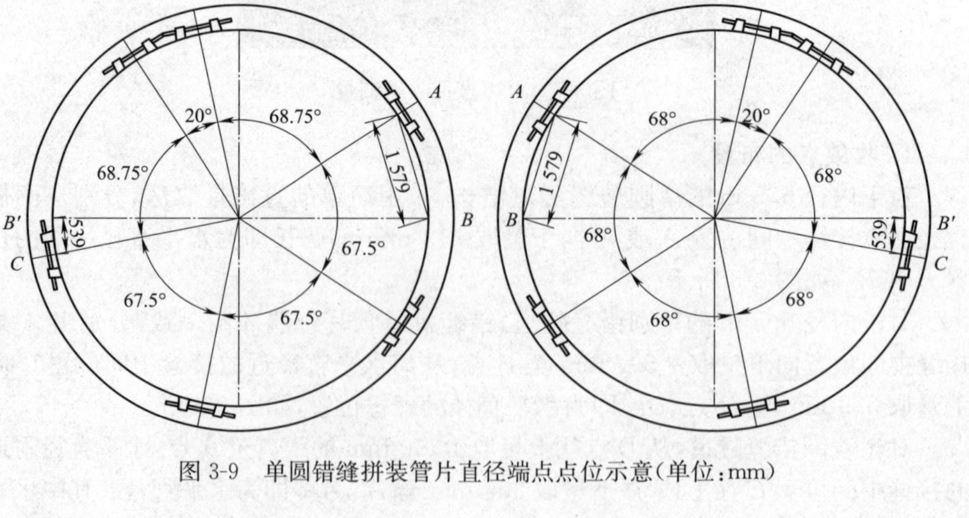

图 3-9　单圆错缝拼装管片直径端点点位示意(单位:mm)

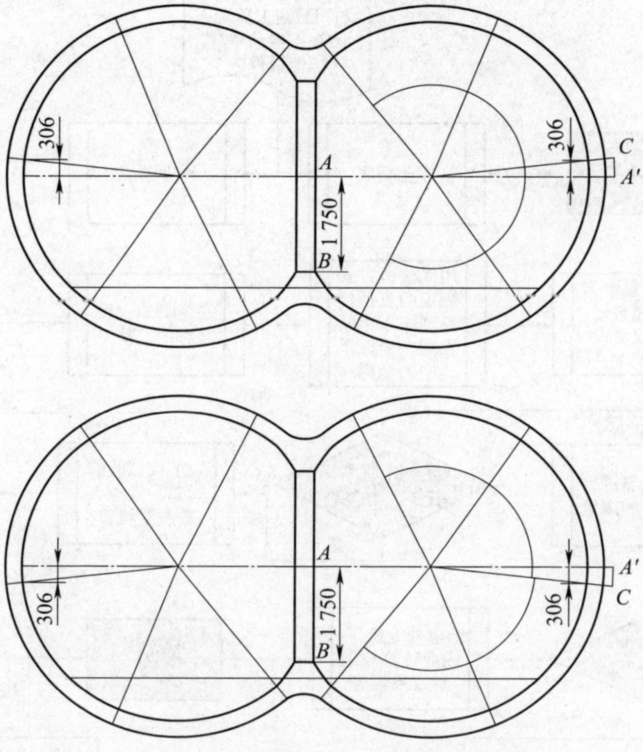

图 3-10　双圆错缝拼装管片特征点点位示意(单位:mm)

布点时要求布置到管片中央,不能布置的首先采取水平平移解决,解决不了的再采取上下平移的方式。

2. 收敛作业流程

收敛作业流程如图 3-11 所示。

3. 现场作业技术要求

(1)采用的仪器精度优于 2 mm+2″的要求,且全站仪经过比对,并在鉴定的有效期内。

(2)仪器必须经过整平后,方可观测。

(3)测量时直径点位置量取、激光测距斑点目标对准应该严格控制在 1 cm 范围。

(4)每一环隧道收敛测量断面,仪器尽可能架设在两测点中间道床中间,保证监测断面与隧道轴线垂直。

(5)采用全站仪免棱镜极坐标法测量,假定空间直角坐标系,坐标取位精确至 0.1 mm。极坐标法观测 1 个测回,盘左盘右坐标互差不大于 2 mm。

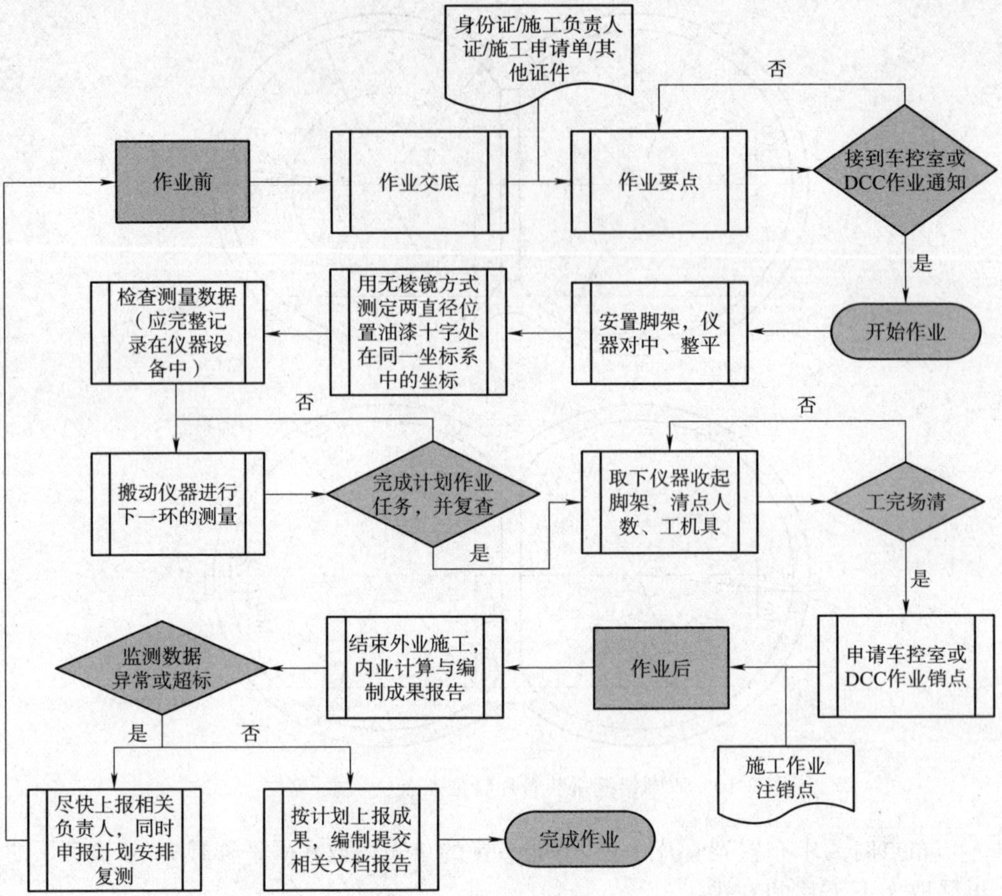

图 3-11 收敛作业流程

(6)检查测量数据，应完整记录在全站仪内，完成后搬动仪器进行下一环的测量。

4. 内业计算

管片水平半径值的计算方法：盘左、盘右各测一组坐标，取各组(X_A, Y_A, Z_A)，(X_B, Y_B, Z_B)坐标平均值计算 A、B 两点的空间直线距离作为实测管片直径，R_L、R_R 平均值作为管片直径成果，计算过程如下。

$$R_L = \sqrt{(X_A - X_B)^2 + (Y_A - Y_B)^2 + (Z_A - Z_B)^2}$$

$$R_R = \sqrt{(X_A - X_B)^2 + (Y_A - Y_B)^2 + (Z_A - Z_B)^2}$$

$$R = (R_L + R_R)/2$$

收敛本次变量、累计变量的计算公式如下：

$$BC_i = H_i - H_{i-1}$$
$$LJ_i = H_i - H_0$$

式中，BC为本次变化量；LJ为累计变化量；H_0为首次直径成果，H_i为第i次观测直径成果。

3.3　安全保护区巡查

建设期及运营期的轨道交通安全保护区都应定期进行巡查，巡查频率不少于一月两次。巡查内容为发现和处置未经办理相关手续的涉嫌违规作业项目，包括如下情况：

(1)建造或者拆除建筑物、构筑物；

(2)从事打桩、基坑施工、挖掘、地下顶进、爆破、架设、降水、钻探、河道疏浚、地基加固等施工作业；

(3)其他大面积增加或者减少荷载的活动。

发现轨道交通安全保护区范围内进行上述作业而未按法规规定程序申报、技术审核和办理监护手续的，督促作业单位立即停止作业并采取相应的安全措施，经审批同意后方可恢复作业或依法进行处置。

巡查过程中，应采取有效技术手段，定位施工行为与轨道交通的相对位置关系，并对巡查工作的过程进行记录留档。

对于安全保护区内未经许可的作业项目，要区分作业与轨道交通设施的相对距离、作业量大小和影响程度，采用宣传告知、现场监护指导和依法办理相关手续等方式分级处理。项目建设方在办理手续期间不得进行施工。巡查单位在此期间要及时跟踪，反馈工况。对于拒绝办理手续和采取相应措施的，上报相关部门依法处理。若发现近距离打桩、钻探、大面积堆土等存在严重危及轨道交通结构或运营安全的项目，须立即要求其停止施工，并上报相关部门协调进行处置。

对于管制区域及难以进入区域内的轨道交通设施，需送达专门告知文书，告知轨道交通设施的具体位置、保护要求、保护范围内的作业如何办理手续以及轨道交通管理单位的联系方式和联系人等，并定期进行回访。

上海地铁根据安全保护区项目的类型、规模、与轨道交通设施的相对位置关系以及对轨道交通结构的影响程度，对项目进行了分级，见表3-2、表3-3，针对不同的等级采取不同的处置方法。

表 3-2　地下线路安全保护区巡查项目分级标准

等级	类型					
	建造建筑物、构筑物(不含桩基、基坑、地基加固施工的项目)	拆除建筑物、构筑物	道路、管线等挖掘施工	架设施工	大面积加、卸载	桩基、钻探施工;基坑、地基加固施工;爆破施工;降水施工;河道疏浚;地下顶进施工
1级	与结构外边线外侧距离 $D<10$ m	轨道交通区间正上方:车站安全保护区范围内	车站安全保护区范围内:与隧道结构外边线外侧距离 $D<10$ m,且挖深 $H>1$ m	车站安全保护区范围内	与结构外边线外侧距离 $D<30$ m	安全保护区范围内
2级	与结构外边线外侧距离 10 m$<D<$30 m	距离隧道结构外边线外侧 $D<10$ m	除1级、3级外的其他道路、管线等挖掘施工	—	其他	—
3级	其他	其他	与隧道结构外边线外侧距离 $D>30$ m,且挖深 $H<1$ m	其他	—	—

注:1. 对轨道交通设施结构变形产生影响的安全保护区巡查事件均定为安全保护区1级巡查事件。
2. 存在侵限隐患或其他对轨道交通设施运营及功能产生影响的安全保护区巡查事件均定为安全保护区1级巡查事件。
3. 定级从1级开始,以最先符合时等级作为安全保护区巡查事件等级。
4. 当安全保护区巡查事件含多种作业类型时,分别予以定级,最终以高等级为准。
5. 当安全保护区巡查事件等级未能包含在表内时,可上报上级单位,确定等级后按规定执行。

表 3-3　地面及高架线路安全保护区巡查项目分级标准

等级	类型					
	建造建筑物、构筑物(不含桩基、基坑、地基加固施工的项目)	拆除建筑物、构筑物	道路、管线等挖掘施工	架设施工	大面积加载	桩基、钻探施工;基坑、地基加固施工;爆破施工;降水施工;河道疏浚;地下顶进施工
1级	与结构外边线外侧距离 $D<10$ m;建、构筑物高度高于轨交结构高度	与高架结构外边线距离 $D<10$ m,且建、构筑物高度高于高架梁体底面;与地面	车站安全保护区范围内;与结构外边线外侧距离 $D<10$ m,且挖深 $H>1$ m	安全保护区范围内	与结构外边线外侧距离 $D<10$ m	安全保护区范围内

续上表

等级	类型					
	建造建筑物、构筑物(不含桩基、基坑、地基加固施工的项目)	拆除建筑物、构筑物	道路、管线等挖掘施工	架设施工	大面积加、卸载	桩基、钻探施工;基坑、地基加固施工;爆破施工;降水施工;河道疏浚;地下顶进施工
1级	与结构外边线外侧距离 $D<10$ m;建、构筑物高度高于轨交结构高度	线路外边线距离 $D<10$ m;轨道交通车站安全保护区范围内	车站安全保护区范围内;与结构外边线外侧距离 $D<10$ m,且挖深 $H>1$ m	安全保护区范围内	与结构外边线外侧距离 $D<10$ m	安全保护区范围内
2级	与结构外边线外侧距离 $D<20$ m	与结构外边线侧距离 $D<20$ m	除1级、3级外的其他道路、管线等挖掘施工	—	其他	—
3级	其他	其他	与结构外边线外侧距离 $D>20$ m,且挖探 $H<1$ m			—

注:1. 对轨道交通设施结构变形产生影响的安全保护区巡查事件均定为安全保护区1级巡查事件。
2. 存在侵限隐患或其他对轨道交通设施运营及功能产生影响的安全保护区巡查事件均定为安全保护区1级巡查事件。
3. 定级从1级开始,以最先符合时等级作为安全保护区巡查事件等级。
4. 当安全保护区巡查事件含多种作业类型时,分别予以定级,最终以高等级为准。
5. 当安全保护区巡查事件等级未能包含在表内时,可上报上级单位,确定等级后按规定执行。

1. 一级项目的处置

完整记录施工行为,并要求其立即停工,向建设单位开具"轨道交通安全保护区巡查告知书",并对其宣贯安全保护区相关法律法规,督促其携带相关资料至技术审查部门办理手续。若对方拒签,应采取各种手段起到告知义务,并上报相关部门进行处置。需要记录的现场项目信息包括:现场施工照片、施工开挖深度、开挖面积、建筑物高度、施工位置与轨道交通的位置关系等,在建设方未征得相关部门同意前,应持续对该项目进行跟踪,频次不宜低于一周两次。

2. 二级项目的处置

向建设单位宣贯法律法规,并要求其至技术审查单位报备,定期跟踪施工进度,若工况发生变化,按相应项目等级进行处置。跟踪频率不宜低于一周一次。

3. 三级项目的处置

向建设单位宣贯法律法规,并要求其至技术审查单位报备,结合日常巡查跟踪施工进度,若工况发生变化,按相应项目等级进行处置。

第4章　上海地铁安全保护区管理

4.1　安全保护区的法律法规

自1993年上海地铁1号线开通运营之初，上海市人民政府就发布了第37号令《上海市地铁管理办法》加强安全保护区的管理，随后上海市政管理局发布了沪市政法(94)第854号文《上海市地铁沿线建筑施工保护地铁技术管理暂行规定》，从技术及管理方面对外部作业项目进行指导。随后相继发布了《上海市地下铁道管理条例》《上海市轨道交通安全保护区暂行管理规定》《上海市轨道交通管理条例》等。目前主要执行的管理文件摘录如下。

1.《城市轨道交通运营管理规定》

《城市轨道交通运营管理规定》(中华人民共和国交通运输部令2018年第8号)，已于2018年5月14日经交通运输部第7次部务会议通过。自2018年7月1日起施行。摘录如下。

第二十九条　城市轨道交通工程项目应当按照规定划定保护区。

开通初期运营前，建设单位应当向运营单位提供保护区平面图，并在具备条件的保护区设置提示或者警示标志。

第三十条　在城市轨道交通保护区内进行下列作业的，作业单位应当按照有关规定制定安全防护方案，经运营单位同意后，依法办理相关手续并对作业影响区域进行动态监测：

(一)新建、改建、扩建或者拆除建(构)筑物；

(二)挖掘、爆破、地基加固、打井、基坑施工、桩基础施工、钻探、灌浆、喷锚、地下顶进作业；

(三)敷设或者搭架管线、吊装等架空作业；

(四)取土、采石、采砂、疏浚河道；

(五)大面积增加或者减少建(构)筑物载荷的活动；

(六)电焊、气焊和使用明火等具有火灾危险作业。

第三十一条　运营单位有权进入作业现场进行巡查，发现危及或者可能危及城市轨道交通运营安全的情形，运营单位有权予以制止，并要求相关责任单位或者个人采取措施消除妨害；逾期未改正的，及时报告有关部门依法处理。

第三十二条　使用高架线路桥下空间不得危害城市轨道交通运营安全，并预留高架线路桥梁设施日常检查、检测和养护维修条件。

地面、高架线路沿线建(构)筑物或者植物不得妨碍行车瞭望，不得侵入城市轨道交通线路的限界。沿线建(构)筑物、植物可能妨碍行车瞭望或者侵入线路限界的，责任单位应当及时采取措施消除影响。责任单位不能消除影响，危及城市轨道交通运营安全、情况紧急的，运营单位可以先行处置，并及时报告有关部门依法处理。

第三十三条　禁止下列危害城市轨道交通运营设施设备安全的行为：

(一)损坏隧道、轨道、路基、高架、车站、通风亭、冷却塔、变电站、管线、护栏护网等设施；

(二)损坏车辆、机电、电缆、自动售检票等设备，干扰通信信号、视频监控设备等系统；

(三)擅自在高架桥梁及附属结构上钻孔打眼，搭设电线或者其他承力绳索，设置附着物；

(四)损坏、移动、遮盖安全标志、监测设施以及安全防护设备。

第五十二条　违反本规定第三十二条，有下列行为之一，由城市轨道交通运营主管部门责令相关责任人和单位限期改正、消除影响；逾期未改正的，可以对个人处以5 000元以下的罚款，对单位处以3万元以下的罚款；造成损失的，依法承担赔偿责任；情节严重构成犯罪的，依法追究刑事责任：

(一)高架线路桥下的空间使用可能危害运营安全的；

(二)地面、高架线路沿线建(构)筑物或者植物妨碍行车瞭望、侵入限界的。

第五十三条　违反本规定第三十三条、第三十四条，运营单位有权予以制止，并由城市轨道交通运营主管部门责令改正，可以对个人处以5 000元以下的罚款，对单位处以3万元以下的罚款；违反治安管理规定的，由公安机关依法处理；构成犯罪的，依法追究刑事责任。

2.《上海市轨道交通管理条例》

《上海市轨道交通管理条例》是为了加强轨道交通管理，促进轨道交通建设，保障安全运营，维护乘客的合法权益，根据有关法律、行政法规的规定，结合上海市实际而制定的条例。

2002年5月21日，经上海市第十一届人大常务委员会第三十九次会议通过，2021年8月25日，依据上海市第十五届人民代表大会常务委员会第三十四次会议《关于修改〈上海市出版物发行管理条例〉等3件地方性法规的决定》第五次修正。摘录如下。

第三十七条　轨道交通应当设置安全保护区。安全保护区的范围如下：

(一)地下车站与隧道外边线外侧五十米内；

(二)地面车站和高架车站以及线路轨道外边线外侧三十米内；

(三) 出入口、通风亭、变电站等建筑物、构筑物外边线外侧十米内。

第三十八条　在轨道交通安全保护区内进行下列作业的单位，其作业方案应当经过市交通行政管理部门同意，并采取相应的安全防护措施：

(一)建造或者拆除建筑物、构筑物；

(二)从事打桩、基坑施工、挖掘、地下顶进、爆破、架设、降水、钻探、河道疏浚、地基加固等工程施工作业；

(三)其他大面积增加或者减少载荷的活动。

第三十九条　轨道交通企业应当建立相关制度，在安全保护区内组织日常巡查，同时按照技术审查意见，对第三十八条第一款有关作业的安全性进行日常监督，对作业项目相邻的轨道交通设施加强监护监测。

经同意在轨道交通安全保护区内的作业出现危及轨道交通安全情况的，或者未经同意在轨道交通安全保护区内进行作业的，轨道交通企业应当通知作业单位立即停止作业并采取相应的安全措施，同时报告市交通行政管理部门。

第五十条　违反本条例第三十八条第一款规定，未经同意或者未按照同意的作业方案在安全保护区内作业的，由市交通行政管理部门责令限期改正，处二万元以上二十万元以下罚款。

第五十二条　拒绝、妨碍市交通行政管理部门及其所属的交通行政执法机构或者轨道交通企业的执法人员依法执行职务，违反《中华人民共和国治安管理处罚法》的，由公安部门依法处罚；构成犯罪的，依法追究刑事责任。

3.《上海市轨道交通运营安全管理办法》

2009 年 12 月 9 日上海市人民政府令第 22 号公布，根据 2016 年 6 月 21 日《上海市人民政府关于修改＜上海市关于管理外国企业常驻代表机构的规定(试行)＞等 12 件市政府规章的决定》第一次修正，根据 2022 年 1 月 24 日上海市人民政府令第 62 号第二次修正。摘录如下。

第十条(安全保护区)

轨道交通工程建设项目立项后，市交通行政管理部门应当按照《条例》第三十七条的规定，划定轨道交通安全保护区的具体范围，并告知规划、房屋等相关行政管理部门。

在轨道交通安全保护区范围内进行《条例》第三十八条规定的作业内容的，规划、房屋等相关行政管理部门应当告知相关作业单位向市交通行政管理部门办理安全保护区审批手续。

第十一条(安全保护区内的作业管理)

轨道交通工程建设项目取得施工许可证后,轨道交通企业应当对该轨道交通工程划定的轨道交通安全保护区实施安全管理。

作业单位应当按照经市交通行政管理部门审批同意的作业方案确定的时间进行施工,并采取相应的安全保护措施。作业单位未按照作业方案确定的施工期限开工的,应当重新向市交通行政管理部门办理作业方案的审批手续。

轨道交通企业应当对作业单位在轨道交通安全保护区内的施工制定安全监督方案,并对施工的安全性进行日常监督。

第十二条(安全保护区外的施工管理)

在轨道交通安全保护区外进行建设工程施工,其工程施工机械可能跨越或者触及轨道交通地面车站、高架车站及其线路轨道的,施工单位应当采取必要的安全防护措施,不得影响轨道交通运营安全,并在施工前书面告知轨道交通企业。

轨道交通企业应当派员对施工现场进行安全检查。施工单位未采取安全防护措施或者施工过程中出现可能危及轨道交通运营安全情况的,轨道交通企业应当要求施工单位立即停止施工并采取相应的安全措施,同时报告市交通行政管理部门。

4.2　安全保护区的管理模式和制度体系

在上海市交通委员会领导下,上海申通地铁集团有限公司负责安全保护区监护技术审查、监护项目现场监护管理以及日常违规巡查,协助上海交通委员会进行项目作业行政许可、执法监管以及行政处罚。

为规范规划控制区、安全保护区的管理工作,陆续出台了26项集团级管理文件。

1.《上海轨道交通安全保护区、规划控制区管理规定》

2.《上海轨道交通安全保区巡查管理规定》

3.《上海轨道交通安全保护区突发事件应急处置预案》

4.《监护监测费用收支管理规定》

5.《安全保护区、规划控制区结合项目管理规定》

6.《安全生产管理规定》

7.《上海轨道交通安全保护区监护项目分级管理规定》

8.《技术工作管理规定》

9.《安全保护区项目监护管理规定》

10.《安全保护区三维激光扫描》

11.《监护项目取芯、标贯与静力触探管理文件》

12.《安全保护区风险管控和隐患排查》
13.《监护合同管理规定》
14.《资金管理规定》
15.《委外单位管理规定》
16.《档案管理规定》
17.《竣工验收管理规定》
18.《考核管理规定》
19.《防疫物资管理规定》
20.《安全保护区监护项目实施管理规定》
21.《沉降监测作业指导书》
22.《直径收敛监测作业指导书》
23.《测量工工作标准》
24.《GRP5000 隧道扫描仪管理规定》
25.《上海市轨道交通高程控制网地面沉降监测设施维护管理规定》
26.《轨道交通运营期监测技术规程》

4.3 安全保护区的必要性

城市轨道交通在城市发展中发挥着越来越重要的作用。为确保地铁的安全运营,保障广大人民群众的生命财产安全,全国各地地铁管理单位陆续加强地铁安全保护区的管理,但近年来仍发生了多起影响运营安全的安全保护区事件。

1. 南宁市轨道交通 1 号线百花岭至埌东客运站下行区间“1·22”侵限事故

基本情况:2021 年 1 月 22 日 15 时 42 分,因道路地质勘察施工,南宁市轨道交通 1 号线百花岭至埌东客运站下行区间 K27＋900 处隧道被地质勘察机械钻穿,发生地铁侵限事故,造成 1 号线百花岭至埌东站下行区间中断运营,直接经济损失 306.65 万元,社会影响较大。

事故原因:项目未制定安全防护方案和监测方案并抄送城市轨道交通运营单位;勘察单位在组织开展道路地质勘察施工中,违章指挥,强令冒险作业,且在勘察钻探过程出现异常情况时,现场技术(作业)人员的操作和处理措施不当,最终导致地铁隧道管片被钻穿,穿透的钻杆与行驶中地铁列车发生碰撞,造成地铁侵限事故。

2. 深圳地铁 1 号线“3·4”隧道结构被打穿事故

基本情况:2021 年 3 月 4 日 15 时 10 分左右,深圳市南山区粤海街道深大 2 号垃圾中转站提升改造项目现场,深圳市工勘地理信息有限公司工人在进行勘察作业时，打穿地铁 1 号线深大至桃园下行线区间隧道顶部，造成地铁短暂停运，未造成人员伤亡，直接经济损失为人民币 73.018 6 万元。

事故原因：施工单位在深大 2 号垃圾中转站地质勘察作业实施前，未核实深圳地铁 1 号线安全保护区范围，擅自在地铁安保区范围内进行勘察作业，导致地铁隧道被打穿；代建方未向地铁集团等有关部门核实勘察现场地下是否有地铁设施，未向勘察单位提供准确、完整的地下管线及地下工程的相关资料。

3. 上海轨道交通 13 号线华夏中路站—中科路站加载

根据上海轨道交通 13 号线华夏中路站—中科路站区间隧道测量结果，隧道结构收敛变形最大累计值已达 6.3 cm，4 个月收敛最大变化量 5.5 mm，已超过隧道结构预警指标。经地面勘察核实，该变形量是由地面加载引起的，对应该区间正上方地面为上海张江（集团）有限公司建设的集慧路西侧 A-1-4 绿地工程，在隧道正上方绿化标高最高达到 7.39 m，远远超出区间设计允许的地面标高控制值 4.3 m，超载达 3.0 m（图 4-1）。据查，该项目施工前未办理轨道交通安全保护区报审手续，也未经轨道交通相关部门审查。

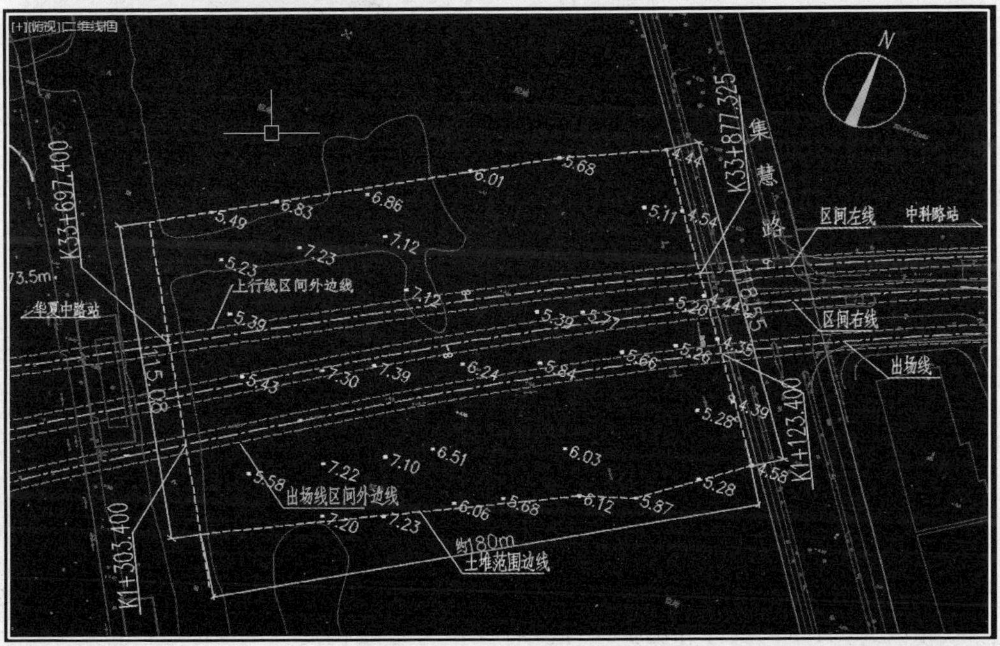

图 4-1　现场实测标高

4. 上海轨道交通 8 号线芦恒路站浦星公路跨芦恒路节点改造工程龙门吊倾覆

浦星公路跨芦恒路节点改造工程位于闵行区，北接济阳路快速路工程，属上海市重大工程。项目临近 8 号线芦恒路站—浦江镇站区间。2020 年 11 月 20 日凌晨 2 时 30 分左右，位于 8 号线芦恒路站 2 号口西侧的上匝道吊装施工过程中，由于起吊的 120 t 龙门吊失稳，碰撞 8 号线芦恒路站 2 号出入口，导致出入口露出地面的钢结构顶棚受损(图 4-2)。

事件发生后建设、施工单位立即组织抢险，2020 年 11 月 20 日上午 7 时，该龙门吊清理完毕，受损的出入口上方加盖滤网；同时运营四公司紧急封闭 2 号出入口，并组织应急客流疏导。

图 4-2　事故照片

5. 上海轨道交通 11 号线徐汇滨江城开中心 4 区中隔墙倾倒事故

徐汇滨江城开中心项目邻近上海轨道交通 11 号线云锦路站。2019 年 6 月 13 日，该项目 4 区基坑南、北侧地墙在拆除首道支撑后，测斜监测数据发生突变，14 日加设 H 型钢抛撑，17 日再次发生测斜监测数据突变，18 日下午 4 点南侧地墙倾倒，晚上 8 点北侧地墙倾倒(图 4-3)。

事故原因：结构设计和围护设计没有同步考虑结构受力，在工况上也欠考虑，围护体上薄弱点较多，为事故埋下隐患；管理流程混乱，未按流程申报拆除头道支撑事宜；缺乏施工经验，无人指出设计上存在的问题，无人计算复核设计图纸；对数据突变缺乏预判；坑边大量钢筋堆载，缺乏有效排水措施，6 月 18 日暴雨后南北侧土体吸水变重，是压垮整个受力体系的最后一根稻草。

图 4-3　中隔墙倾倒事故照片

以上事故案例仅是典型列举，同样的事故有可能同期发生多起，因此，加强安全保护区的管理是非常有必要的。

4.4　安全保护区技术管理

4.4.1　隧道的变形模式分析

1. 隧道纵向变形机制

隧道管片纵向由一系列凹凸榫和螺栓连接而成，隧道纵向穿越不同的地质条件，且沿隧道纵向刚度是不均匀的，这使隧道纵向变形非常复杂，变形模式具有不确定性。

(1)管片刚体转动模式

将隧道管片环假定为理想的刚体，在隧道纵向沉降变形过程中，环与环之间的变形以刚体转动为主，转动角度计为 θ，通常转动角度非常小。管片发生相对转动变形的情况下，引起隧道顶(底)部张开，张开量计为 δ，隧道沉降变形示意图如图 4-4 所示。当隧道发生沉降时，隧道顶部压紧，底部张开(或闭合)量为 δ；反之，隧

道顶部张开 δ，底部压紧。

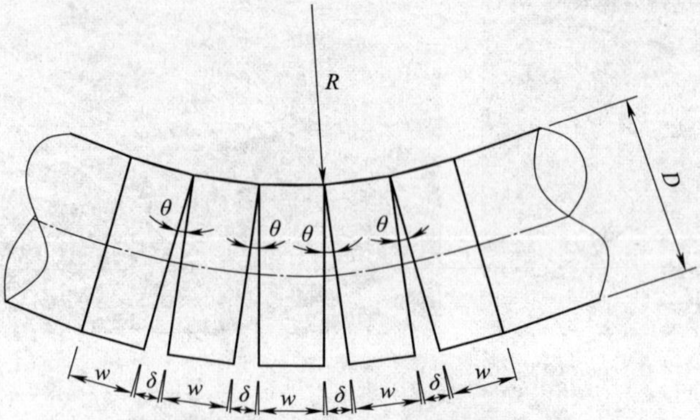

图 4-4　整环隧道刚体转动

根据刚体转动几何条件，设隧道环宽为 w、直径为 D，则环间张开（或闭合）量 δ 及隧道纵向沉降曲线半径 R 之间的几何关系如下。

$$\frac{\delta}{D}=\frac{w}{R}$$

当取环宽为 1.0 m、隧道外径为 6.2 m，隧道纵向沉降（或隆起）与环缝张开关系见表 4-1。基于此，当环缝张开量为 6 mm 时，隧道防水已经失效，但在隧道实际变形中，即使环缝张开量达到 6 mm，防水体系并没有发生失效现象，这说明将隧道纵向变形视作整环隧道刚体转动的假定与隧道实际发生的纵向变形存有较大出入。在建和已建的隧道中，隧道长度与直径之比 L/D 通常大于 150，隧道纵向端点与车站锚固连接，车站刚度较大，而且隧道与周围土层之间存在一定的抗剪力，对隧道沿纵向移动有较大约束，加之管片之间螺栓紧固作用等，对隧道整环发生刚体转动或沿纵向产生较大的水平位移（缝隙）起到极大约束作用。一般情况下，沿隧道纵向难以产生较大环间缝隙或刚体转动。

表 4-1　隧道纵向沉降（或隆起）与整环刚体转动关系

序号	沉降（隆起）曲线半径 R/m	环缝张开量 δ/mm
1	15 000（按照保护标准）	0.413
2	10 000	0.62
3	6 200	1.0
4	2 066	3.0
5	1 550	4.0
6	1 033	6.0

(2)环间错台模式

考虑到隧道结构的环向接头连接方式，接头抗剪能力较弱，因此，隧道发生纵向沉降变形的过程中，通常会引起环与环之间错台，以隧道沉降曲线为圆形为例，将最下部的一环定为第一环，称之为基准点，第 1 环隧道底部与沉降曲线最低点之间沉降差定义为初始错台变形 δ_1，第 2 环与第 1 环之间的错台变形量 δ_2，第 i 环隧道与($i-1$)环之间的错台变形量 δ_i。隧道第 i 环的错台量 δ_i 如下。

$$\delta_i=\sqrt{R^2-(i-1)^2w^2}-\sqrt{R^2-i^2w^2}$$

式中，w 为隧道环宽。

纵向累计变形量如下。

$$\sum\delta_i = R-\sqrt{R^2-i^2w^2}$$

沉降半径 R 为 100～15 000 m 时各环间错台变化情况见表 4-2，不同错台沉降形成的曲线如图 4-5 所示。

表 4-2　同一沉降半径下环间错台变化情况

位置	R/m						
	15 000	10 000	3 000	2 000	1 000	500	100
初始值 δ_1	0.033 3	0.05	0.166 6	0.25	0.5	1.0	5.0
第 2 环 δ_2	0.1	0.15	0.5	0.75	1.5	3.0	15.0
第 3 环 δ_3	0.166 6	0.25	0.833 3	1.25	2.5	5	25.008
第 4 环 δ_4	0.233 3	0.35	1.166 6	1.75	3.5	7.0	35.022
第 5 环 δ_5	0.3	0.45	1.5	2.25	4.5	9.0	45.046
第 6 环 δ_6	0.366 6	0.55	1.833 3	2.75	5.5	11.0	55.084
第 7 环 δ_7	0.433 3	0.65	2.166 6	3.25	6.5	13.0	65.139
第 8 环 δ_8	0.5	0.75	2.5	3.75	7.5	15.0	75.213
第 9 环 δ_9	0.566 6	0.85	2.833 3	4.25	8.5	17.0	85.31
第 10 环 δ_{10}	0.633 3	0.95	3.166 6	4.75	9.5	19.0	95.433
第 11 环 δ_{11}	0.7	1.05	3.5	5.25	10.5	21.0	105.585
第 12 环 δ_{12}	0.766 6	1.15	3.833 3	5.75	11.5	23.006	115.77
第 13 环 δ_{13}	0.833 3	1.25	4.166 6	6.25	12.5	25.007 8	125.99
第 14 环 δ_{14}	0.9	1.35	4.5	6.75	13.501 2	27.01	136.249
第 15 环 δ_{15}	0.966 66	1.45	4.833 3	7.25	14.501 5	29.012	146.55
第 16 环 δ_{16}	1.033 3	1.55	5.1667	7.75	15.501 8	31.015	156.898

续上表

位置	R/m						
	15 000	10 000	3 000	2 000	1 000	500	100
第 17 环 δ_{17}	1.1	1.65	5.5	8.25	16.5	33.018	167.295
第 18 环 δ_{18}	1.166 6	1.75	5.833 4	8.75	17.502 7	35.021 5	177.745
第 19 环 δ_{19}	1.2333	1.85	6.166 8	9.25	18.503	37.025 4	188.252
第 20 环 δ_{20}	1.3	1.95	6.5	9.75	19.503 7	39.03	198.819

注：错台控制值为 8 mm。

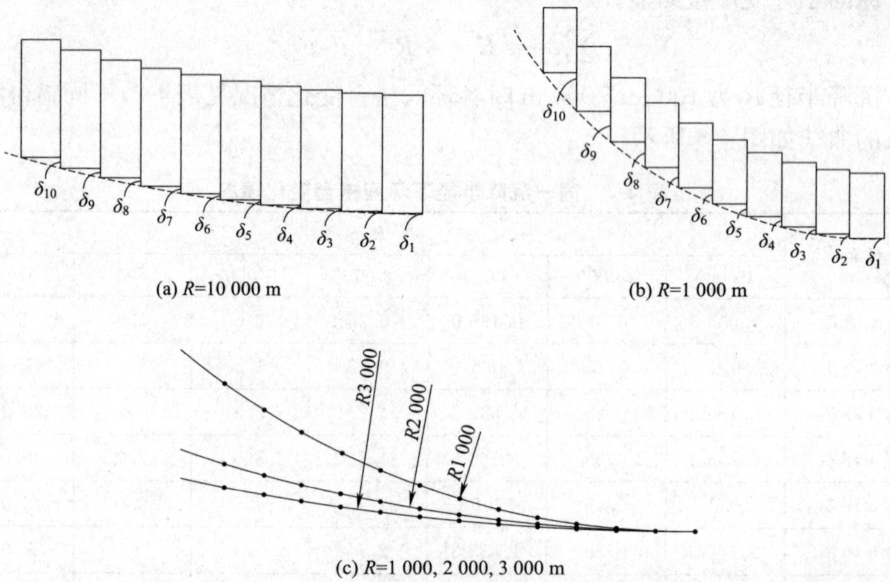

(a) R=10 000 m　　(b) R=1 000 m

(c) R=1 000, 2 000, 3 000 m

图 4-5　同一位置不同沉降半径的错台情况

根据表 4-2 和图 4-5 分析可知：沉降曲线半径越大，沉降影响范围越大，环间错台越小；反之，沉降曲线半径越小，沉降影响范围越小，环间错台越大，即错台即将超出安全控制值。在同一沉降区段上，距离基准点越远，环与环之间的错台变形量就越大。

隧道结构安全取决于隧道结构和防水体系的安全，通过对隧道的长期现场监护监测发现，隧道结构沉降变形和防水之间又是相互影响的，隧道渗漏水会引起隧道变形加大，隧道变形加大会反过来加剧隧道渗漏水，容易形成恶性循环。

从上海运营隧道纵向变形监测分析发现，隧道管片刚体转动的变形是不合理的，如图 4-6(a)所示，无论是在建隧道还是运营隧道都没有发现此类变形模型。究其原因为区间隧道两端与竖井或车站洞口连接处是固定的，隧道端部的位移受到固定接头和周围土体的约束，隧道水平距离无法伸长，也无法弯曲变形，因此，隧道纵向沉降变形只能以环间错台的方式发生，形成错台型沉降曲线。隧道纵向变形基本上是以环缝面发生错台方式进行的，变形曲线如图 4-6(b)～图 4-6(d)所示，隧道沉降曲线可能是单曲线也有可能是多曲线，从纵向变形曲线特征可推知并实际观测到道床在变形中与管片环脱开。

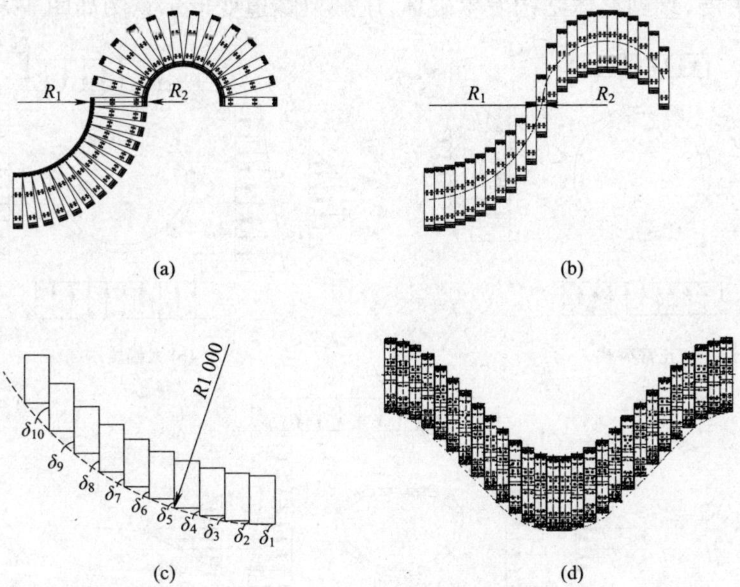

图 4-6　隧道纵向变形特征

理论分析和现场实测都表明隧道纵向变形方式是以环间错台方式进行的，将隧道纵向沉降曲线视作由一系列环间错台构成的假定是合理的。

2. 隧道横向变形机制

引起隧道横向变形的因素很多，既有隧道拼装施工方面的原因，也有运营后多种因素的综合影响。通过对运营隧道横向变形的长期监测，发现引起隧道产生较大横向变形的主要原因有两种：一是隧道上方压载；二是隧道两侧开挖卸载扰动，如果这两种情况同时发生，上部荷载与水平抗力和侧向应力的比值急剧增加，对隧道变形的影响将更加显著。

(1)隧道上部压载

当隧道上方压载较小时，会引起隧道结构内力增加，隧道横向变形增大，同时会压密隧道外壁附近的侧向土体，提高了隧道侧向抗力，将阻止或减缓隧道横向变形的进一步发生。然而同时也引起隧道周围产生超孔隙水压力，孔隙水压力的消散会使横向变形继续增加,隧道变形逐渐达到平衡。

当压载量继续增加,隧道结构内力继续增加,横向变形继续增大,隧道侧向抗力也会进一步增加。如果压载后隧道结构内力仍小于容许应力,结构仍稳定;如果结构内力超过结构容许应力,管片开始出现压损或发生开裂,螺栓也会因拉流失效。隧道作为一个拼装整体结构,当结构某处受力达到极限时,应力在隧道结构内部将会重新调整。随隧道上部荷载的逐渐增加,管片变形和受力以渐进性传递的方式逐步扩展,直到整体结构发生破坏,压载及隧道变形示意图如图 4-7 所示。

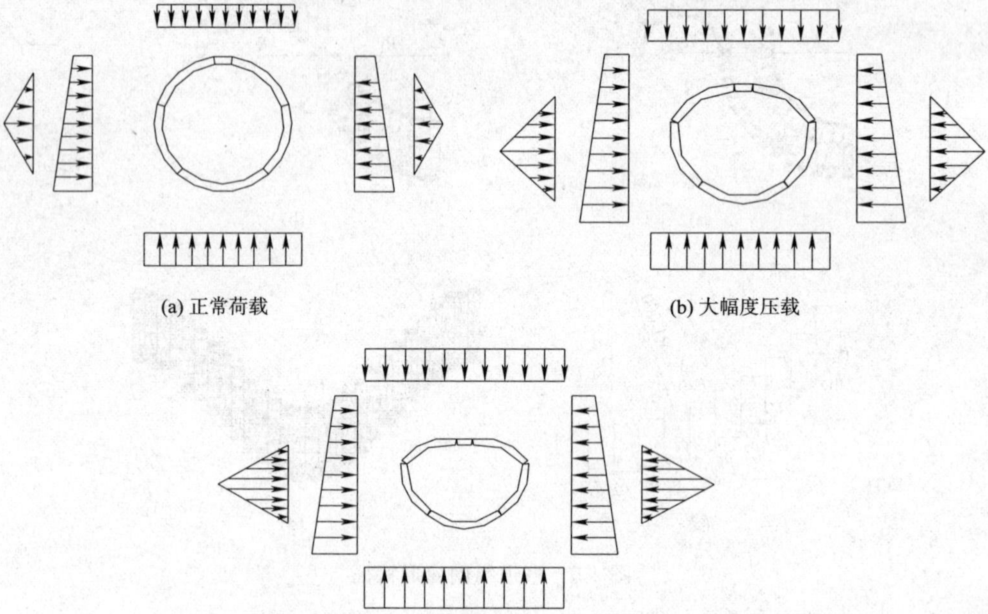

(c) 严重压载

图 4-7　隧道顶部压载及侧向抗力变化对隧道变形影响示意

(2)侧向卸载情况

当隧道顶部荷载基本不变,如果在隧道两侧进行卸载施工,则引起隧道侧向土体松动明显,导致隧道侧向土压力和抗力损失明显,将使隧道横向变形迅速增加;如果隧道侧向土压力损失过大,管片之间的接缝处形成快速张开或受压闭合,将导致混凝土局部压碎或开裂,螺栓拉流,将迅速危及结构整体稳定,进而引起隧道垮塌。

(3)上部压载耦合侧向卸载情况

在隧道上部压载同时又进行侧向卸载是隧道变形和受力最不利工况,此类工况的叠加将加速隧道变形和受力的发展,引起隧道失稳破坏。

就隧道结构横向变形的本质而言，隧道上部荷载和水平荷载(包括土体侧向压力和土体抗力)比值增大是引起隧道横向变形增大的核心问题。因此，可以说，隧道垮塌主要取决于管片压损情况和水平抗力的损失情况。作用于隧道上部的垂直荷载与水平抗力比值较小时，隧道结构体系稳定，不易发生垮塌；如果比值过大，即使作用在隧道上部荷载较小也易引起隧道垮塌，但这种破坏方式的假定和破坏时横向变形量的大小都需要通过试验来验证。

4.4.2　不同类型安全保护区项目的控制要点

1. 基坑工程

基坑工程的设计与施工应综合考虑工程与水文地质条件、施工条件，以及基坑使用要求、开挖深度与规模等因素，通过技术与经济比较确定，宜采用整体性好、安全性高、工艺成熟、满足变形控制要求的围护形式，为降低基坑工程对城市轨道交通结构的影响，设计、施工要采取以下措施：

(1)根据基坑体量及与保护对象空间位置关系，宜将邻近轨道交通的深大基坑合理分区，其组合形式应按“远大近小、远深近浅”原则进行，并应先开挖远离保护对象的大基坑，再施工紧邻保护对象的窄条基坑。大基坑面积一般不超过 10 000 m^2，小基坑面积一般不超过 1 000 m^2。

(2)基坑开挖应按照“先远后近、对称平衡”原则，确定分区施工顺序。严格按照时空效应原理，根据“分区、分层、分块、对称、平衡、限时”原则制定开挖支撑施工参数。

(3)支撑体系应采用稳定的结构体系和可靠的连接构造，并应具有足够的刚度和承载力。支撑平面布置优先采用对称的结构形式，当支撑结构不连续时，应保证结构传力均匀、连贯。支撑设置应在保障开挖施工效率的同时，结合栈桥统筹设置，并应考虑后期分隔墙拆除、降水井及回筑等问题。

(4)临近轨道交通侧小基坑应优先选用对称形式的钢支撑体系，并应采用自动轴力补偿系统，轴力伺服系统的施工应满足相关要求。

(5)根据工艺适用范围及环境保护等级，合理选用加固工艺，对加固设计、施工方法、检验方法应提出科学依据和具体操作规程。注意加固体的搭接可靠和压力可控，既要满足搭接要求，又要降低施工扰动。加固工艺施工前，应远离轨道交通结构通过试成桩确定施工设备、施工工艺及施工参数，合理选择各种桩型的施工次序，严格控制施工速度。

(6)基坑降水应按需进行，严格按照“适时、适量、有控制”进行降水降压，避免过量降水。应根据基坑围护设计方案和环境条件，制定有效的地下水控制措施，并应避免引起对围护结构、基坑内工程桩、支撑立柱和周围环境的不利影响。涉及承压水问题的基坑，围护或止水帷幕优先考虑隔断承压水含水层，并进入隔断层3 m；如无法隔断承压水，应增加渗流长度（围护或止水帷幕底与降水井滤管高差大于10 m），并通过计算确定周边环境影响可控，降水引起的沉降等变形应纳入工程活动的整体影响中。

降水设计专篇应由围护设计单位基于工程勘察、水文勘察结果、工程特点、环境保护等提出。对于有承压水突涌风险的基坑，围护设计应设置足够数量的减压井、备用井及回灌井等，以确保开挖时可控制承压水位并减轻对周边环境影响。

2. 桩基工程

轨道交通安全保护区内桩基工程应验算其对地铁结构的影响（承载能力计算、稳定性计算及沉降计算），满足轨道交通安全控制指标。

轨道交通安全保护区内桩基应采用非挤土桩基础，设计应通过优化桩数、桩径、桩深及桩底注浆等手段，减少工程实施引起的地铁结构变形。安全保护区外采用挤土或半挤土桩时，须考虑采取隔离和应力释放措施，并优化桩基施工顺序，减小成桩对地铁线路影响。

距离轨道交通结构较近的钻孔灌注桩应连续不间断施工，应在远离隧道的位置先进行试桩，优化施工参数，确保临近地铁的桩基施工稳定性及时间要求。可采取减小桩径、钢套筒护壁、增加泥浆比重、地基预加固、间隔跳浜施工等措施减少成桩施工影响。

3. 穿越工程

新建上、下穿越隧道选线时，应保证与既有轨道交通结构的安全距离，当城市轨道交通采用盾构法施工时，隧道工程与城市轨道交通之间的净距，应根据工程地质条件、埋深、盾构类型等因素确定。并行隧道最小净距不宜小于$1.0D$，穿越隧道最小净距不宜小于$0.5D$。当外部条件限制不能满足上述要求时，应采取必要的技术措施。

盾构穿越施工前，必须设置试验段，模拟穿越地铁施工，以便优化和掌握施工参数，为穿越施工提供可靠的预设施工参数，各参数的确定以地面沉降量最小为控制目标。主要包括推进速度、正面土压力、同步注浆量、盾构姿态控制等。盾构推进宜均匀慢速，勤纠缓纠，控制盾构姿态，保持盾尾各向间隙均衡正常，及时足量注浆，减少地层损失。

并行隧道设计时线路应避免或减少与城市轨道交通处于长距离投影面重叠、近接平行状态。当软弱地层中城市轨道交通结构的影响等级为特级时，宜采取预加固、隔离等技术措施。

4. 道路及地下管线

道路设计与施工应综合考虑施工过程加、卸载及长期使用期间等对轨道交通结构的影响，如有横向道路在轨道交通高架段下方穿行区域，应注意路面标高设计，充分预留车辆通行条件，并应设置限高（警示）标志，高架立柱周围应设置半封闭混凝土挡墙等防护措施，以保护轨道交通高架结构。管线工作井应尽量避开地铁结构正上方。穿越区间隧道上方管线埋深超过 3 m 应尽量采用非开挖形式。

安全保护区范围内永久性管道的防水应予以重点考虑，以减少管道渗漏水对地铁结构的影响。原则上管道本身及接头应具备较大差异沉降能力和防水性能。

5. 其他作业

应重视施工中的安全问题，高架车站及区间附近的施工区域要设置可靠的防护网，且施工时应有专门安全人员现场值守，严格限制机械设备的运行范围，施工单位应就塔吊长臂设置警示，禁止起吊设备侵占线路上空，防止设备倾覆。施工过程不得侵入车站范围，不得影响车站正常使用。

高架两侧需设防撞措施和防高空坠物措施，结合防眩光进行设置。

房屋拆除禁止采用爆破方式进行，应自上而下分层拆除且应做好有效防护。

面积加、卸载施工尤其应注意工程对地铁车站出入口、风井等附属设施功能的影响，不得影响地铁的正常使用功能。出入口周边地面严禁抬高，防止倒灌。

勘探孔位置应在地铁结构外边线 10 m 以外，勘察单位应现场放样。钻孔终孔后须及时可靠回填封孔。

轨道交通线路运营过程中，可能会对一定范围产生振动影响。建筑如有减振降噪需求，建设单位应及早考虑采取减振降噪措施。

4.4.3　分级管理模式

安全保护区外部作业项目实施前，应根据项目的规模、特性、与地铁结构的相对位置关系以及作业项目出现事故后对地铁结构的影响程度确定影响等级，分级标准按表 4-3、表 4-4 确定，监护及技术要求按表 4-5、表 4-6 确定。

表 4-3　基坑工程影响等级划分标准

等级	基坑类型			
	地铁结构侧方			地铁结构上方
	盾构、矩形段、地面线	车站结构	高架	

特级	满足以下条件之一：
	(1) $H \geqslant 12$ m 且 $d_{//} \leqslant H$；
	(2) 7 m $\leqslant H < 12$ m 且 $d_{//} \leqslant H$ 且 $F \leqslant H$
		$H \geqslant 12$ m 且 $d_{//} \leqslant 10$ m	$H \geqslant 12$ m 且 $d_{//} \leqslant 6$ m	$H \geqslant F/2$

续上表

等级	基坑类型			
	地铁结构侧方			地铁结构上方
	盾构、矩形段、地面线	车站结构	高架	
一级	满足以下条件之一： (1)$H \geqslant 12$ m 且 $H < d_{\parallel} \leqslant 2H$； (2)7 m$\leqslant H < 12$ m 且 $d_{\parallel} \leqslant 2H$； (3)3 m$\leqslant H < 7$ m 且 $d_{\parallel} \leqslant H$	$H \geqslant 7$ m 且 $d_{\parallel} \leqslant H$	$H \geqslant 7$ m 且 $d_{\parallel} \leqslant H$	$H \geqslant F/3$ 且上覆宽度大于 2 m
二级	满足以下条件之一： (1)$H > 12$ m 且 $d_{\parallel} > 2H$； (2)7 m$\leqslant H < 12$ 且 $2H < d_{\parallel} \leqslant 4H$； (3)3 m$\leqslant H < 7$ m 且 $H < d_{\parallel} < 2H$	$H \geqslant 5$ m 且 $d_{\parallel} \leqslant 2H$	$H \geqslant 5$ m 且 $d_{\parallel} \leqslant 2H$	$H \geqslant F/6$ 且上覆宽度大于 3 m
三级	除特级、一级及二级以外的所有项目			

注：1. 对于Ⅳ、Ⅲ级地铁结构以及地质条件复杂的监护项目，宜提高一级影响等级。

2. 对于地铁侧边长超过 100 m 或开挖面积超过 10 000 m^2的基坑，宜提高一级影响等级。

3. 对于开挖面积不足 $4H^2$的基坑项目，宜降低一级影响等级。

表 4-4　非基坑工程影响等级划分标准

等级	类型					
	隧道工程	排管工程		加载河道回填绿化工程道路工程	桩基工程	其他工程
		非开挖	明挖			
特级	(1)下穿且 $d_v/D^* \leqslant 1$； (2)距高架结构净距小于或等于 3 m	—	—	—	—	—
一级	(1)下穿且 $1 < d_v/D^* \leqslant 2$； (2)上穿且 $d_v/D^* \leqslant 1$； (3)3 m<距高架结构净距≤6 m	(1)下穿且 $d_v/D^* \leqslant 2$； (2)上穿且 $d_v/D^* \leqslant 1$； (3)距高架结构净距小于等于 3 m	(1)$H \geqslant 5$ m 且 $d_h \leqslant 2H$； (2)$H \geqslant$承台底埋深且 $d_h \leqslant 6$ m	地面加载控制区标高变化大于或等于 2 m	$d_h \leqslant 6$ m	与运营车站连接施工或运营轨道交通结构改造施工
二级	(1)下穿且 $d_v/D^* > 2$； (2)上穿且 $d_v/D^* > 1$； (3)6 m<距高架结构净距≤10 m	(1)下穿且 $d_v/D^* > 2$； (2)上穿且 $1 < d_v/D^* \leqslant 3$； (3)3 m<距高架结构净距≤6 m	(1)$H \geqslant 5$ m 且 $2H < d_h \leqslant 15$ m； (2)$H \geqslant$承台底埋深且 6 m $< d_h \leqslant 2H$	1 m≤地面加载控制区标高变化<2 m	6 m$< d_h \leqslant 10$ m	与已建车站连接施工或已建轨道交通结构改造施工

续上表

等级	类型					
	隧道工程	排管工程		加载河道回填绿化工程道路工程	桩基工程	其他工程
		非开挖	明挖			
三级	其他	其他	其他	(1)地面加载控制区简单铣刨加罩； (2)其他	$d_h > 10$ m	装修工程、勘察等项目

表 4-5　监护要求

监护措施		项目等级			
		特级	一级	二级	三级
标图确认		应	应	应	应
方案专家评审		宜	可	—	—
复核验算		宜	可	—	—
边线复核	实测放样	与轨道交通结构外边线净距小于的 3 m 外部作业项目或资料缺失			
	利用资料放样	上述范围外监测项目			
地面标高实测		应	应	宜	可
轨道交通结构确认		应	应	宜	可
第三方测量复核		可	—	—	—
深层土体移动监测		可	—	—	—
视频监控		应	宜	可	可
加固抽检		应	宜	可	可
应急抢修		应	宜	可	可

表 4-6　监护技术要求

监护对象和监护措施			项目等级			
			特级	一级	二级	三级
车站	竖向位移	自动	应	宜		
		人工	应	应	宜	可
	结构倾斜	自动	宜	可		
		人工	应	宜	宜	可
附属结构	竖向位移	自动	宜	可		
	结构倾斜	人工	应	应	宜	可

续上表

监护对象和监护措施				项目等级			
				特级	一级	二级	三级
区间(地下段)	盾构	竖向位移	自动	应	宜		
			人工	应	应	宜	可
		水平位移	人工	宜	可		
		收敛变形	自动	应	宜		
			人工	应	应	宜	可
	矩形段	竖向位移	自动	应	宜		
			人工	应	应	宜	可
		水平位移	人工	宜	可		
区间(地上段)	高架	道床竖向位移	自动	可			
			人工	应	宜	可	可
		立柱竖向位移	自动	可			
			人工	应	宜	可	可
		立柱倾斜	自动	可			
			人工	应	宜	可	可
		立柱水平位移	自动	可			
			人工	宜	可		
	地面线	竖向位移	自动	宜	宜		
			人工	应	宜	可	可
		水平位移	人工	可	可		

4.5 安全保护区巡查管理

4.5.1 现场巡查

发现安全保护区有巡查事件,应督促作业单位立即停止作业并采取相应的安全措施,经审批同意后方可恢复作业或依法进行处置。可采取网格化、视频摄像头等方式丰富巡查手段。安全保护区管理单位建立轨道交通安全保护区巡查管理系统,并纳入上海地铁监护信息化管理系统。

轨道交通安全保护区巡查计划由相关管理单位制定,运营线路巡查频率为每半月 1 次,建设线路隧道结构形成前巡查频率为不低于每月 1 次,隧道结构形成后巡查频率为每半月 1 次。

4.5.2　现场处置

过程中需收集、记录项目信息、现场告知、责令停工等，根据安全保护区巡查事件的类型、规模、与轨道交通设施的相对位置关系以及对轨道交通结构的影响程度，对安全保护区巡查事件进行分级处置。

4.5.3　日常监管协调

集团监护办针对存在风险的项目且现场巡查无法巡查到责任方的项目进行进一步深度查找，负责各类对外协调事项，对项目施工进行安全评估、提出施工要求，针对无法处置的项目采取发函、上报市交通主管部门等方式，提请上级部门进行协调处置。

4.5.4　“多位一体”巡查体系

除人工巡查外，上海地铁安全保护区还采取卫星遥感巡查、无人机巡查、大飞机航拍、视频监控、网格化巡查等方式，切实提高巡查效率，提高涉嫌违规施工发现的及时性，多管齐下保障地铁安全。

1. 卫星遥感巡查

卫星影像排查技术可以大范围、精确和高效地获取监测区域的卫星影像数据，具有大范围、高分辨率、高精度、高效率、数字化采集、信息全面等优点。对保护区内建造或者拆除的建筑物及构筑物、进行的打桩挖掘等施工作业、其他大面积增加或者减少载荷的活动等进行定期巡查。利用卫星影像技术，通过不同时期卫星影像的对比结果进行分析，及时发现保护区内违规项目。

2. 无人机巡查

以无人机摄影测量技术为依托，对地铁保护区范围内地貌进行航拍测量，获得长线路地铁隧道的三维影像数据，可量化分析隧道周边一定范围内的地面标高变化及堆土方量、安保区项目施工进展等，实现安保区内的无人机巡查工作。将隧道上方的地物地貌建模，形成立体化的三维坐标可视化数据，对地铁隧道的结构变形分析有一定的参考价值。图 4-8 为 15 号线南大路—祁安路区间无人机航拍成果图。

3. 大飞机航拍

借助测绘院大飞机每年获取的上海市航空影像，对影像结果进行加工处理，自动提取数字地表模型(DSM)数据，获取指定点的高程，实现监测区域内连续的高程

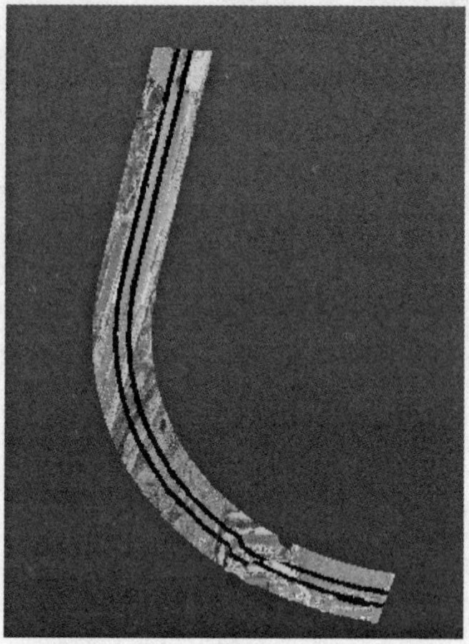

图 4-8 15 号线南大路—祁安路区间无人机航拍成果

量测，具有较高精度反映安全保护区内地面高程的优势。探索研究以该方式为基础，建立安全保护区高程变化分析体制，掌控安全保护区内地貌变化，并计划形成长期机制，减少大面积加卸载对结构运营产生的影响。大飞机航拍正射影像和点位高程信息折线图如图 4-9、图 4-10 所示。

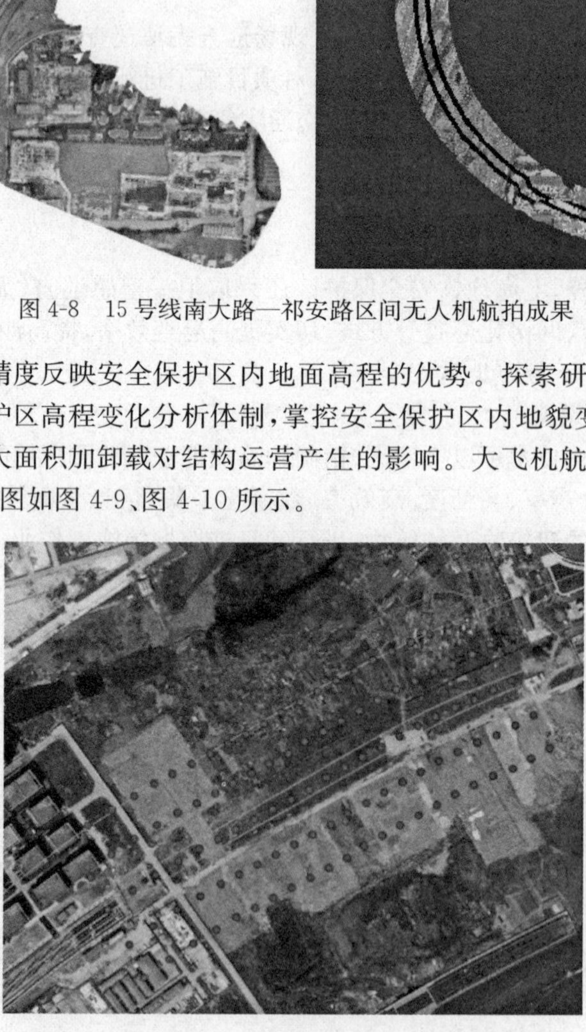

图 4-9 大飞机航拍正射影像

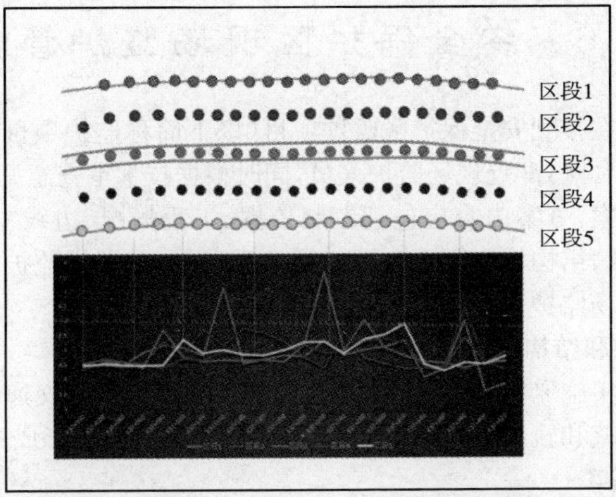

图 4-10　里程信息与相应的点位高程信息折线图

4. 网格化巡查

按照 2018 年 12 月发布的《关于轨道交通安保区巡查管理纳入本市城市网格化综合管理的通知》(沪建城管联〔2018〕794 号)的相关要求,监护办继续切实推进社会共治网格化工作,将安全保护区巡查纳入城市网格化管理体系(图 4-11),通过网格化巡查,提高保护区违规项目发现的及时性,拓宽了安保区违规项目的发现渠道。

图 4-11　社会共治示意

4.6 安全保护区现场监护管理

监护工程部在接到安全保护区监护项目(以下简称监护项目)的移交资料后,应建立监护项目台账,配置现场监护人员,同时根据技术审查意见编制相应的轨道交通结构监护方案,方案内容应包括编制依据、工程概况、边线复核、初始状态确认、监护监测要求、结构检查要求和作业技术要点等,并根据监护方案进行监护项目实施过程的现场监护管理和影响分析。

1. 边线复核和结构确认

在监护项目实施之前,监护工程部应落实对项目与轨道交通结构的相对位置关系进行边线复核和轨道交通结构初始状态的确认工作,并形成书面报告。

2. 监护交底

在监护项目实施之前,监护工程部应根据监护项目的特点及难点,将针对轨道交通结构安全和管控的相关技术要求对建设单位进行交底。

3. 监护监测

在监护项目实施过程中,为控制项目施工对轨道交通结构的影响,须按照方案要求的内容、范围、频率和周期等对轨道交通结构进行监护监测,系统反映监测对象所测项目的重要变化过程及其变化时刻,监护监测不得影响轨道交通的正常运营。

4. 数据分析

在监护项目实施过程中,通过对比轨道交通结构监测数据与监护项目影响预评估的结果,判断轨道交通结构是否处于可控状态。若监测数据超过预评估,应根据实际作业工况进行反分析,重新评估轨道交通结构的当前状态,综合评定后续作业施工方案和轨道交通结构保护措施的可行性。必要时,可根据分析结果及时修正结构安全控制指标,要求外部作业重新制定轨道交通专项保护方案或调整控制措施。

在监护项目施工完成后,监护工程部对轨道交通结构监测数据进行后分析,当监测数据未超标且功能未受影响时,可结束监护工作;当监测数据超标或出现严重病害、设施功能受到影响时,应进一步评估轨道交通结构的安全冗余度,并明确结构整治或功能恢复方案,完成并经二次评估通过后方可结束监护工作。

5. 结构检查

在监护项目实施过程中,监护工程部应根据监护方案要求,组织检查轨道交通结构状况,发现渗漏水、结构损伤及结构形变等结构病害时,及时分析原因,必要时采取有效措施加以治理。

在监护项目施工完成后,监护工程部再次组织建设单位对轨道交通结构状态进行工后检查，并与初始状态进行对比分析，必要时采取有效措施加以治理。

6. 施工跟进与管控

在监护项目实施过程中，监护工程部对现场施工进行监管，确保建设单位的作业符合技术审查意见要求，并收集、整理针对轨道交通结构保护的相关施工信息和监护项目的监测数据，做好记录工作。如设计或施工方案调整，应及时上报。

在穿越、跨越、开挖等重大施工节点实施前，监护工程部应考虑轨道交通结构现状，进行项目实施对轨道交通结构的影响预估，将轨道交通结构监测情况、结构病害情况、阶段性监护要点、现场影响轨道交通结构或运营的安全隐患等告知建设单位，并提出施工节点方案的改进意见。

7. 预报预警

在监护项目实施过程中，监护工程部应掌握轨道交通结构监测数据和病害情况，对于监测数据超标、严重结构病害等情况，应根据报警等级及时预报预警，并采取相应措施；对于不符合技术审查意见和各专项会议要求的施工，应及时向建设单位提出整改意见，若经协调后拒绝配合及采取相应整改措施，按违规事项上报进行处置。

8. 内业资料

在监护项目实施过程中，应定期整理并更新内业资料，包括监护报表、监护月报、结构检查记录、收发文、阶段性小结等。

在监护项目结束后，监护工程部应对该项目进行监护总结，编制竣工总结报告，以反映在监护项目实施过程中监护监测的成果和轨道交通结构的变形情况，并归档留存。

4.7　变形超标结构的治理

4.7.1　纵向不均匀沉降治理

隧道发生纵向不均匀沉降的直接原因是隧道下卧土层较软弱，承载能力较低，在荷载作用下变形不均匀且变形量大。要控制隧道沉降，就必须设法改善隧道下卧土层的物理力学性能，提高隧道下卧土层强度。

而隧道是拼装结构，存在大量接缝，在接缝处的刚度有所降低，环与环之间允许发生少量的错台。隧道纵向不均匀沉降基本上是以环缝错台方式发生，微扰动注浆利用隧道环缝允许发生少量错台的特点，对管片产生挤压作用使其产生位移，又不破坏隧道结构，不断小位移的叠加可以调整线形，从而达到控制沉降的目的。每一次的注浆是微扰动，但微扰动的叠加对一段隧道位移的影响是显著的。

微扰动注浆治理具体方法如下：根据隧道沉降监测情况和上海软土地层沉降

经验公式预测未来一段时间内隧道的沉降量，并以此划分注浆范围实施分区分阶段的注浆治理。治理时，沿隧道治理段纵向以合理间距布设注浆孔，对每个注浆孔通过分阶段、少量、多次地自隧道底部而下分层叠加注浆，每次注浆量控制适当，并采取减少注浆对地层扰动的措施，使每次注浆引起的隧道上抬量 Δs_1 大于或等于在 2 次注浆的间隔时间内隧道自然沉降与地基由于注浆引起的土体结构扰动和超孔隙水压力部分消散而产生的固结沉降量之和 Δs_2（图 4-12、图 4-13）。

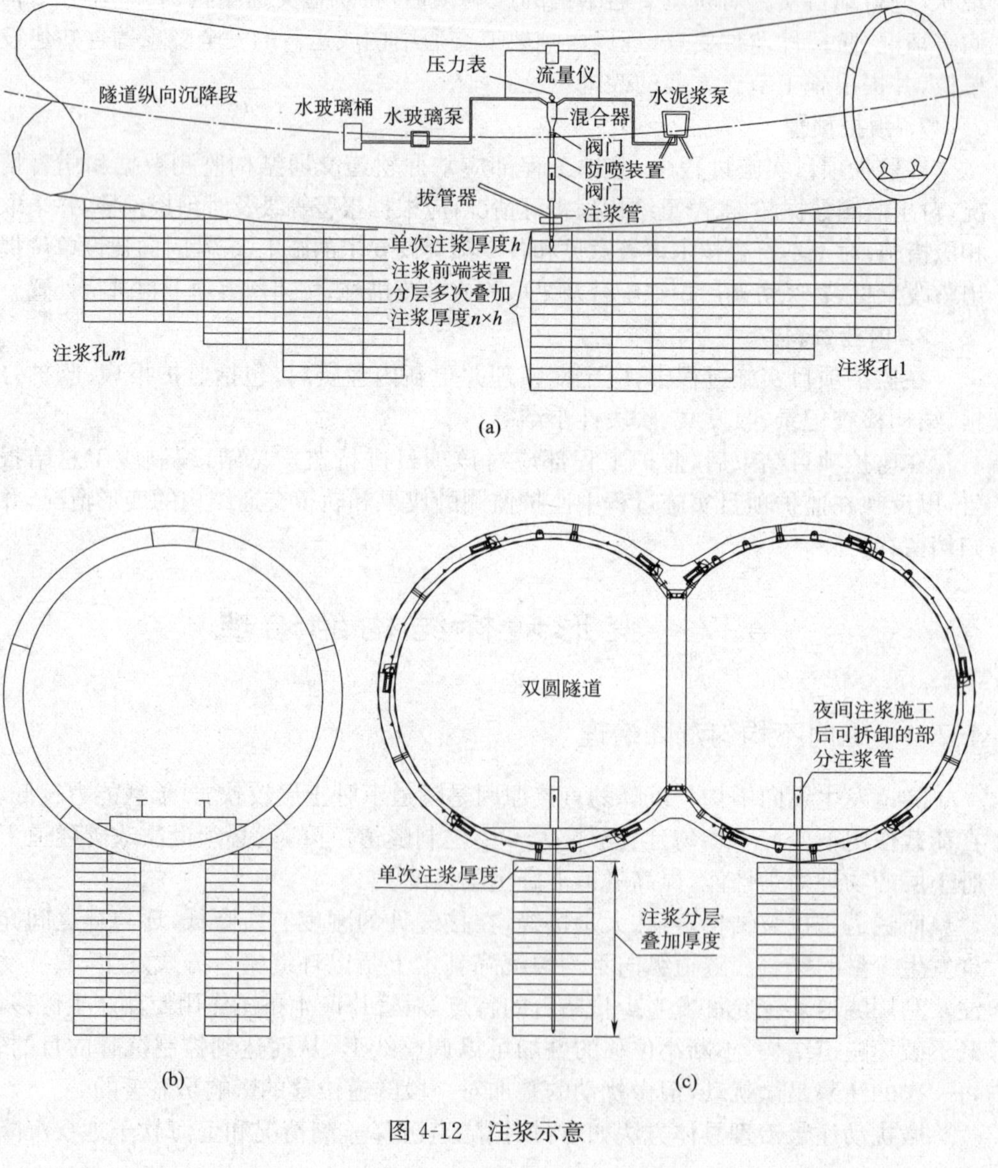

图 4-12　注浆示意

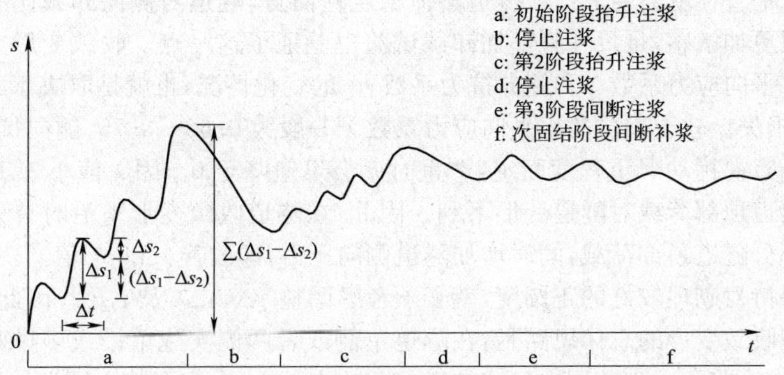

图 4-13　分阶段注浆隧道隆沉规律示意

每个注浆孔的注浆过程都是分阶段进行的，大致将注浆周期分为三个阶段：抬升注浆阶段、间断注浆阶段和固结稳定补浆阶段。

一般地，在初始注浆阶段，必须使治理段隧道抬升至一定的预期值。为此，在初始阶段的抬升注浆过程中，适当减少单次注浆的间隔时间 Δt，以增大每次注浆的有效抬升量（$\Delta s_1-\Delta s_2$）。当初始阶段各次注浆所引起的隧道总抬升量 $R=\sum(\Delta s_1-\Delta s_2)$ 达到预期值时，使注浆暂停一段时间，以使隧道下卧土层因注浆引起的超孔隙水压消散，隧道地基产生一定的固结沉降。经试验测试，在淤泥质黏性地层中超孔隙水压完全消散需要约 1 周。如果有必要再提高隧道总抬升量，则开始进行第 2 阶段的抬升注浆，当注浆抬升量达到预期值时，则停止第 2 阶段的抬升注浆。经过土层再次固结沉降，隧道沉降速率开始降低，若沉降速率大于 0.02 mm/d，进行第 3 阶段的间断注浆，旨在维持隧道沉降相对稳定。此阶段各次注浆的间断时间可适当延长，但各次注浆深度仍处于隧道下卧待加固的土层中。当注浆已深入隧道下卧相对稳定的地层且隧道沉降速率减小至 0.02～0.01 mm/d 时，进行第 4 阶段即次固结阶段的间断补浆，补浆在隧道与下卧注浆加固体接触面之间的空隙中进行。当隧道沉降速率小于 0.01 mm/d 时，结束补浆。

在各注浆阶段中，每次注浆的间隔时间因地质条件各异而不同。在淤泥质软黏土中，初始阶段的 Δt 为 2～3 d；在第 2 阶段，Δt 为 5～7 d；在第 3 阶段，Δt 为 2～3 周；而在次固结沉降阶段，Δt 可延长至 1 个月以上。

4.7.2　横向收敛大变形治理

正常情况下，在顶底部及侧向土体荷载的共同作用下，隧道是稳定的。一旦发生垂直压力变大（隧道顶部压载等）或水平荷载变小（隧道一侧基坑开挖卸载等），衬砌环水平直径就会变大。就隧道整体稳定性而言，隧道对侧向卸载比上部加载同样甚至更加敏感，足尺寸整环加卸载试验也验证了这一点。收敛变形大小主要取决于水平向应力系数 λ 和侧向抗力系数 p_k 的变化情况，也就是取决于 λ 的降低和 p_k 的损失。软土地层的水平向应力系数 λ 一般为 0.65～0.75，侧向抗力 p_k 系数（$p_k = k\delta$）视扰动严重程度而定，严重时 k 会迅速降至 0。因 λ 值小于 1.0，客观上增加隧道顶部荷载对隧道变形不利。因此，在隧道收敛变形整治时首先需考虑卸掉一部分隧道顶部荷载，同时增加隧道侧向压力，即改善 λ 和 p_k 值。

要保持衬砌环较好的正圆度，就必须考虑调整 $\gamma\Delta h$、$\Delta\lambda$ 及 Δp_k。因此，微扰动注浆治理收敛变形的总体思路是：在隧道单侧或者两侧实施单排或多排双液微扰动注浆，在注浆孔一定范围内迅速产生超孔隙水压力，在超孔隙水压力作用下管片会受到微小扰动，注浆压力作用及孔隙水压力作用使其发生平移、转动和变形，隧道横向收敛会减小；随着时间发展，注浆引起的周围孔隙水压力消散和土层重新固结，又会导致隧道横向收敛增加；恰当利用注浆时超孔隙水压力引起的挤压作用和消散过程中变形的重新增大，合理安排周边注浆顺序，使注浆时横向变形的减小量大于后期孔隙水压力消散和土层固结导致的横向变形的增加量，最终使注浆达到减小隧道收敛变形的预期目标。

而多次实施合理可控的注浆扰动，可以有效改善隧道周边土体，增强隧道侧向抗力，使隧道在注浆挤压和土层固结沉降作用（压力作用和土体固结作用）下横向收敛变形减小及趋于稳定，使其变形向着需要的方向发展。充分利用通缝拼装衬砌环变形具有可逆变性特点，通过对衬砌两侧相应部位的地层实施均匀、少量、多点、多次的有序可控注浆，使微扰动变形进行有序叠加，达到改善衬砌环正圆度，调整隧道结构受力状态，最终实现提高衬砌环整体结构安全系数的目的。

在发生横向收敛大变形的隧道外侧，视现场施工条件，单侧或双侧布置注浆孔，一般布置 2～4 排。根据实际注浆效果确定注浆总量。其基本原理与竖向加固一致，通过管片侧向注入一定体积的水泥浆液，增加侧向土体刚度，提高侧向水平抗力，并依靠一定压力的水泥浆液注入，挤压侧向的隧道管片向内收敛变形，减小收敛大变形，减小接缝张开，遏制收敛变形的发展，并从一定程度上改善管片环向受力条件。

注浆孔布置及注浆范围如图 4-14～图 4-16 所示，应注意：

（1）平面上平行于隧道轴线单侧或双侧布置 2～4 排，一般最近不小于 3 m，注浆孔孔距 1.2 m；

（2）每孔注浆深度对应为隧道顶到隧道底之间的土体，高度为 5.2～6.2 m，视土质条件情况及隧道变形情况决定。

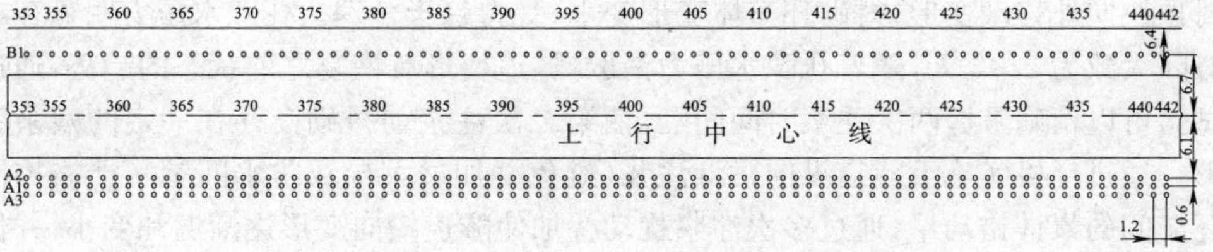

图 4-14　注浆孔位示意(单位:m)

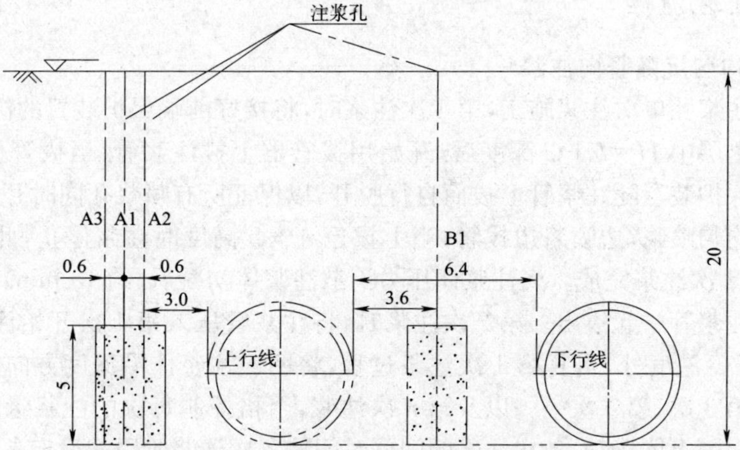

图 4-15　隧道注浆孔位剖面(单位:m)

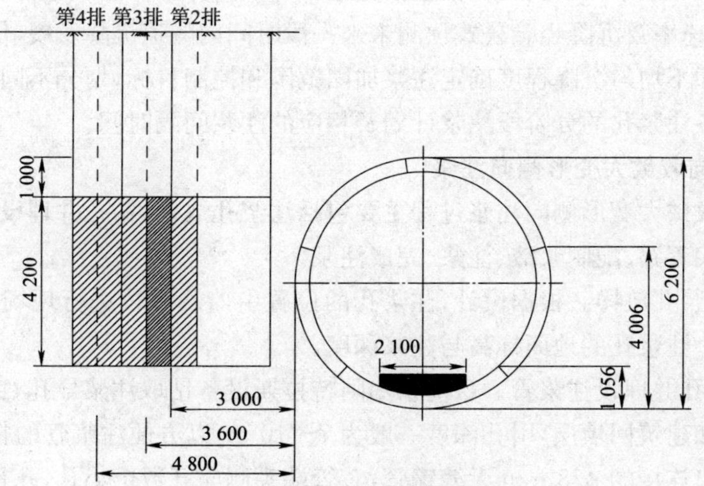

图 4-16　注浆范围桩体剖面(单位:mm)

在衬砌环两侧注浆时，管片会在超孔隙水压力的作用下产生向内移动和变形，封顶块向外移动变形，衬砌环整体变形变小，受力趋于合理。孔隙水压力明显存在时间大致为 2～5 天，随着孔隙水压力消散，隧道变形有恢复之前状态的趋势，通过试验可以精确掌握两次注浆时间间隔，使第二次注浆前衬砌尚存在一定的残余变形。通过择机实施沿隧道纵向跳浜注浆(避免叠加过大导致防水问题)，严格控制环缝间的累计错动量，通过多次注浆扰动叠加使隧道横向变形逐渐温和变小，并使其逐步恢复至设计状态。

4.7.3 工艺流程

1. 不均匀沉降竖向注浆

对于注浆孔单次注浆施工，第 1 次注浆时，将接好前端保护装置的注浆管压入管片外壁土层中 $H=h+C$ 深度后，开始用拔管器上拔注浆管，当拔管至 C 时，注浆管前端保护装置随注浆管上拔而自行脱开，以保证所有喷浆孔同时开启，开始按设定流量均匀喷浆，边喷浆边拔管，当上拔至 $h+C$ 高度时注浆停止，此时注浆高度为 h，第 1 次注浆完成。当注浆体压力消散注浆体初凝后(约 15 min)，将注浆前端装置随注浆管一起拔出。第 2 次注浆时，将注浆管压入第 1 次开始注浆深度以下 $H=h+C$ 深度处，重复第 1 次注浆过程，将两次注浆体沿深度方向搭接起来。依次进行第 3 次、第 4 次……以及第 n 次注浆，严格控制每次的注浆量和均匀性，以减少对周围土体扰动，各次注浆的间隔时间按各次注浆阶段的设定参数确定，如图 4-17 所示。

各孔各次注浆是按其所在位置依隧道沉降预测分区分阶段进行的。根据沉降监测、沉降速率及沉降经验公式预测未来一段时间内隧道沉降发展，依照隧道沉降预测曲线和不均匀沉降程度确定注浆加固范围和控制目标，划分不同注浆区段，确定区段内各注浆孔的分阶段注浆计划及相应的注浆间隔时间。

2. 横向收敛大变形侧向注浆

横向收敛大变形侧向注浆过程主要包括注浆孔放样、钻孔并埋设注浆管、拌浆并连接注浆管路、配制浆液、注浆、完成注浆。

(1)注浆孔放样。根据设计，注浆孔的位置由监测单位进行现场测量放样，并确定每一个注浆孔的地面标高与注浆深度。

(2)钻孔并埋设注浆管。目前采用阿特拉斯设备钻取注浆导孔，钻孔穿越地层表面坚硬和建筑回填层，引孔深度一般为 7～10 m，以方便注浆管的打设。注浆芯管采用丝口连接的 $\phi28$ mm 无缝钢管，芯管端头侧向开数个小孔，孔径根据情况选择 1～4 mm，为防止堵孔，需要设置护孔装置。

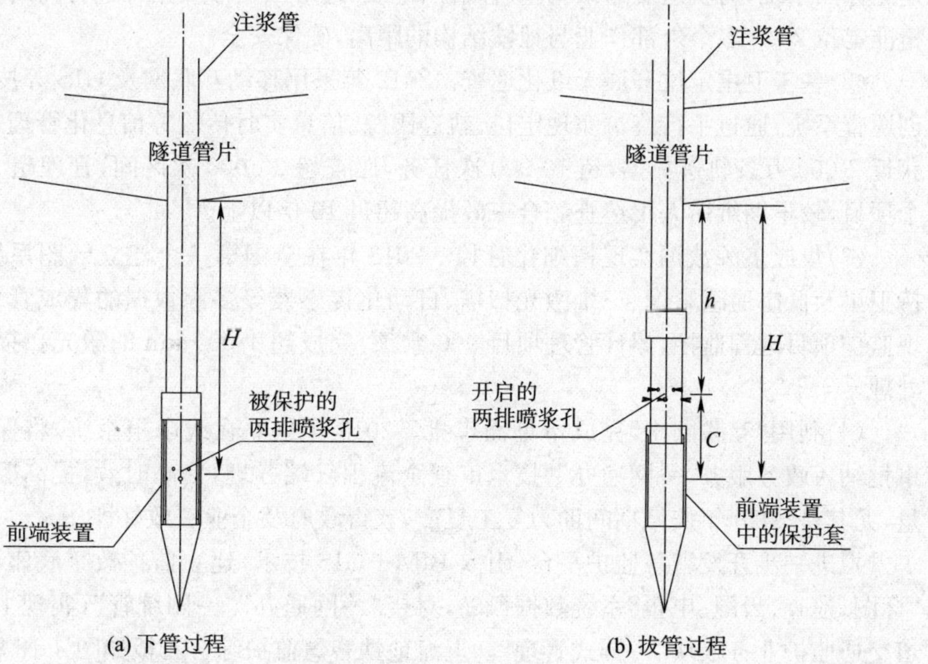

图 4-17　单次注浆示意

(3)连接注浆管路:通过注浆管路将注浆泵、流量仪、混合器与注浆管等连接,开回流检查管路是否通畅。

(4)配制浆液:用拌浆系统按水灰比参数拌制水泥浆。

(5)注浆、拔管。采用双泵双液注浆方法进行微扰动注浆,利用专用拔管设备边注浆边拔管,缓慢连续均匀进行,拔管速度与注浆流量、注浆单节高度、注浆量相匹配,约为每 30 s 拔 5 cm。

(6)拔除注浆管:按要求完成注浆,注浆管停滞 10 min 左右,待浆液初凝后,利用专用拔管设备将注浆管全部拔除,单次注浆完成。

4.8　安全保护区数字化赋能

上海地铁安全保护区采取“制度＋科技”保障,实现地铁全寿命周期信息化管理,从未发生因安全保护区施工造成运营安全的事故,主要数字化应用成效及亮点有:

(1)应用数字化标图进行精准定位。2002 年采用 Web GIS、数据库技术率先建立标图系统，对轨道交通结构基础线位、地质、地形及变形数据等进行高效管理，精准定位 2000 多个外部作业与地铁结构的距离，确保安全。

(2)基于卫星定位开展无纸化巡查。2012 年采用移动互联网及 GIS 等技术首创巡查系统，通过手持终端实现定位、轨迹跟踪、信息实时传输等信息化管理，累计获近 2 000 万条轨迹数据，超 10 000 次任务，巡查超 20 000 次区间，管理超 2 000 个项目，较早期纸质人工巡查综合工效提高超过 10 倍以上。

(3)集成多源数据实现精细化管控。2013 年在全国第一个建立云图系统，支持卫星及低空遥感影像、三维激光扫描、自动化传感器等多源数据的集成管理，实现监护项目远程监控，累计管理项目 900 余项，完成超 1 000 km 的激光扫描数据处理。

(4)利用“互联网＋”完成不见面审批。2018 年建立在线申报系统，将保护区审批纳入政务服务“一网通办”，技术审查全流程云端办理，提高时效，提高服务质量，尤其是 2020 年疫情期间助力复工复产，获得政府及企业一致好评。

拟进一步开发智慧监护平台，引入 BIM＋GIS 技术，建立监护数字底座，打通“标图、巡查、云图、申报”系统数据孤岛，对接“一网通办”“一网统管”，实现上海轨道交通监护业务板块“一屏式管理”。上海地铁智慧监护综合看板如图 4-18 所示。

图 4-18　上海地铁智慧监护综合看板

“建地铁就是建一座城”。上海地铁将通过数字化转型升级，形成数据同屏聚合、全视角分析研判的智慧监护新格局，提升轨道交通结构安全管控能力，将上海地铁建设成具有引领、骨干和示范作用的上海“智慧城市”“智慧交通”城市名片。

第5章　桥隧维护安全知识

5.1　职业健康安全知识

1. 凡进入施工现场的人员必须穿戴防尘口罩、反光背心、安全帽等与作业相关的劳防用品，并服从现场负责人的指挥、工作安排。

2. 安全帽缓冲衬垫的带子要结牢，人的头顶与帽内顶部的间隔不能小于32 mm。不能把安全帽当坐垫用，以防变形、降低防护作用。发现帽子有龟裂、下凹和磨损等情况要立即更换。

3. 在使用安全带时，应检查安全带的部件是否完整、有无损伤，金属材质各类连接件不得为焊接件、边缘应光滑。

4. 使用围杆安全带时，围杆绳上应有保护套，不允许在地面上随意拖着绳走，以免损伤绳套。

5. 每年应参加必要的安全培训、安全教育、安全应急技能学习，不断提高各类安全意识、责任意识。一旦发生人员伤害，应立即按相关预案开展救援或拨打急救电话120。

6. 从业人员有获得安全保障、工伤保险和民事赔偿的权利，有得知危险因素、防范措施和事故应急措施的权利，有权对本单位安全生产进行批评、检举和控告，有权拒绝违章指挥和强令冒险作业，有权在紧急情况下停止作业、紧急撤离。

7. 施工期间进入施工区域时，应时刻保持良好的精神状态和心理状态，不得吸烟喝酒，不得进行与施工无关的事项。

8. 未经许可，任何人不得操作电气设备和开关；不得乱拉乱接电气设备；不得使用绝缘损坏的电气设备；不得私用电热设备和灯泡取暖；不得擅自用水冲洗电气设备；熔丝熔断，不得调换容量不符的熔丝；不得擅自移动电气安全标志、围栏等安全设施；不得使用检修中机器的电气设备；未办理手续的情况下，不得打桩或动土，以防损坏地下电缆。

5.2　环境安全知识

1. 在桥下路面施工时，施工现场围栏应牢固整洁，设置明显标志牌。

2. 各种材料应整齐堆放，设置明显标志。

3. 施工前机具材料准备、搬运，施工过程中以及施工离场搬运材料过程中，应严格控制噪声，避免扰民。

4. 各类施工中尽量减少垃圾排放，做到工完料清，禁止乱扔垃圾，应保持施工区域、沿途的环境整洁。

5. 施工过程中产生的各种废弃物，应统一回收，带离施工现场，并根据国家环境保护要求，统一处置。

6. 移动性设备噪声超标的一律不用，应选择低噪声设备；对固定式高噪声设备，在选型时严格比较噪声大小。

7. 应改革施工工艺和设备，机械尽可能采用液压设备或以摩擦压力代替机械振动。

5.3 桥隧工常规操作安全知识

1. 作业前对所携带的工器具、材料进行清点及安全检查，确认所携带的工器具、材料符合安全生产条件后，方可带入施工现场。

2. 作业前，在未接到施工点正式下发的通知前，不得擅自进入施工区域。

3. 作业前应开展与作业相关的安全、环境、质量交底确认工作，保障所有相关作业人员对作业范围、作业内容、作业要求、安全要求、质量要求、环境要求等内容的认知了解，并按要求执行。

4. 施工中现场施工负责人应统筹指挥、协调各项作业按照作业指导书、安全操作要求、施工方案等既定要求开展。对作业过程中重要控制要求进行记录，便于安全质量的过程追溯。

5. 施工后应将工器具、材料、废弃物等带离施工现场，做到工完场清。

6. 作业人员应持有效的上岗证、操作证等证明其具有从事作业能力的资质证件方可开展作业。

7. 隧道内有漏水时，应遵循“防、截、排、堵相结合，因地制宜，综合治理”的原则进行整治，达到防水可靠、经济合理。

8. 手工涂油漆的顺序自下而上，自左至右。

9. 油漆调配地点必须隔绝火源，并备用防火工具。

10. 气温过低、空气湿度过大，将影响油漆膜的附着力，因此不允许进行涂装作业。

11. 支座必须清洁、完整、平稳、密贴，保证梁跨自由伸缩。

12. 材料、工具装载应稳固，不得偏载、超载和超限。

13. 更换或铺设防水层、整修隧道衬砌等复杂的大型施工，应由项目经理现场监管。

14. 靠近线路堆放材料、机具等时，不得侵入限界。

15. 露天作业遇雷雨时，应迅速到安全处所躲避。

16. 不得用潮湿的手送电或关电源，任何电气设备在未验明无电前一律认为有电。

17. 使用手持电动工具必须使用漏电保护器。

18. 每项作业必须严格按照作业指导书、施工方案等相关既定要求落实安全防护要求、安全技术要求，保障施工、人员安全。

5.4　高处作业操作安全知识

1. 高处作业是指在距坠落高度基准面 2 m 及以上有可能坠落的高处进行的作业。高处作业分级标准：2～5 m 为一级，5～15 m 为二级，15～30 m 为三级，30 m 以上为特级。开展高处作业前必须经审核并同意。

2. 高处作业时，必须佩戴合格的安全带（安全绳）、安全帽，防止人员高处坠落，且不得穿带钉或易打滑的鞋。

3. 悬挂安全带不得低挂高用，因为低挂高用在坠落时受到的冲击力大，对人体伤害也大。

4. 遇六级及以上强风、大雾、雷暴等恶劣气候，露天场所不能登高，夜间登高要有足够的照明。

5. 在使用登高设施前，应确认基面平整水平，并对登高设施进行安全检查，主要检查制动部分、连接部分、踏板等方面。在搭设完成后应对登高设施的安全使用状态进行确认，确保其具备使用的安全条件。

6. 应安排专人对登高设施进行安全控制，确保使用过程中登高设施的安全状态可控，并防止高空坠物。高处作业监护人不在现场时不得进行高处作业。

7. 凡从事高处作业的人员，持有效的登高证方可作业。

8. 年老体弱人员，四肢乏力、视力衰退，患有头晕、癫痫等不宜登高的病症者，不得从事高处作业。

9. 高处作业与高压线保持一定距离或设置防护措施，检修用金属材料至少距离裸导线 2 m 以上。

10. 在高处作业，应细心行事，穿戴轻便，举止稳重。

11. 在高处不可抛物，工具要放在随身工具袋里，防止滑落。

5.5 动火作业操作安全知识

1. 动火作业前应先对动火设备、作业周边环境进行安全状态检查、确认，清理周边存在的可燃物或采取切实有效的防范措施后，方可作业。

2. 动火作业人员应持有效的动火作业证、监护证，现场必须一人操作、一人监护。未获得动火证、动火监护证的人员不得从事动火作业。

3. 动火作业必须佩带消防灭火器，并根据作业内容及周围条件落实防火、防爆措施。

4. 如现场采用可燃材料进行保湿、冷却、隔音、隔热，在未采取切实可靠的防火安全措施的情况下不得进行动火作业。

5. 采用氧气、乙炔进行焊接作业时，应确保氧气瓶和乙炔瓶以及连接设备正常，不得有泄漏。保持氧气瓶和乙炔瓶放置地点与动火点距离 10 m 以上，氧气瓶和乙炔瓶的间距不得小于 5 m。

6. 监火人负责动火现场的监护与检查，随时扑灭动火飞溅的火花；发现异常情况应立即通知动火人停止动火作业，及时联系有关人员采取措施。监火人必须坚守岗位，不得脱岗。在动火期间，不得兼做其他工作，在动火作业完成后，要会同有关人员清理现场，清除残火，确认无遗留火种后方可离开。

7. 严格落实“三不动火”：没有批准合格的动火证不动火，防火措施不落实不动火，监火人不在现场不动火。

第 6 章　桥隧智能运维技术

随着城市轨道交通网络规模的不断扩大，桥梁及隧道结构形式逐渐多样，传统的人工运维手段已无法满足大规模网络的需求，城市轨道交通超大规模线网的常态化高强度运营对设备维保提出了超高要求，轨道交通桥隧运维手段逐渐由人工+传统装备模式向智能化监测、检测、控制模式提升。

桥隧智能运维技术定位于提升桥隧维护的信息化、自动化和智能化水平，由状态修、周期修向预防修模式的转变。在桥隧设施设备维护过程中，以创新技术手段实时掌控桥梁、隧道结构设施设备状态，提升设施设备维修效率及质量，从而保障地铁网络安全、可靠、高效、便捷地运行。

6.1　桥梁智能运维技术

1. 桥梁健康在线监测

桥梁在建造和使用过程中，由于受到环境、有害物质侵蚀，车辆、风、地震、疲劳、人为因素等作用，以及材料自身性能的不断退化，结构各部分在远没有达到设计年限前就产生不同程度的损伤和劣化。这些损伤如果不能及时得到检测和维修，轻则影响行车安全和缩短桥梁使用寿命，重则导致桥梁突然破坏和倒塌。

轨道交通桥梁健康监测的基本内涵即通过对桥梁结构状况的监控与评估，为桥梁在特殊气候、交通条件下或桥梁运营状况异常严重时发出预警信号，为桥梁的维护维修和管理决策提供依据与指导。传统的桥梁检测在很大程度上依赖管理者和技术人员的经验，缺乏科学系统的方法，往往对桥梁特别是大型桥梁的状况缺乏全面的把握和了解，信息得不到及时反馈。近年来，通信网络、信号处理、人工智能等技术的不断发展加速了桥梁监测系统的实用化进程。

桥梁健康监测系统在桥梁上长期布设传感器，并通过相应技术连接在一起，构成传感器子系统。通过健康监测系统中心控制系统动态实时下达采集指令，触发传感器的开关，实现数据采集。采集的数据经数据通信系统直接自动进入健康监测中央数据库。桥梁管理部门和客户可以通过网络远程访问中央数据库并进行健康诊断。

桥梁健康监测系统主要采用振弦式和电阻电流式两类传感器。针对现场桥梁跨度和传感器特点，采用专用服务器分布式采集模式，对所接入的传感器按照监控主机的命令或预先设定的测量周期及时间自动进行控制、测量,转换为数字信号暂存于数据采集单元中,并可根据监控主机的命令随时向主机传送所测数据。常用的桥梁健康监测项目如下,设备如图 6-1 所示。

(a)位移计

(b)静力水准仪

(c)倾角计

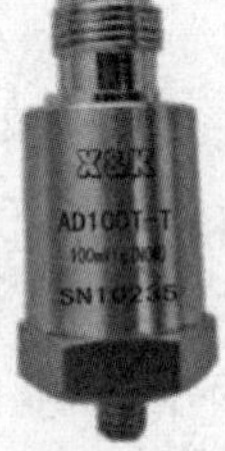

(d)加速度传感器

(e)环境监测传感器

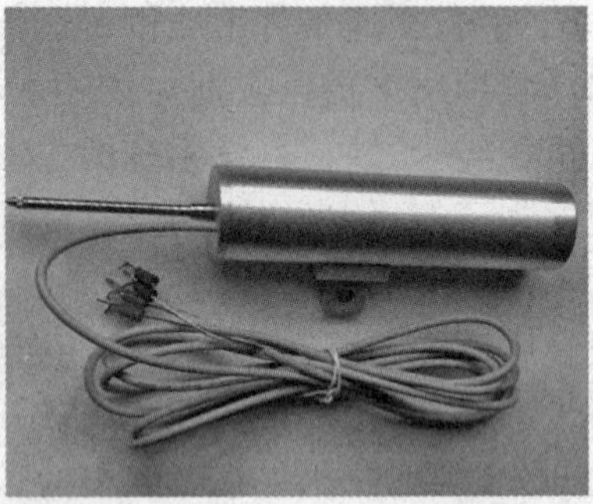

(f)应变传感器

图 6-1　桥梁健康监测设备

(1)水平向位移监测:主要测量梁体对桥墩的纵向相对位移,采用位移计测试。

通常布置于桥墩处。

(2)主梁竖向位移监测：主要测量中承式拱桥桥面竖向位移，采用静力水准系统测试。通常布置于中墩、中跨跨中及四分点处。

(3)倾角监测：拱桥在轻轨车辆荷载长期作用下会发生一定程度的扭转，可能引起拱肋发生一定程度的横向侧倾，采用倾角计监测拱肋的横向变位程度。通常布置于两侧拱肋近桥面处。

(4)吊杆索力监测：主要测量特殊拱桥吊杆索力变化，采用加速度传感器进行测试。

(5)环境监测：周围环境条件的变化，特别是温度的作用，可导致梁体明显的热胀冷缩；大风降水等环境因素，会使桥梁本体结构及附属设施发生病害，因此可在桥梁上部结构安装环境监测传感器，对拱桥周围的温度、风速、风向、湿度等气象信息进行实时记录。

(6)应变监测：应变传感器主要测量梁体受力变形所产生的应变变化，通过在混凝土表面粘贴应变片，实时监测被测试件应变量的大小。

桥梁健康在线监测通过对不同监测参数的采集及分析，对结构状态进行评估(图6-2)，并监视结构异常及时预警，以及对极端事件下结构的运营安全进行评估。在线监测所获数据，是形成桥梁设施维修策略的重要依据。

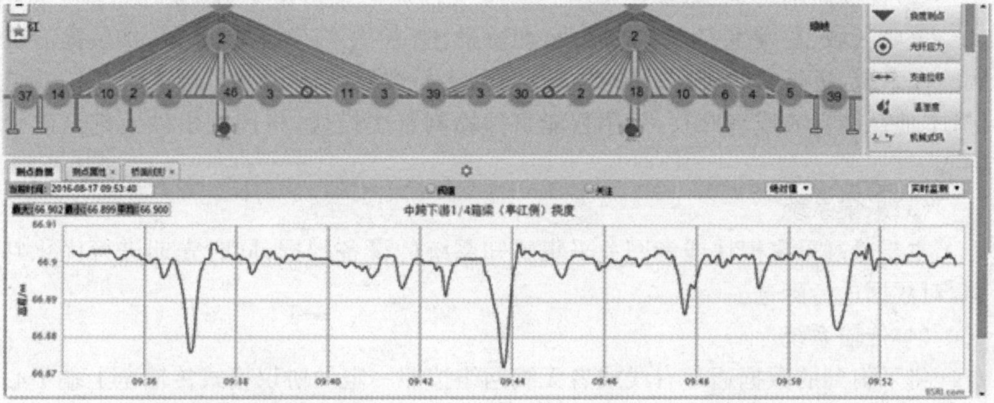

图6-2　桥梁设备状态评估

2. 桥梁防撞监控

城市轨道交通桥梁中有许多梁体架设于路口处，存在机动车撞击桥梁的风险。梁体受到撞击后，会使混凝土产生破损、露筋，严重时可能出现梁体断裂、倾覆等事故，影响结构耐久性及安全。因此，对于特殊区域的桥梁，应设置防撞设施并进行实时监控(图6-3)，避免轨道交通桥梁受到外力碰撞。

图 6-3 桥梁特殊区域设施监控画面

随着视频分析技术的不断发展，通过对成熟、稳定的人工智能化技术手段进行组合，形成智能监测及预警，对桥梁撞击事件做到事前提醒、事中处置、事后追溯。对于跨道路的轨道交通桥梁，通常于桥梁前设置限高设施，在限高设施上布设桥梁防撞监控设备，具体如下。

(1)碰撞监测系统

定位系统：基于卫星对每个桥梁防护架进行地理位置定位。

撞击监测：防护架发生撞击时及时上传报警，并反馈防护架倾斜程度。

(2)视频抓拍系统

重要区域、易发生安全事故路段，如桥梁、隧道、龙门架、保护区等，加装高清视频监控系统，进行实时查看、实时监管；对驶入桥梁路线的超高车辆进行抓拍并录像；本地存储视频或者照片，运用智能事件检测算法模块，将违规事件上传至监管中心。

(3)采集系统

主要通过采集模块或者网关采集感知系统的设备数据，同时先期进行优化判别，对数据进行甄选。

(4)传输系统

将采集到的数据通过有线或者无线网络按照一定的协议格式传输至上端中心平台服务器。

当防护架受到撞击时，碰撞监测系统检测限高防护架受到碰撞的激烈程度和倾斜的程度，其撞击信息实时向监管平台中心上传。监管平台可以实时监控各个防护架的防护状态和设备状态，以便对各个监测点进行有效管理和状态维护。通过卫星系统可定位设备的安装地点。如设备发生移位或一定距离的偏移可将信息及时发送至监管平台中心，人员可及时收到桥梁信息，赶赴现场评估桥梁结构安全状况并对相关肇事方进行后续追责。

6.2　隧道智能运维技术

1. 隧道线阵相机检测

隧道线阵相机检测(图 6-4),基于隧道断面图像在线监测系统结合轮轴编码器,在高速运行状态下自动拍摄高清晰的隧道图像,以 AI 为核心,使用计算机图像识别技术(包括图像处理、神经网络及深度学习等技术)。其替代传统的基于人工、机械及电气控制技术对轨道交通隧道漏水病害进行检测。由高清晰进口线阵相机和高亮度补光单元模块组成采集系统,在运行过程中系统会不间断地对所经过的隧道断面轮廓图像进行拍照和存储,从而对图像上所显示的管片病害进行自动化识别。

图 6-4　隧道线阵相机检测

隧道线阵相机通常安装于列车车头,采集数据大部分为离线数据,通过采集隧道范围内的高清原始图像,自动识别隧道管片渗水及裂损等病害图像、病害图像中位置标识、病害所在位置管片号标识、病害等级分类,形成病害台账等数据,实现隧道病害管理。

隧道线阵相机适用于地下段盾构法隧道线路,可用于隧道渗漏水、管片裂缝缺损病害的普查。

2. 隧道收敛检测技术

运营隧道由于上方建筑活动、侧面基坑施工等原因,会出现竖向缩短、横向增大的收敛变形现象,变形过大会导致结构受力失衡而造成隧道破坏。隧道收敛检测通过对隧道结构固定断面内水平直径进行测量,并将测得的结果与设计值进行对比获得差值,由此判断结构变形的情况。传统的隧道检测方法利用全站仪、断面仪等进行检测,测量断面,分析断面情况,传统方法耗费大量的人力、物力,占用过多的施工时间,检测效率很低。

三维激光扫描技术为空间数据的获取提供了新的方法和手段，同时也推动了空间三维数据获取方式向实时化、动态化、集成化、数字化和智能化的方向发展。三维激光扫描技术（图 6-5）以可以连续、自动、快速采集大量的目标物表面三维点数据，进行非接触式测量等优点，逐渐被应用于隧道收敛检测中。

隧道三维激光扫描设备主要由激光扫描仪（图 6-6）、相机、电源、配套走行设备及后处理软件组成，在进行隧道检测时，三维激光扫描仪能够主动发射扫描光源，通过采集的大量点云数据快速构建物体的真实形态，因此可以真实、准确、清晰地表示隧道内的结构状况。外业测量采用激光点云快速绝对定位技术，首先现场实地调查，初步拟定扫描路线，设置好测站数目和位置、扫描范围；再运用隧道专业处理软件处理扫描数据，以隧道设计中轴线为基准提取隧道横断面；最后结合扫描仪获得的点云数据和隧道竣工测量数据信息对比，进行断面收敛分析，也从平面展开图整览隧道内壁表面的破损裂缝、漏水等，利用其完成隧道病害检测。目前三维激光扫描技术已在隧道收敛测量中广泛应用。

图 6-5　隧道三维激光扫描

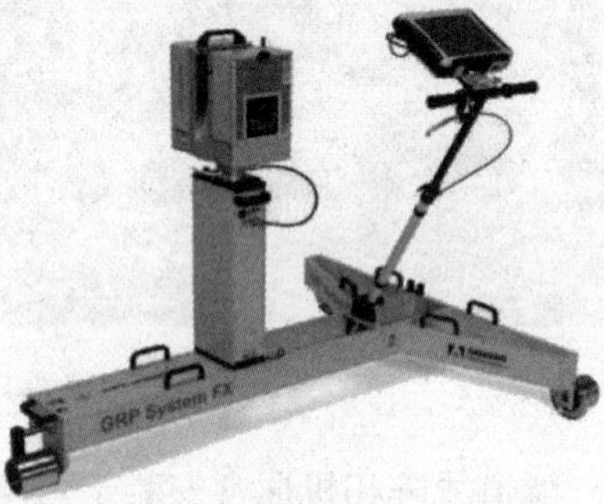

图 6-6　三维激光扫描仪

3. 隧道限界智能检测

隧道限界是为了保证列车在隧道内安全运行而规定的空间范围，隧道内设施设备或其他物体损坏、脱落、移位均会造成隧道侵限事件发生，对行车造成严重的安全隐患。传统的隧道限界检测工作依靠人工完成，效率低、精度差，已不能满足城市轨道交通高速发展的需要。因此，利用激光测距检测技术实现隧道限界自动检测，对保障隧道安全具有重要的意义。隧道限界智能检测采用高精度动态激光检测技术实时测量隧道限界以及障碍物情况，出现侵限及异常情况下进行自动预警，从而实现对隧道、线路限界情况常态化管理，有效减少限界检查劳动强度以及人员配置。

隧道限界智能检测一般在列车上搭载检测设备，采用激光测距技术，利用高精度的激光测距模块对隧道360°的设备、线缆进行扫描式测量。在车辆运行过程中自动扫描并记录设备相对空间位置信息。对实时采集的空间位置信息与设备限界进行对比，当测量发现有数据超出相关的限界阈值时，实现对超限设备进行实时报警记录。按照公里标、巡检时间查询限界信息，运用动态处理软件对测量数据进行分析汇总。在限界检测过程中，隧道在车辆运行时自动扫描并记录设备相对空间位置信息，对超限设备进行报警，现场人员视具体情况对超限设备或侵限异物立即处理或者安排后期处理。

4. 保护区智能巡查

城市轨道交通保护区内施工，会对桥梁或隧道结构产生影响，因此需要对保护区开展定期巡查，避免违规施工对结构产生影响。国内地铁保护区巡查主要采用人工巡查，通过现场逐一检查、拍照、纸质记录等方式发现和处理违法项目。地铁运营监护管理部门，每年要花费大量的人力、物力进行地铁沿线的检查、检测及监护工作，人员投入大、成本高、效率低。现有巡查存在的地铁保护区巡查范围广、人工巡查工作量大的问题十分棘手。随着影像识别分析技术及载体技术的不断发展，越来越多的智能巡查技术被应用于保护区巡查中。

卫星遥感是以人造卫星为平台，应用各种传感仪器对远距离目标所辐射和反射的电磁波信息进行收集、处理并最后成像，从而对地面各种景物进行探测和识别的一种综合技术。利用卫星遥感大范围、周期性观测的特点，通过对多期遥感影像进行数据处理，获取高质量的卫星正射影像，并利用相应的空间分析工具进行空间分析和差值图斑提取及对比分析，对轨道交通沿线地表地物变化监测及报警，大大缩短了地铁保护区违建的上报和业务处理周期。图6-7为某地2017年6月与2018年3月卫星遥感图像对比。

图6-7　卫星遥感图像对比

无人机航空摄影（图6-8）测量技术利用先进的无人驾驶飞机搭载相机，结合航空摄影测量技术、通信技术、GPS差分定位技术实现地理空间信息的采集。目前，无人机的设计越来越小巧轻便、机动灵活，飞行的安全性也越来越高，人工干预少、自动化程度高，外业飞行时起降落点对场地要求不高，航拍时间短，成果质量高。无人机运营巡查在地铁保护区巡查项目的应用有效解决了传统巡查手段不准确、不及时的问题。

图 6-8 无人机航空摄影

智能探头监控系统（图 6-9）通过在地铁沿线布设高清网络摄像机，配合不同焦距的镜头实现出入口实时监控，通过智能视频分析技术，对保护区范围内的违规施工进行预警提示，同时输出相关信息给巡查人员，巡查人员赶赴现场进行确认。

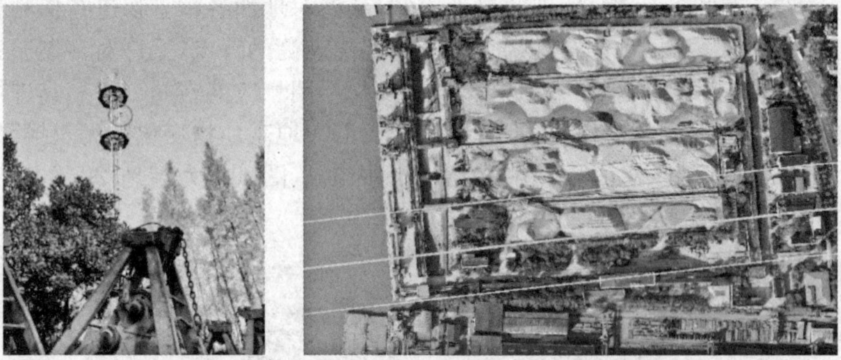

图 6-9 智能探头监控系统及影像

保护区智能巡查技术存在以下优点：一是能有效解决保护区巡查遗漏现象，可以对巡查人员识别不准确、复杂地形区域进行全覆盖巡查；二是大大提高了巡查的作业效率，且成果精度高，真正做到“高效快速、精细准确”；三是可以留存数字化成果，对地铁保护区内建设项目、作业活动及周边环境变化等进行数字化电子台账监管，并通过数据处理和影像对比自动检测识别地铁保护区内新增的作业活动，及时发现和制止影响轨道交通建设及运营安全的违法作业活动。

5. 特殊地段结构监测

针对隧道结构变化的自动化监测设备主要通过在隧道内安装激光测距仪、静力水准仪等设备，对隧道纵向沉降及横向收敛变形数据进行在线监控，并可实现实时预警，通常用于周边有保护区施工的特殊地段隧道结构监测中。

静力水准仪又称连通管水准仪，系统至少由两个观测点组成，每个观测点安装一套静力水准仪。静力水准仪的贮液容器相互用连通管完全连通，贮液容器内注入液体，当液体液面完全静止后系统中所有连通容器内的液面应同在一个大地水准面上，此时每一容器的液位由传感器测出，能精确计算静力水准系统各测点的沉降变化。静力水准仪在地铁隧道监测中的实际应用如图 6 10 所示。

图 6-10　静力水准仪在地铁隧道监测中的实际应用

激光测距仪，是利用激光对目标的距离进行准确测定的仪器。激光测距仪在工作时向目标射出一束很细的激光，由光电元件接收目标反射的激光束，计时器测定激光束从发射到接收的时间，计算出从观测者到目标的距离。通过比对本次测量与上次测量的变化量计算本次收敛变形。将各次测量值与原始值进行比较，可以得到累计收敛变形。激光测距仪在地铁隧道监测中的实际应用如图 6-11 所示。

图 6-11　激光测距仪在地铁隧道监测中的实际应用

在特殊区段对应隧道内布设静力水准及激光测距仪可以远程自动采集、实时监测，实时传输管片及道床沉降收敛变形数据，掌握隧道结构变形情况。

6. 钢环智能焊接

隧道变形过大会导致结构受力失衡而造成隧道破坏，因此，对收敛变形超过一定范围的隧道应进行加固。目前常用的隧道结构加固工艺为安装钢内衬，钢板焊接作为其中的关键步骤，其质量及效率对于钢内衬加固整体受力及施工进度有很大影响。

由于轨道交通隧道维护通常利用夜晚停运后天窗点时间进行，可用施工时间短，因此对施工效率有更高的要求。传统的手工焊接效率低，焊接质量也会随施工人员不同而产生差异，已不能满足现代高技术产品制造的质量、数量要求。

因此，隧道钢内衬加固施工中引入无轨导全位置爬行焊接机器人，是一种无须轨道无须导向可自主追踪焊缝的智能特种机器人系统。该机器人主要由爬行机本体、电气控制柜、机器视觉跟踪系统及焊接负载组成，可有效解决大型结构件在工程现场的自动化焊接。

无轨导全位置爬行焊接机器人可自动吸附钢板爬行，在相邻板间设置过渡工装解决两钢环的间隙，通过焊枪夹持机构的旋转轴调整焊枪角度与坡口表面垂直，极大地提高了焊接生产的自动化水平，使焊接工艺的生产效率和生产质量产生了质的飞跃，为大隧道加固提供技术储备。

第 7 章　桥隧结构维护常用装备

7.1　桥梁维护常用装备

1. 高空作业车

高空作业车是一种辅助高处作业的特种车辆，它可将工作人员和作业所需工器具运送到高空，并提供一定的作业面。高空作业车具有可移动、登高高度大等优点，是桥梁作业常用的登高手段。

高空作业车常见的类型有折臂式、伸缩臂式、剪叉式和自行走式等。

折臂式高空作业车(图 7-1)的特点是折叠臂结构紧凑，强度高，架设速度快，常见为两段折叠伸臂，也有三段伸臂、五段伸臂等形式。工作台既可升高又可延伸，还可 360°旋转，具有一定灵活性，两段伸臂可到达高度一般在 10 m 左右，三段、五段伸臂可到达更高的高度和实现更灵活的姿态。

伸缩臂式高空作业车(图 7-2)具有可伸缩的长直臂，所以只能沿着固定的方向伸长，灵活性较差，但可到达高度较高，约为 20～30 m。

图 7-1　折臂式高空作业车

图 7-2　伸缩臂式高空作业车

剪叉式高空作业车(图 7-3)利用剪叉机械结构使升降台起升，操作简单直接。

此种作业车可到达 5～10 m 高度，过高时稳定性较差。

相比前三种，自行走式高空作业车（图 7-4）可在不收回作业臂的前提下实现在道路上慢速移动，作业时较为方便灵活。可到达高度一般为 5～10 m，道路行驶速度约为 5 km/h。

图 7-3　剪叉式高空作业车

图 7-4　自走行式高空作业车

2. PLC 多点同步顶升液压系统

PLC 多点同步顶升液压系统是一套常用于顶升梁体更换支座的系统。该套系统可保证桥梁梁体各点同时顶升，保持梁体平稳，减少顶升过程中不均匀顶升导致的次内力，避免桥梁结构开裂。

该系统分为五个部分：液压泵站、PLC 计算机控制系统、液压系统、位移压力检测与人机界面操作系统。该系统将液压顶升系统、计算机 PLC 信号处理、位移监控与桥梁结构分析和施工技术进行集成，并在集成系统上进行了成套技术开发。其核心是在桥梁结构分析与施工技术总结的基础上，根据桥梁特性设计计算机 PLC 信号处理与液压系统，输入外部监控设施的位移信号，输出液压系统油量控制信号，利用终端多组千斤顶达到平衡、安全与高效的桥梁顶升的目的，其顶升和降落精度误差不超过±0.5 mm，顶升载荷为 50～1 000 t，顶升高度为 10～500 mm。

本套同步顶升系统利用液压变频调速控制、压力和位移闭环自动控制的方式，实现多点力均衡控制，对顶升的桥梁进行称重、同步顶升、同步降落。本系统中的液压泵站采用阀配流形式的柱塞泵，泵站上安装有均载阀，可靠地保证千斤顶在顶升和降落时都处于进油调速控制，缓解了千斤顶升降切换过程中液压冲击力对顶升同步精度和梁体结构造成的影响，同时均载阀可以无泄漏地锁住千斤顶，在意外停电时仍然能保证千斤顶不自由下滑，避免千斤顶所承负载处于失控境地。系统中还安装有压力变送器和位移检测装置，当千斤顶移动时，压力检测装置就可以实时精确地测定千斤顶所承受的负荷，同时位移检测装置可测定千斤顶的实时位移，从而测得梁体的顶升高度。

7.2　隧道维护常用装备

隧道维护常用装备见表7-1。

表7-1　隧道维护常用装备

序号	名　称	用　途	图　例
1	变频器	配套齿轮泵使用，用于隧道壁后注浆，通过调节变频器控制齿轮泵压力	
2	齿轮泵	配套变频器使用，用于隧道壁后注浆，齿轮泵通常需安装注浆管、吸浆管和回流管	
3	电锤	主要用于隧道管片、道床打孔。常用的电锤有GBH4（用于隧道壁内注浆）、GBH11（用于隧道壁后注浆、道床加固）	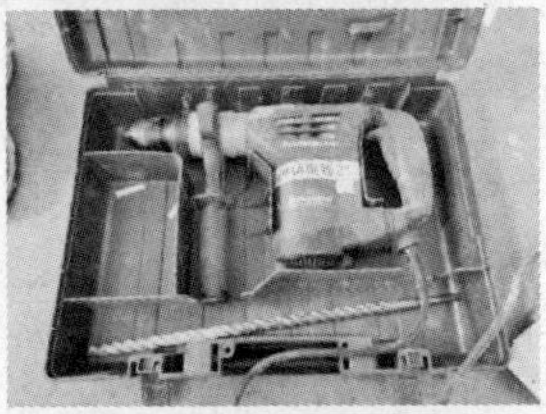
4	电动式注浆泵	通常配套注浆嘴、牛油头使用，常用于隧道管片壁内注浆及道床加固作业	

续上表

序号	名　称	用　途	图　例
5	铝合金脚手架	用于隧道登高施工。施工中常使用二挡半脚手架(2 套带梯四节架、2 套四节架、2 套二节架、6 根 1.8 m 横杆、8 根 2.1 m 斜杆、1 块 1.8 m 平板、1 块 1.8 m 窗式平板)	
6	螺杆泵	用于水泥搅拌,常用于隧道双液微扰动注浆加固作业	
7	抽水泵	配套消防管使用,功率大(34 kW),流量大,常用于隧道区间内大范围积水应急抢险治理	
8	潜水泵	配套消防管使用,功率 11 kW,流量相对于抽水泵较小,常用于隧道区间内日常积水治理	

续上表

序号	名　称	用　途	图　例
9	太阳灯	体积小,质量轻,携带方便,常用于隧道区间施工照明	
10	发电机	用于区间应急抢险电源供给。常用发电机型号为 EF5500(220 V)和 EF12000(380 V)	

7.3　监护监测常用装备

地铁桥隧结构维护过程中常常需要使用各种监测设备,包括人工监测设备和自动化监测设备。随着测绘技术的发展,测绘仪器也从光学仪器设备逐步发展到现在广泛使用的电子设备,以及更多的自动化监测设备。随着传感器、计算机和软件技术的发展,特别是网络、通信和数据库技术的飞速发展,安全监测自动化技术得到了空前的发展。高精度的自动监测仪器、海量的数据管理和先进实用的数据分析处理理论为自动化技术提供给了有力的技术支撑。安全监测自动化正成为安全监测的一个重要方向,目前自动化监测设备在上海地铁线路中已经有了多处应用。本节对目前应用在地铁中的部人工监测设备及自动化监测设备进行了介绍。

1. 人工监测设备

(1)电子水准仪

电子水准仪又称数字水准仪,是以自动安平水准仪为基础,在望远镜光路中增加了分光镜和读数器(CCD Line),并采用条码标尺和图像处理电子系统构成的光机电测一体化的高科技产品,可以用来测目标的竖向变形。

电子水准仪采用条码标尺,其读数采用自动电子读数:利用仪器里的十字丝瞄准水准尺,按下“measure”键时,仪器就会对瞄准并调好焦的尺子上的条码图片进行快照并将其与仪器内存中同样尺子的条码图片进行比较和计算，尺子的读数就可以被计算出来并且保存在内存中了。

目前，电子水准仪的照准标尺和调焦仍需目视进行。人工调试后，标尺条码一方面被成像在望远镜分化板上，供目视观测；另一方面通过望远镜的分光镜，又被成像在光电传感器（又称探测器）上，供电子读数。由于各厂家标尺编码的条码图案各不相同，因此条码标尺一般不通用。当使用传统水准标尺进行测量时，电子水准仪也可以像普通自动安平水准仪一样使用，不过这时的测量精度低于电子测量的精度，特别是精密电子水准仪，由于没有光学测微器，将其当成普通自动安平水准仪使用时，精度更低。

水准测量是利用水准仪提供的水平视线，借助带有分划的水准尺，直接测定地面上两点间的高差，然后根据已知点高程和测得的高差，推算出未知点高程，其原理如图 7-5 所示。

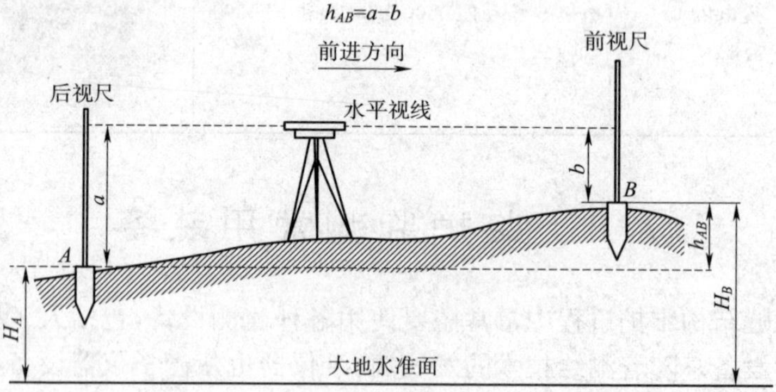

图 7-5 水准测量原理示意

目前比较常用的仪器有美国天宝 DINI03、瑞士徕卡，国产苏一光、南方等电子水准仪，如图 7-6 所示。

(2)全站仪

全站仪（图 7-7）是一种由机械、光学、电子等元件组合而成，可以同时进行角度（水平角、垂直角）测量和距离（斜距、平距、高差）测量，并可进行有关计算的高科技测量仪器。与光学经纬仪比较，全站仪将光学度盘换为光电扫描度盘，将人工光学测微读数代之以自动记录和显示读数，使测角操作简单化，且可避免读数误差的产生；与电子经纬仪比较，全站仪增加了光电测距、电子微处理功能，可对观测数据进行初步处理。因其一次安置仪器就可完成该测站上全部测量工作，所以称为全站仪。全站仪广泛用于地上大型建筑和地下隧道施工等精密工程测量或变形监测领域。全站仪测角精度可分为 0.5″、1.0″、2.0″、3.0″、5.0″、7.0″等几个等级。

(a)天宝水准仪　　(b)徕卡水准仪

图 7-6　部分常用水准仪

图 7-7　全站仪

长期收敛测量一般采用无合作目标激光测距功能、马达驱动的智能型全站仪，选用的全站仪测角精度指标应不低于±2.0″，测距精度指标不低于±(3 mm+$2\times10^{-6}\times D$)。

常用的仪器有徕卡 TS60、TS50、TM50、TS30、TZ08、TS15、TRCA1201、TCRA1202、TS06 等型号。

2. 自动化监测设备

(1)电子水平尺

电子水平尺将一个电解质倾斜传感器固定在一根刚性金属梁内。这种倾斜传感器实际上是一个精密的气泡式水准仪，电桥电路随倾斜变化输出相应变化的电压信号，数字采集系统即可采集计算。电子水平尺用于地铁沉降监测时，两端用锚栓固定于整体道床上，监测段内结构物发生倾斜大小即可按公式 $L(\sin\theta_1-\sin\theta_0)$ 求得(其中 L 为尺长，θ_1 为现测倾斜角，θ_0 为初始倾斜角)。电子水平尺构造、电子水平尺布设示意、自动化采集终端、数据曲线图如图 7-8～图 7-11 所示。

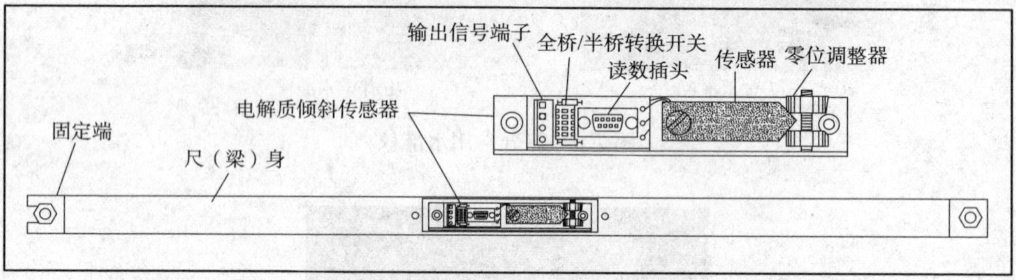

图 7-8 电子水平尺构造示意

(a)浮置板道床电子水平尺布设位置

(b)整体道床电子水平尺布设位置

图 7-9 电子水平尺布设示意

采用电子水平尺测地铁沉降，相对精度可达到 0.1 mm，通过通信传输至处理终端计算机，可达到每分钟更新实时数据。但该方法采用多根电子水平尺搭接传递，测量过程中的传递误差会累积，实际实施时，一般在影响范围外的电子水平尺两端起始点强制归零，可有效避免测量时数据漂移。当监护工程对地铁影响比较

图 7-10　自动化采集终端

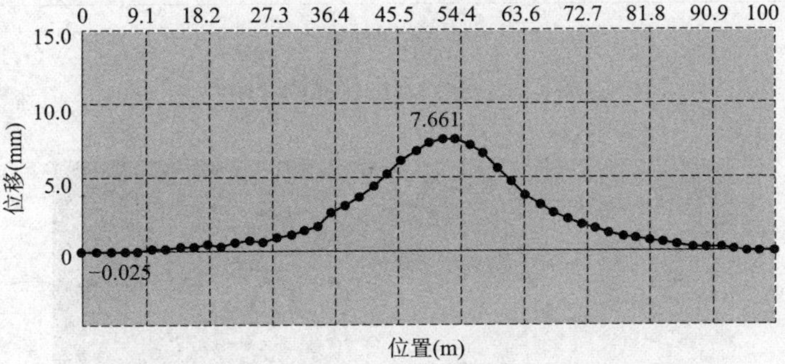

图 7-11　电子水平尺测得的实时数据

大但范围较小时使用该方法。尤其在地铁或者其他大直径市政管道穿越既有运营地铁时，通过电子水平尺可在穿越过程中实时了解既有地铁结构的沉降变化情况，以电子水平尺的测量数据作为依据实时修改盾构施工推进时的推进速度、设定土压力等参数。电子水平尺在整体道床中宜布设在道床中间位置，遇浮置板道床区间宜布置在侧向管片上。电子水平尺法在信息化施工、控制地铁变形、提高施工质量方面取得了显著效果，目前已成为地铁及其他市政管道交叉穿越既有线的首选沉降监测手段。

(2)静力水准仪

静力水准测量是利用液体通过连通管使多个容器实现液面平衡，测定基准点、观测点到液面的垂直距离，这两个垂直距离之差，就是两点间的高差。用传感器测量各观测点容器内液面的高差变化量，计算求得各测点相对于基点的相对沉降量。一般以静力水准测线的一端或者两端作为基准点。当监测范围较大受到隧道坡度的影响时，需要布设多条水平静力水准测线，每条测线的首尾相接在隧道同一环上作为转点。静力水准仪测沉降原理以及布设示意如图 7-12、图 7-13 所示。

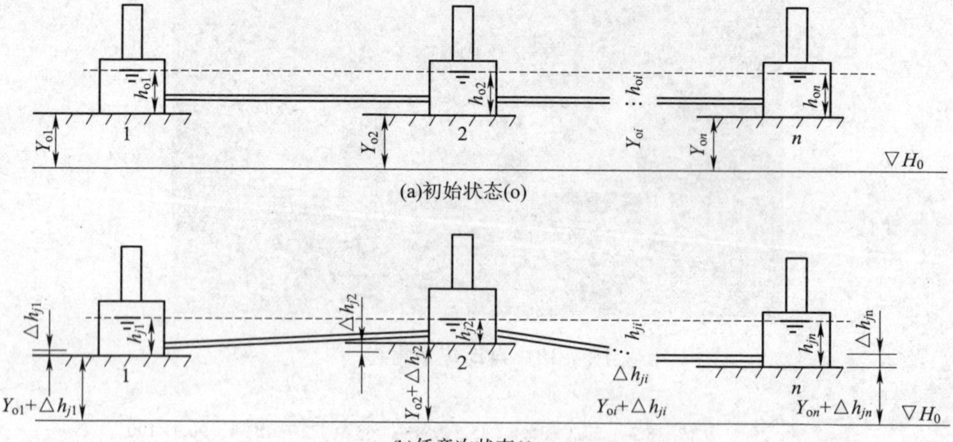

图 7-12　静力水准仪测沉降原理

图 7-13　地铁隧道内布设静力水准仪

静力水准仪测量法测沉降，分辨率可达到 0.01 mm，静力水准仪具有很强的敏感性，也很容易受到列车振动、温度湿度变化的干扰，实际测量及数据分析时应考虑这些因素并剔除。当静力水准仪的基准点也处于影响范围内，应当采用人工水准测量的方式对基准点定期联测并进行修正。

采用静力水准仪法测地铁沉降时，数据采集器(图 7-14)采集的数据可通过无线网络的方式上传至服务器，这样就能在地铁运营时达到实时监测的目的。目前该技术已经广泛应用于临近地铁的深、大基坑施工的监护监测中。这种方法也具有安装调试技术要求高、成本较高等特点。

图 7-14　无线采集器

(3)激光测距仪自动化监测

监护收敛监测一般也应用长期收敛中的全断面扫描法或者对边直径测量法。为了掌握监护项目施工期间隧道收敛椭圆度的变化,可以对传统的直径收敛测量方法进行改进。目前隧道里常用的测量收敛的自动化设备为激光测距仪,利用点对点测量的方式采集隧道直径值,并利用信息化终端设备将测量结果进行在线传输。在隧道管壁直径的位置安装测距仪固定支架,并将高精度激光测距仪固定在支架上。设置激光测距仪采集数据的频率,通过无线通信方式可在地铁运营期间实时了解地铁结构的收敛变化情况。目前激光测距仪进行自动化测量收敛的精度可以达到±1 mm。现场安装图如图 7-15 所示。

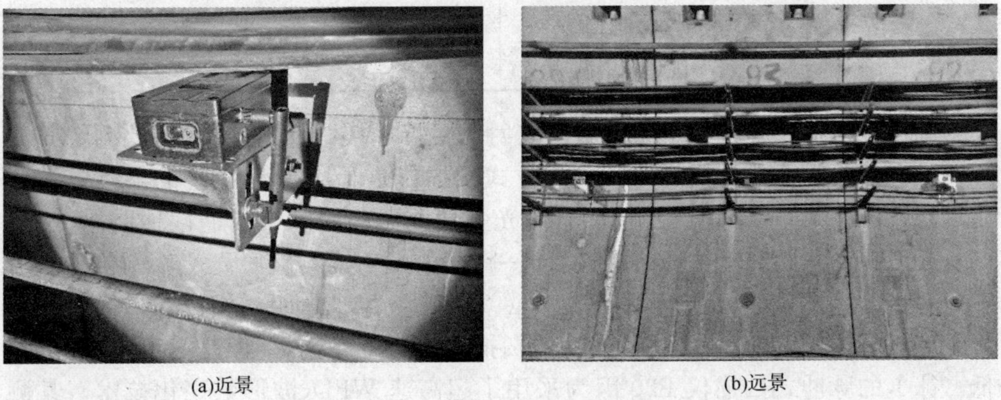

(a)近景　　(b)远景

图 7-15　激光测距仪现场安装图

3. 三维激光扫描仪

目前市场上高性能、高精度三维扫描仪以进口为主。美国法如、瑞士徕卡和德国 Z+F 的市场份额最大，表 7-2 是三种扫描仪的基本参数。三维激光扫描仪根据技术类型可以分为脉冲式和相位式两种。

表 7-2　三种常用三维激光扫描仪参数

厂家	美国法如 FARO	瑞士徕卡 Leica	德国 Z+F
产品	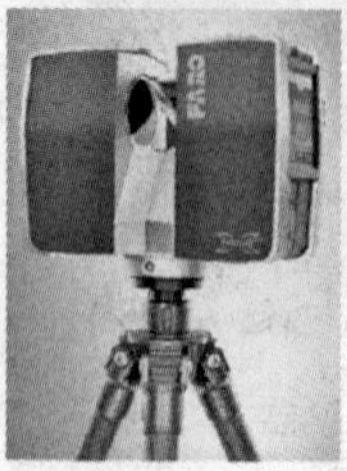		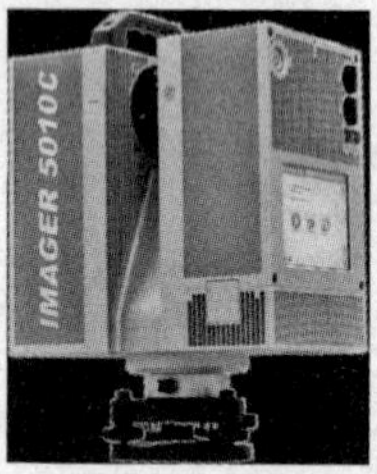
品牌型号	Focus3D X330/Focus3D X130	P20	IMAGER 5010C
设备类型	相位式	脉冲式	相位式
激光类型	一级	三级	一级
扫描距离	X330 型号 330 m X130 型号 130 m	300 m	187 m
扫描速度(万点/s)	96	85	<101.6
扫描精度	2 mm/25 m	1 mm/25 m	1 mm/25 m
主机质量(kg)	5.2	13	9.8
主机大小 (mm×mm×mm)	240×200×100	238×358×395	286×170×395
扫描范围 (垂直×水平)	300°×360°	270°×360°	320°×360°

脉冲式扫描仪是将特定频率脉冲光射向目标并接收反射光，并据此测定光波在测站和目标间往返传播的时间。相位式扫描仪是利用周期为 T 的高频电振荡将测距仪的发射光源进行振幅调制，使光强随电振荡的频率周期性地明暗变化。调制光波在待测距离上往返传播，使同一瞬间的发射光与接收光产生相位差 $\Delta\varphi$，据此间接计算出距离，相当于用长度为 $\lambda/2$ 的光波尺来量距。相位式扫描仪的测量距离近，但是精度高、速度快；脉冲式扫描仪测量的距离远，但是速度慢、精度较低。徕卡的脉冲式扫描仪 P20 因为采用了超高速 WFD(波形数字化技术)，其测量的精度也得到了大大提高。

上海地铁隧道利用自移动进行车(图 7-16)和三维激光扫描仪结合，进行推扫

(图 7-17)以获取隧道点云数据。后期利用专业软件对点云数据进行处理以达到判断隧道结构病害或提取收敛值的目的。目前利用三维激光扫描设备对隧道进行收敛测量,精度可以达到±3 mm。

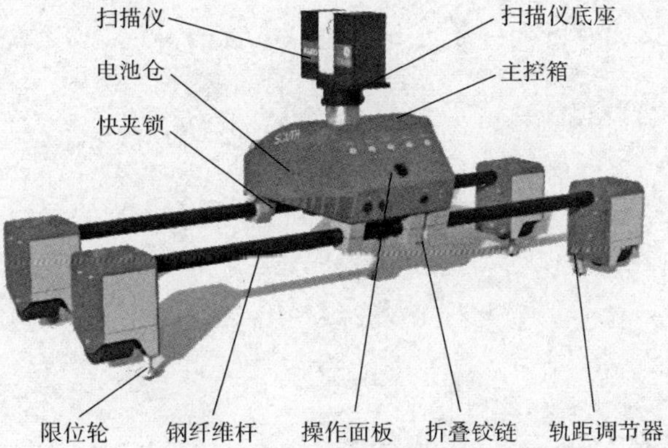

图 7-16　自移动进行车

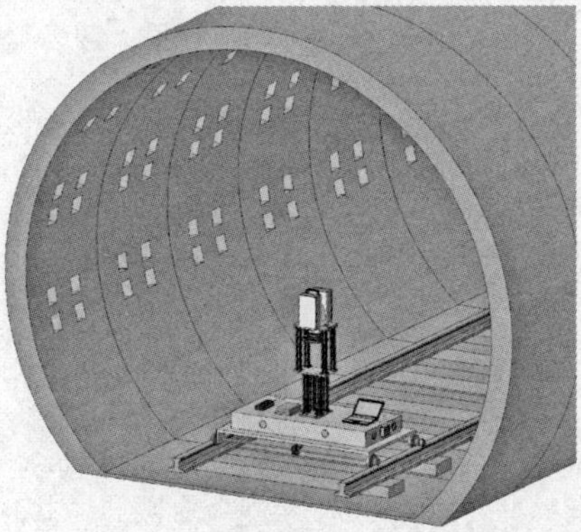

图 7-17　三维激光扫描仪推扫图